春风化雨

香樟树下育新人

主　编◎王美艳　黄发明
副主编◎明海伟　张晓宇　张志豪
编　者◎简琴珍　李可衎　盛智祺　张楠熙

江西人民出版社
Jiangxi People's Publishing House
全国百佳出版社

图书在版编目（CIP）数据

春风化雨：香樟树下育新人 / 王美艳，黄发明主编.
南昌：江西人民出版社，2024. 12. -- ISBN 978-7-210-15794-6

Ⅰ. G4-53

中国国家版本馆 CIP 数据核字第 20243AH033 号

春风化雨:香樟树下育新人

CHUNFENG-HUAYU:XIANGZHANG SHU XIA YU XINREN

王美艳　黄发明　主编

策 划 编 辑:张芝雄
责 任 编 辑:陈炫宇
封 面 设 计:回归线视觉传达

江西人民出版社 Jiangxi People's Publishing House 全国百佳出版社　出版发行

地　　址:江西省南昌市三经路 47 号附 1 号(邮编:330006)
网　　址:www. jxpph. com
电 子 信 箱:jxpph@ tom. com
编辑部电话:0791-88629871
发行部电话:0791-86898815
承　印　厂:南昌市红星印刷有限公司
经　　销:各地新华书店

开　　本:787 毫米×1092 毫米　1/16
印　　张:17. 25
字　　数:315 千字
版　　次:2024 年 12 月第 1 版
印　　次:2024 年 12 月第 1 次印刷
书　　号:ISBN 978-7-210-15794-6
定　　价:48. 00 元
赣版权登字-01-2024-620

序　言

2024 年 9 月 9 日至 10 日，全国教育大会在北京召开。习近平总书记出席大会并发表重要讲话，深刻指出“教育是强国建设、民族复兴之基”，清晰擘画了教育强国建设的战略图景，强调“不断加强和改进新时代学校思想政治教育，教育引导青少年学生坚定马克思主义信仰、中国特色社会主义信念、中华民族伟大复兴信心，立报国强国大志向、做挺膺担当奋斗者”。在这项神圣而艰巨的使命中，高校辅导员作为立德树人的践行者、铸魂育人的排头兵、思政引领的主力军，以其独特的角色定位，已成为学生成长成才道路上不可或缺的引路人、同行者。

近年来，南昌大学坚持以习近平新时代中国特色社会主义思想为指导，以回答好建设教育强国核心课题为立足点，以提升辅导员综合素质和基础能力为牵引力，加快推进辅导员队伍专业化、职业化、专家化发展，健全考核评价体系，加强考核结果运用，并创新工作思路，将“育人故事”作为重要考核点。

本书结合近年来学校辅导员考核实际，发挥辅导员主观能动性，立足自身经历，总结育人经验，围绕“服务同心协力、管理精益求精、心理随风润物、资助圆梦未来”四个方面，将学校辅导员们的“育人故事”汇编成册，形成了一系列可复制、可参考、可借鉴的育人模式。

在本书中，每一位辅导员都是故事的讲述者，他们用自身经历和真挚情感讲述与学生间的点滴，围绕学生、关照学生、服务学生，用实际行动为迷茫的学生给予指引、为困惑的学生提供启迪、为受挫的学生提供帮助。每一个育人故事都包含辅导员对学生的深沉关心，以及对学生全面发展、健康成长的不懈追求。这些故事共同构成了一幅幅生动的育人画面，充分展现了学校辅导员队伍的精神风貌，也能使读者体会到辅导员工作的艰辛，更深刻地领悟教育的崇高使命。

在未来，希望学校辅导员能够继续秉承初心、勇担使命，以更加饱满的热情、更加扎实的作风、更加创新的思维，为培养更多担当民族复兴大任的时代新人贡献力量。同时，也希望本书能为教育工作者、学生家长及社会各界人士更好地了解高校辅导员工作提供窗口。

最后，衷心感谢所有在本书编纂工作中辛勤努力的同志们！愿育人故事激励我们不断前行！

目录
Contents

—— 第一编 ——

筑梦引航育芳华——服务同心协力

—— 第二编 ——

一枝一叶总关情——管理精益求精

—— 第三编 ——

春风化雨润心田——心理随风润物

—— 第四编 ——

真情照亮人生路——资助圆梦未来

第一编　筑梦引航育芳华

——服务同心协力

爱在左心房，责任握于右

建筑与设计学院　汪　萌

星霜荏苒,居诸不息。转眼间,我带的第一批大一新生如今已褪去稚嫩。栀子花开,骊歌声起,毕业季的到来,总是充满着收获的喜悦,成长的过程也伴有荆棘与苦涩。习近平总书记指出:“培养什么人、怎样培养人、为谁培养人是教育的根本问题,也是建设教育强国的核心课题。”如果说爱在左心房,那么责任则紧紧把握在自己的手里,唯有两者相伴才能将教育的真谛融会贯通。

爱是教育的基石,也是责任的源泉。迎接新生入学以来,我便注意到一位特别的大一新生。她的年龄比其他同级生要大得多。在一次交流中,我了解到这位学生之前就读于一所大专院校,但她不满足于现状,渴望进入更高层次的学府深造。因此,她选择退学,重新参加高考,并如愿以偿地被我校录取。

尽管这位女生看起来柔弱,但在与她交谈时,我感受到了她内心的“一股劲”。她那坚定的眼神让我深受鼓舞,于是我便鼓励她尝试竞选班干部。起初,她有些犹豫,担心自己无法胜任,但最终她决定参与竞选,并以最高票数当选。这一成功极大地增强了她的信心。在随后的学习和生活中,她不仅成绩优异,作为学生干部也尽职尽责,将班级管理得井井有条。大学期间,她每年都获得奖学金,也经常参与志愿活动。或许是因为她曾经历过困难,所以更能理解他人的苦楚,在学习和生活中总是尽力帮助有需要的同学。每当班级中有同学情绪低落时,她总能像大姐姐一样及时给予关怀和支持,因此被评为“优秀班级心理委员”。随着毕业临近,她的梦想是继续深造,攻读硕士学位。经过几年的努力,她以班级第一的成绩成功保送至心仪的院校。

正如山有顶峰、湖有彼岸,只要我们不断前行,终将抵达心中的彼岸。在学生遇到困难时,我们的一句鼓励或一个微笑,可能就是他们所需的力量或转折点,足以改变他们的一生。在教育的过程中,我们需要用敏锐的目光去发现每一位需要帮助的学生,用充满爱的心灵去指引他们前行,用双手承担起我们对学生的责任。

没有一棵树一开始就是参天大树。并不是每一位学生的求学之路都一帆风顺,每位学生的成长环境都独一无二,成长的过程也许伴有磕磕绊绊,作为教师,我们无法参与他们的过去,但我们可以用爱与责任把握住他们的当下。把握住当下,才是对过往及未来最好的答复。

熊同学是一名热爱艺术且对艺术有独到见解的男孩,或许是他对艺术的敏感度,致使他的性格有时也会敏感脆弱。在某次暑假期间,我突然接到其专业教师的电话,称熊同学在朋友圈发布负面消极的内容。接到电话的第一时间我迅速翻看他的朋友圈确认情况,并立马拨打他的电话,但他未接听,那一刻我的心瞬间悬在嗓子眼,之后又立即联系他的母亲,家长虽然知道他的行踪,但也联系不上孩子。在这期间我一直与家长保持联系,经过不断联络,最终在6个小时后收到学生报平安的微信。6个小时,是责任的坚守,更是爱的守护,不论学生在校还是放假,他们好像早已经是我心中的一份责任、一份守护。

无心插柳柳成荫,一次无私的守护唤醒了感恩之心。熊同学自那次经历后,获得了坚定的意志。随着时间的推移,他发现不论是家长还是师友,都比他想象中更加关心他。正是这份深刻的联结,激发了他的"爱"。他不仅在学业上勤奋学习,也在日常生活中更加懂得感恩。或许是因为感受到了师友无私的帮助和关爱,在中秋佳节之际,他利用自己的专业知识设计并制作了月饼,赠送给朋友和同学,分享他的快乐。他正以自己的方式向更多人传递爱意。当他带着那块月饼走进我的办公室与我分享时,我清楚地记得那是一盒以绿色为主色调的包装,上面写着"别管今天是不是中秋节,开心点嗷"。这句看似简单的祝福,只有他能深刻理解其背后的含义。

在毕业前的一晚,我收到了他的一条信息:"姐,我拿到了皇家艺术学院的offer(录取通知)了。谢谢您,我的辅导员。"简短的两句话,却让我的眼眶不禁湿润。许多指引在最初可能并不完全清晰,但在未来的某一刻,我们会突然明白它们的意义。皇家艺术学院是全球艺术类院校中排名顶尖的学府,它只选拔世界上最优秀的艺术人才。没有人知道他为这份offer付出了多少努力、经历了多少艰辛和痛苦,只有他自己清楚。好雨知时节,春雨滋润万物,寒风将尽,暖阳普照大地,雨后的阳光最能抚慰人心。这位学生的经历让我仿佛感受到了教育完成其使命的那一刻。

一花独放不是春,百花齐放春满园。我所带的学生即将毕业,他们的成长也给予了我许多育人的思考。记得大一学期,张同学因为贪玩,晚上经常不按时归寝。我担心她的安全,无奈之下只能寻求家长的帮助。开始时,她并不理解我的举动,甚至有些反感。但经过长时间的沟通与交流,她开始理解并改变了自己。在毕业之际,她的妈妈给我发来了感谢的短信,对我的悉心指导和敬业精神表示了认可。这让我深刻认识到,育人的背后不仅体现了教育的目标，更承载了每个家庭的希望。

天将化雨舒清景，萌动生机待绿田。这份工作虽艰辛不易，但常伴感动，除了手握一份爱心，更需要的是始终将责任紧握手中、扛于肩上、谨记心中，唯有将爱和责任都把握住，才能将育人的真谛筑牢。教育不是“一锤子买卖”，重在朝夕相处，贵在潜移默化，唯有将心比心、以心换心，方可换取学生们的信任和认同。希望通过我的育人方式，能让我的学生眼波中都带着春天的明媚，我也始终相信每位学生都会“凤凰花开”，每一位学生终将绽放一朵属于自己的花朵。爱在左心房，责任握于右，我们要铭记自己的育人目标，紧紧守住爱与责任的力量。

不啻微芒，造炬成阳

体育学院 刘 毅

在教育的浩瀚星空中，每名学生都是一颗初升的新星，不啻微芒，却蕴含着无限的潜力与希望。作为辅导员，我坚信通过细心引导与不懈努力，这些微小的光芒能够汇聚成炬，照亮彼此的成长之路，最终造炬成阳，温暖并照亮整个集体的未来。

一、严爱筑班，光芒初绽

一位著名教育学家说："教育了集体，团结了集体，加强了集体以后，集体自身就成为很大的教育力量了。"实践告诉我们，学生良好思想品德的形成，只靠教师的教育是不够的，还必须重视良好班集体的养成。一个目标明确、奋发向上、积极团结的班集体，是一股巨大的教育力量。它能给人智慧和力量，给人温暖和信心，约束每一位成员的行为，同时推动着每位成员的进步。

故事的开头要从初见说起。回想起 2022 年 9 月，当时仍处于新冠疫情防控期间，我采取小班化的形式分别给所带班级召开了新生入学见面会，其中运动训练 222 班的班级氛围相比其他班级更加活跃，学生的个性也更加鲜明，给我留下了深刻的印象。军训期间，我基本保持"两点一线"，在办公室通过翻阅新生档案，对所带学生进行初步的了解，并不定时前往军训场观察大家的训练状态，与教官沟通相关情况。根据自身的观察结合教官给予的反馈，我发现运动训练 222 班的逃训率相较其他班级更高。彼时，我加大了走访寝室的频率，以期更加深入地了解大家。坚持观察下来，我发现运动训练 222 班的同学在晚归、沉迷游戏和寝室内务等方面也存在着问题，但通过多次集体或是单独的谈心谈话，运动训练 222 班的同学们都给予我赤忱的回应，表示集体生活尚需适应、良好习惯仍待养成。

据我观察，运动训练 222 班的学生都有自己独特的闪光点，他们敢于表达、敢于挑战，这种精神是班级进步的动力，于是我决定采取严爱相济的方式，正确引导和规范学生的行为。在主题班会上，我与学生一起制定明确的规章制度，包括晚查寝制度、宿舍文化建设制度、课堂考勤制度、晚自习制度等，确保每个人都清楚地知道这些规定，并明确违反规定的后果。为了推进规章制度的有效执行，加强监督和检查是必不可少的。于是我配齐配强班干部团队进行定期巡查汇报,及时发现问题并进行处理。同时,发挥班级团支部共青团员的积极性和主动性,鼓励班干部和团支部团员积极组织各项活动。而对于沉迷游戏或晚归的学生,我与他们进行个别谈话,了解他们的困惑和需求,并提供适当的帮助和支持,或者定期组织一些心理辅导和兴趣小组活动,帮助他们建立健康的生活和学习习惯。

二、同心共育,成长同行

为了让同学们通过志愿服务使自身的专业知识和潜能被充分挖掘,同时在参与志愿服务过程中,通过彼此交流沟通、团结合作,增强自信心和归属感,凝聚班级力量,我主动联系附属幼儿园于校内开展“阳光长跑”活动。初期我将班委召集起来,细化分工,当然也不是所有同学都愿意按照“剧本”来走。在全班动员会上,有的同学提出疑问:“导员,我们一定要做这件事吗?做了对我们有什么好处?”我没有多言,有些事情需要亲身体会才能得到答案。活动当天,运动训练222班的同学们穿着整齐的运动装来到幼儿园门口迎接小朋友们,看着一张张稚嫩可爱的面庞,他们小声说道:“我的心都化了!”说罢,便领着小朋友们排着队朝操场走去。同学们精神抖擞地带领着幼儿园的小朋友们开始了他们的“阳光长跑”。他们一边领跑,一边鼓励小朋友们坚持下去,不断提醒他们调整呼吸、保持节奏。看着哥哥姐姐们矫健的身姿和流畅的步伐,小朋友们充满了敬佩和羡慕。他们试图模仿哥哥姐姐们的每一个动作,希望自己的步伐也能如此稳定而有力。虽然他们的小腿还不够强壮,但他们咬紧牙关,坚持着不让自己掉队。放松期间,小朋友们扑闪着大眼睛说:“大哥哥,你们怎么这么棒呀,我长大以后也要像你们一样优秀!”只见其中一个学生脸颊微微泛红,就像初升的太阳轻轻拂过脸庞,他说:“谢谢,你们一定会比我更加优秀的!”他的声音里充满了感激和谦虚。

看着他们的表现,我感到无比欣慰。这次活动不仅锻炼了同学们的体魄,更让他们在实践中体会到了团队合作的重要性,增强了他们的自信心和归属感。同时,通过与幼儿园小朋友们的互动,他们也学会了如何关爱他人、传递正能量。活动结束后,同学们直言通过这次活动,他们不仅锻炼了自己的身体,还学会了如何与他人合作、如何面对困难。更重要的是,他们深刻体会到了实践的重要性,明白了只有通过亲身体验,才能真正理解一件事情的价值和意义,并表示愿意长期坚持下去。

三、育才于心,成就未来

我深知,作为辅导员,我的责任不仅仅是讲授知识,更重要的是引导同学们在实践中成长、在体验中感悟。在总结这次“阳光长跑”活动的同时,我也开始筹划下一次的班级活动。我相信,在不断的探索和实践中,我们的班级将会变得越来越团结、越来越有力量。同学们也会在这个大家庭中不断成长、不断进步，实现自我价值，成为更加优秀的人才。

经历了四期“阳光长跑”的锻炼，我开始联系社区开展合作实践，结合“五四青年节”这个时间节点，开展乒乓健身活动。这一次，同学们皆积极报名参加活动，班委自主决定相关事宜，在活动当天我陪同运动训练222班的同学来到社区与老人们齐聚一堂，共同庆祝五四青年节。乒乓球场地成为社区中一道亮丽的风景线，吸引了众多眼球。他们的动作轻盈矫健，乒乓球在他们的拍子下跳跃，仿佛在跳动的音符中奏响青春的旋律。社区的老人们脸上洋溢着慈祥的笑容，不时发出赞叹声。每当同学们打出精彩的回球时，老人们都会鼓掌喝彩，夸赞同学们的球技和活力。在活力四射氛围的渲染下，老人们纷纷跃跃欲试。

“南昌大学体育学院的孩子们真是太棒了！他们的球技不仅好，而且态度也非常认真，真是让人佩服！”一位老人激动地说。

“是啊，这些年轻人真是有活力，他们的到来让我们这个社区都充满了生机和活力。”另一位老人补充道。

在这场乒乓健身活动中，同学们不仅展示了自己的球技，更传递了青春的热情和活力。他们与社区老人的互动，增进了彼此之间的友谊，让老人们感受到了青春的力量和温暖。

我还通过组织志愿服务工作，让运动训练222班的同学们亲身体验到帮助他人的快乐和满足感。在2023年暑期社会实践动员会上，我先向大家介绍了由学院提供的实践项目及岗位，进入提问环节，同学们表现得十分活跃，可这次活跃与之前大不相同。

“导员，我要报名！”“导员，我已经联系了老家的志愿服务岗！”同学们就志愿服务各抒己见。最后，2023年暑期社会实践期间，运动训练222班的同学分赴十余所学校进行志愿服务，还组建了调研队伍前往安义县对乡村体育发展现状进行调研。

志愿服务工作不仅让同学们更好地融入集体，还培养了他们的责任心和团队协作能力。在这个过程中，同学们逐渐明白，每个人都有自己的价值，每个人都能在不同的领域发光发热。

经过一年半的磨合与努力，运动训练222班的同学们贯彻着“一群人、一件事、一条心、一起拼、一定赢”的共同愿景，为共同的目标和荣誉奋斗，最终荣获南昌大学2022—2023学年“先进班级”称号，获评2023年度“活力团支部”称号。这是班级成员共同努力的成果。更重要的是，同学们在这个过程中收获了成长和友谊，班级内呈现向上向善的氛围。

有位哲人曾说过：“教育不是灌输，而是点燃火焰。”同学们如满天繁星一般各自散发着点点光芒，作为教育者的我们只要看到这些微光，助其凝聚，定能造炬成阳！

等一朵"花"开

软件学院　章　敏

在繁忙的校园中,我是一名普通的辅导员,与一群朝气蓬勃的学子们相伴而行,一同成长。我的职责如同一盏不灭的灯塔,静静地守候在青春的港湾,用爱与智慧的光芒,照亮每一位学子的成长之路。我的育人故事,是无数个平凡日子的累积,是心灵与心灵之间细腻而深刻的对话,它不急不缓,却深刻而动人。我初见他们时,那一张张稚嫩的脸庞,流露着对大学生活的憧憬和期待。我告诉他们,大学是一个全新的起点,是梦想启航的地方。我希望他们在这里能够找到自己的方向,为未来的人生打下坚实的基础。

作为一名高校辅导员,我深知自己肩负着育人的重任。多年来,我始终坚持以生为本,用爱心、耐心和智慧,书写着自己的育人故事。在这个岗位上,我不仅是一名教育工作者,更是一名心灵的引导者。在与学生们的相处中,我时刻关注着他们的成长,努力为他们创造一个良好的成长环境。帮助学生健康成长,这份责任既是崇高和伟大的,也是幸福和快乐的,需要我们政治过硬、本领高强、做好言传身教。以下是我的育人故事,记录着我在这个岗位上的付出与收获。

王同学是刚入学的大一新生,因为高考发挥失常,没有考上预期的学校,来到了南昌大学。来到学校后,他对学习和生活环境感到迷茫和困惑,甚至有退学的念头。他不知道自己将来从事什么职业,也不知道如何规划自己的人生。为了帮助王同学走出困境,我开始主动与他交流,试图了解他的内心世界。经过一段时间的观察和交流,我发现王同学其实是一个非常有想法和才华的人。他的数学非常好,对人生也有自己的见解。为了帮助王同学找回自信,我开始鼓励他参加各种集体活动和竞赛,培养他的兴趣和才华。我经常与他一对一地交流,听他倾诉内心的困惑和感受。同时,我为他提供了职业规划的指导,让他对自己的未来有了更清晰的认识。我告诉他:"每个人的路都是独一无二的,不必急于追赶别人的脚步,重要的是找到属于自己的节奏和方向。"那一刻,我仿佛看到了他眼中的光芒重新亮起,那是对未来的希望,也是对自我的肯定。通过不断的鼓励和肯定,王同学逐渐找回了自信和勇气。看到王同学的进步和成长,我感到非常欣慰和自豪,我相信每一个学生都有自己的潜力和才华,只要给予他们足够的关注和支持,他们就能茁壮成长。经过王同学的努力,他最后考研成功,被武汉大学录取。

除了王同学之外,我还帮助了许多其他的学生,有的学生出于家庭原因感到焦虑和无助,我就会耐心地倾听他们的心声,给予他们关爱和支持;有的学生在学业上遇到了困难,我会与其任课老师沟通协调,为他们提供有效的学习方法和建议。在这个过程中,我也收获了许多,学生们的一声“谢谢”、一个微笑、一份祝福都是对我工作的肯定和鼓励。有时候,学生们会因为我的一句话、一个建议而受益终身。每每收到来自他们的祝福,便能让我满怀热情地投入工作,因为我们是在做伟大的育人工作,我们有自己的使命和担当,我深感育人的重要性和价值所在。习近平总书记指出:思想政治工作从根本上说是做人的工作。在与学生朝夕相处的过程中,学生求助于辅导员的大都是学业、就业、活动等方面的平常之事,但是对于每一位“身陷困境”的学生而言,我们的处理方式和效果都会对他们产生不同程度的影响,或是情绪情感宣泄,或是方向方法指引,或是信念信仰重建。因此,在我们的工作中,不一定要做出什么大业绩,更多的是要深耕一线,始终把学生的事情放在心上,讲究方式方法,将“具体问题具体分析”的方法论贯穿到我们的育人工作中,有理有力实实在在地为每一个学生服务,铸就思想上的灯塔,帮助他们照亮未来。

作为辅导员,我深知个人的力量是有限的。因此,我注重与同事、学生和家长建立良好的关系,共同营造有利于学生成长的育人环境。在与学生家长沟通方面,我始终保持真诚和耐心,定期与家长联系,汇报学生的学习和生活情况,听取家长的意见和建议。通过与家长的紧密合作,我能够更好地了解学生的个性特点和成长需求,为他们提供更加有针对性的指导和帮助。在与同事的相处中,我积极参与各类团队活动,与同事们分享经验和资源,共同提高育人水平,共同寻找解决方案。

在与学生们的相处中,我逐渐明白了一个道理:育人不仅仅是传授知识,更是要培养学生的品格和情操。我时常鼓励他们要诚实守信、尊老爱幼、关心他人、热爱集体。回首过去的日子,我深深地感到自己的幸运和幸福。能够与一群年轻的心灵相遇,一同走过人生的这段旅程,是我最大的荣幸,他们的成长和进步,是我最大的骄傲和自豪。

总之,作为一名辅导员,我时刻牢记自己的育人使命。我不仅要关注学生们的学习成绩和日常生活,更要关注他们的心灵成长和人格发展。在与学生们相处、交流和帮助他们的过程中,我不仅培养了他们成为有用之材的能力和素质,更在自己的育人道路上不断成长和进步。我相信在未来的教育工作中我会更加努力地工作,用自己的知识和经验,为更多的学生指引方向。用心去关爱每一个学生,努力成为一名优秀的辅导员,为学生的成长成才贡献自己的力量,为社会的发展作出更大的贡献。

点亮心灵的灯塔

口腔医学院　任晶晶

在岁月的长河中,有这样一群人,他们默默无闻地坚守在高等教育的前沿,用爱心与智慧为青春导航,用汗水与坚持浇灌着每一颗渴望成长的心灵。我,就是这群人中的一员——一名普通的大学辅导员。在这片充满希望的土地上,我见证了许多学生从懵懂到成熟,从迷茫到坚定,这些经历汇聚成我职业生涯中最宝贵的财富。

一、初遇·启航

故事始于2023年4月,我接手了自己的第一批学生。第一次班会,我站在讲台上,心中充满了激动与责任感。我深知,接下来的一年,我将是他们成长路上的引路人,陪伴他们走过这段重要的人生旅程。

为了更快地了解学生,我采取了"一对一"谈心的方式。小芳是我带的班级里的一名学生,她聪明、勤奋,但性格内向,不善于与人交流。她到大五时发现还有三门课程需要补考,非常紧张焦虑,但是因为性格内向不会寻求老师和同学的帮助,很担心补考不能通过。所以她每天都在努力学习,不仅坚持在临床进行实践学习,而且在宿舍也努力学习书本上的知识,甚至为了补考放弃了考研。最近期末考试的成绩出来了,三门挂了两门,她感到非常难过。我耐心地倾听,用温暖的话语鼓励她,告诉她每个人都有无限可能,关键在于是否敢于尝试和挑战自我,希望小芳可以自信一些,努力学习,争取补考顺利通过。

二、挑战·同行

大学生活并非总是一帆风顺,并不是所有努力都可以获得回报。小芳告诉我,她每天都在努力学习,但是每次考试都不理想。我提出请保研的成绩优异的同学帮助她,表示同学们都很愿意帮助她学习。我鼓励她,挫折也是人生中一次非常珍贵的成长机会,挂科也不代表不是好学生,成长过程中有的人走得快一点,有的人走得慢一点,都是非常正常的事,希望她可以相信自己,看到自己的价值,自信乐观地面对人生中的考验。之后,我和小芳一同分析挂科的原因,主要是没有掌握正确的学习方法,希望小芳可以多和同学们沟通交流,得到同学的支持,合理安排学习时间,取得更好的成绩。我鼓励她可以多观察其他同学是如何与人交流的，作为未来的口腔医生，与患者沟通是必备技能，可以在实习时锻炼自己，提高人文素养。

首先，我指导她制订了一个学习计划，采用“康奈尔笔记法”或“思维导图笔记法”将课堂内容结构化、可视化，帮助她更好地理解和记忆知识点，并强调在听课过程中捕捉关键词和核心概念，课后及时整理完善笔记。针对复杂或易混淆的知识点，我鼓励她尝试自编口诀或列表格进行比较记忆，这种方法不仅能增加学习的趣味性，还能显著提高记忆效率。同时，我还教授她如何使用思维导图软件（如 XMind、MindMeister）或以手绘方式将所学内容以树状图的形式展现出来，帮助她厘清知识脉络，形成系统的知识体系。

其次，我鼓励她多和同学交流，加入或组建学习小组，定期与同学们一起讨论学习难题、分享学习心得。在交流中，她不仅能获得他人的帮助，还能从他人的视角中发现自己的不足，进而促进自我提升，逐步建立自信。

最后，我鼓励她担任寝室长，让她有机会实践领导能力。我向她详细解释寝室长的职责，包括日常卫生管理、寝室氛围营造、室友间矛盾调解等，让她对自己的角色有清晰的认识；鼓励她与寝室同学共同制定寝室规章制度，组织寝室活动，培养她的团队协作能力和沟通协调能力；定期与她进行一对一交流，了解她在担任寝室长期间的感受、遇到的挑战以及取得的成果，给予及时的指导和建议；对她在寝室工作中的亮点和进步给予充分的表扬和鼓励，让她感受到自己的价值和成就感。

三、成长·感悟

随着时间的推移，小芳逐渐打开了心扉，她的学习能力有了显著提升，变得更加自信，在临床实习过程中也得到了带教老师的认可。她的变化也感染了其他同学，班级的氛围变得更加和谐。我也发现她与同学的关系相处得更加融洽了，心理更加健康，人际交往能力更强。今年她也会报名考研，希望之后能有更好的发展。

小芳的故事让我深刻体会到：作为辅导员，我们的任务不仅是传授知识，更重要的是帮助学生发现自我、激发潜能，引导他们成为更好的自己。每当看到学生们的成长和进步，我都感到无比欣慰和自豪。这，就是我作为辅导员最大的幸福。

我深知，作为辅导员，我们的工作虽然平凡，但责任重大。我们不仅是学生知识的传授者，更是他们心灵的引路人，我们的一言一行都可能对学生产生深远的影响。因此，我始终秉持着“以学生为中心”的教育理念，用心去关爱每一位学生，用爱去温暖每一颗心灵。

在这个过程中，我也逐渐领悟到，教育的真谛在于激发潜能、引导成长。每个学生都是独一无二的个体，他们有着自己的优点和不足，我们的任务就是帮助他们发现自己的闪光点，鼓励他们勇敢地追求梦想。只有这样，我们才能培养出更多有社会责任感、创新精神和实践能力的高素质人才。

辅导员的育人故事，是爱的传递，是责任的坚守，更是心灵的触碰。在未来的日子里，我将继续秉持初心，用爱与智慧照亮学生的前行之路，为他们点亮心灵的灯塔，引导他们走向更加辉煌的未来。

发现学生不一样的闪光

软件学院 梅 纲

著名教育家范梅南曾经说过:“一位好老师,并不是碰巧去教数学或诗歌而已,他本身就体现着数学或诗歌。好老师和他们所教授的知识已融为一体。”对于我来说,教育并不仅仅是一项工作,更多的是知识的传授、温暖的陪伴和精心的呵护,让每一个孩子都能够表现出自己的闪光点,追逐梦想。这也是我的目标与责任。

在那悠长而又绚烂的教育旅途中,我始终怀揣着一颗温柔而坚定的心,陪伴在每一个孩子的身旁,用知识的光芒照亮他们的前路,用爱的温暖驱散心中的阴霾。教育于我而言,不仅是职业的使命,更是灵魂的触碰,是生命间最深刻的对话。

一、发现问题,解题无门眉头锁

“你不用跟我说这些,这些我都懂,在家我爸妈都管不了我,就凭你?”这是我与滕同学第一次谈心谈话时他对我说的唯一一句话,说完后滕同学扬长而去。作为一名工作多年的老学工,我遇到过许多有个性的同学。为了更好地了解滕同学的情况,我再次到达教室的后门,在后窗直接望向那个坐在最角落里的青年:黄色的头发,嘻哈的着装,熟悉的睡姿。正在这时,他仿佛是觅食的“老鼠”,偷偷摸摸溜往后门,正好跟我撞了一个照面,但是视我为空气,扬长而去。

我向任课老师和其他同学了解滕同学的日常表现。滕同学自从开学以来,从来都没有完完整整地上完过一天课,考试的成绩自然也并不理想。老师们和我一样,起初是想教导他,但他仿佛是铁了心谁劝都没用,渐渐地,老师们都默认放弃了这个孩子。滕同学没了管束,行事也愈发大胆,就像我刚刚看到的那一幕:上课上了一半,他便悄悄溜走。想到这里,我不禁皱紧了眉头。

二、多措并举,苦心经营皆受挫

两天后的校园里,我再次见到了滕同学,我还是忍不住地询问道:“滕同学啊,我了解你的情况,你有什么困难可以跟我讲啊,我很愿意帮助你的。”谁想到,滕同学只是面无表情地听着,油盐不进地回答道:“我好得很。”显然他已经应付惯了这种场面,此时我得知今天恐怕难以沟通,便只能让他回去。

又过了一天,我特意去了他们班"蹲守",一看到滕同学想要翘课,我便将他拦了下来,让他好好回去听课,他还是很听话地回去了,只不过不是认真听课,而是趴下睡觉,或者和周围的人谈天说地,课堂的秩序一下子就混乱了。后面几天,我还是尝试着拦他,但是他好像是学会了,连教室门都不想进了。

我不禁开始反思,一定是我育人的方法出现了问题。

三、直击心底,以爱融化钢铁心

这几次失败的教训反而让我对滕同学的情况有了更多的兴趣,所以我打算从他的家庭入手。我联系了他的家长后便开展了家访,虽然走访过程中滕同学不在家,但是我依然有了很大的收获。

家访中我从滕同学的父母那了解到,父母平时工作非常繁忙,而且滕同学的弟弟还患有孤独症,父母仅有的一点点精力也全都扑到了弟弟身上,根本就没有时间照顾滕同学。不过可贵的是,滕同学也很疼爱自己的弟弟,从来都没有欺负过他,还经常与欺负他弟弟的人理论。

听到这里,我突然发现了滕同学不同的一面:懂事、爱护幼弟。这和他在学校中表现出的"忤逆张扬"的一面完全不同。而我们学校有专业的心理健康老师,对于孤独症也有很多的咨询经验,说不定可以帮到他们。思及此,我便对他的母亲说道:"我们学校有专业的心理健康老师,对孤独症也有过一些研究,说不定我可以帮到你们。我可以见见他的弟弟吗?"

他的弟弟几乎符合孤独症患者的所有特点:不爱与人交往、行为刻板、漠不关心。我向学校心理健康教育中心的老师取经,尝试慢慢与他沟通,我发现滕同学弟弟的孤独症并不是最严重的那种。经过与滕同学母亲商议,我可以不定时地来探望滕同学弟弟。几周后,滕同学偶然见到了我对弟弟的关心呵护,可能也从父母口中得知我对其弟弟的帮助,滕同学对我的态度渐渐地软化,我终于走进了他的心里。

四、潜心改变,班级和睦创佳绩

新的学期开始了,我从来没有见过那样的滕同学。每天上课的时候努力坐在教室的前列,虽然不能完全戒断手机,但是我却能看出他在努力克制自己,也在努力地听着那些对于他来说很晦涩的知识。为了防止他只是一时的热情,我在每次为其弟弟做心理疏导的时候会询问滕同学在学业和生活中的困难,并给他提供帮助。

当校园里有人在私下闲聊我或给我起外号时,滕同学也会第一时间站出来维护我,渐渐地，有了滕同学的维护，我发现自己的工作也好做了很多。没了这个“钉子户”，班级气氛自然热闹了起来。当滕同学在班级活动中唱歌时，我听到了他内心稚嫩的一面；当滕同学在足球赛中进球后激动地呐喊时，我感受到了他豪放的一面；当滕同学得知班级获得先进班集体与同学们共同庆祝时，我体会到他幸福的一面。

我想，辅导员就应该让每一位孩子了解自己的特点，挖掘他们的梦想，针对不同特点的孩子因材施教，让他们在最美的年华绽放。

辅导员的坚守与智慧

软件学院　徐　婷

作为一名高校辅导员,我深知自己肩负的责任和使命。辅导员不仅是学生的“管理者”,更是他们成长道路上的引路人和知心朋友。辅导员的工作远不止于传授知识,更重要的是引导学生树立正确的价值观,培养良好的品德和行为习惯。因此,我始终坚持以学生为中心,用爱心、耐心和智慧去陪伴和引导学生成长。

一、爱心引领,温暖成长

爱是最好的教育。我相信,只有用真诚的爱心去对待每一个学生,才能赢得他们的信任和尊重,进而引导他们健康成长。每个学生都是独一无二的个体,他们有着各自的优点与不足、梦想与追求。因此,辅导员应善于观察、勤于思考,努力探索适合每位学生的成长路径。

我带的班级里,有一个性格内向、成绩落后的学生小李。小李因为生活在单亲家庭,自卑心理较重,缺乏自信,很少与人沟通交流。发现了小李的问题后,我主动关心他的生活和学习,鼓励他多参加集体活动,展示自己的才能,让他负责班级活动策划,加强与同学的交流。通过大家的鼓励和帮助,小李逐渐变得开朗起来,成绩也有了明显的提升。

二、耐心陪伴,静待花开

当第一缕阳光穿透校园的薄雾,辅导员的一天便悄然拉开序幕,他们的身影总能在学生最需要的时候出现。辅导员们深知,每一个细微的关怀,都可能成为学生成长路上不可或缺的动力源泉。每个学生都有自己的成长节奏,需要时间和耐心去等待。作为辅导员的我们更是深知这一点,我们应该耐心地陪伴在学生身边,用心倾听他们的声音、关注他们的成长。通过个性化的辅导、多元化的活动,辅导员们能激发学生的潜能、培养学生的兴趣,让每个学生都能在适合自己的舞台上发光发热,绽放个性之光。

有一个特别调皮的学生小杰,因为家庭环境优越,从小娇生惯养,总是觉得寝室、校园环境差,还比不上他在高中时期的学习生活条件,一直抱怨难以适应学校的生活。我通过耐心地与他沟通,引导他树立正确的价值观,帮助他改正不良习惯,慢慢改变依赖个性,学会自己独立地去做一些事情，让他在处理事情的过程中提高主动性和独立性，进一步提高生活自理能力。在老师和同学的耐心陪伴下，小杰逐渐变得成熟起来，不仅可以很好地适应学校生活，还参加了学院的青年志愿者协会。

三、智慧育人，启迪心灵

辅导员的工作不仅需要爱心和耐心，更需要智慧。作为辅导员，要能够运用自己的智慧创造性地开展工作，启迪学生的心灵。辅导员的坚守与智慧并非孤立地存在，而是相互融合、相互促进的。我们要用真挚的情感去感染学生，用深刻的道理去启迪学生。在与学生相处的过程中，既注重情感交流，又注重理性引导，让学生在感受到温暖的同时，也能明白人生的真谛和价值所在。

有一个特别聪明但缺乏自律的学生小晨。小晨因为聪明过人，常常自认为无须努力就能取得好成绩。发现了小晨的问题后，我并没有直接批评他，而是组织了一次班级讨论会，让同学们分享自己的学习经验和心得体会。在讨论中，小晨逐渐认识到了自律的重要性，开始努力调整自己的学习态度和行为习惯。

此外，我们还要善于利用课余时间组织各种形式的育人活动。我经常带领学生参加社会实践、志愿服务等活动，让学生在实践中锻炼能力、增长见识、培养品质。这些活动不仅丰富了学生的课余生活，更让学生在实践中感受到了成长的快乐。

四、团队协作，共同育人

作为辅导员，我深知团队协作的重要性。学生的成长离不开家庭的支持与配合，辅导员应积极与其他教师、家长和社会力量合作，建立多方共育的良好机制，共同为学生的成长创造有利条件，为学生的全面发展提供更加坚实的保障。例如，经常与其他任课老师沟通交流，了解学生的学习情况和问题，共同制订解决方案；积极与家长沟通联系，及时反馈学生的表现和进步，引导家长参与孩子的教育，关注学生在学校的情况。通过团队协作，让学生在大学期间不仅学到知识，更学会做人、做事、做学问的道理，让他们在大学里度过难忘的时光，成为社会的有用之材。

在育人过程中，我始终坚信“以身作则”的力量。我努力做到言行一致、以身作则，为学生树立榜样。我注重培养自己的职业素养和道德修养，努力成为学生心目中的良师益友。我相信，只有自己做到了“身教重于言教”，才能更好地影响和引导学生。

辅导员的坚守与智慧，是青春岁月中最动人的篇章。辅导员用无私的奉献和深沉的爱，为学生们筑起了一座座坚固的堡垒；用智慧的火花和创新的思维，为学生们点亮了一盏盏明亮的灯塔。回顾多年的辅导员工作，我深感育人工作的重要性和意义。辅导员不仅是学生的管理者和指导者,更是他们成长道路上的陪伴者和支持者。在这个过程中,辅导员不仅可以见证学生的成长和进步,也可以与他们共同成长和进步。在未来,我将继续努力做好育人工作,不断提升自己的专业素养和工作能力,为学生提供更好的服务和支持,并且继续关注学生的需求和发展,帮助他们实现自己的梦想和追求。同时,我也期待与同行们一起探讨育人经验和方法,共同推动高校辅导员工作的开展和创新。

给每一朵花开放的时间

公共政策与管理学院　叶建飞

作为一名辅导员，我的工作虽然平凡、琐碎，但它是有意义、有价值的。以平凡诠释伟大，就是一种幸福。做经济困难学生的“棉袄”、做后进生的“拐杖”，努力成为学生心理疏导的“及时雨”、学生健康成长的“引路人”……

一、扶青云志，培养自立自强能力

2023年8月，迎新的第一天，新生小木找到我：“老师，我想问一下学校有没有勤工俭学的岗位，我想申请。”看着她瘦小的身体和心事重重的样子，我把她带到办公室，经过询问后得知，她的爸爸在她很小时候就因车祸去世，后来妈妈改嫁，家里的弟弟妹妹还有她都和爷爷一起生活，爷爷靠平时村里的救济和做一些零活维持整个家的生计，家里经济特别困难。

听完她的情况，我内心有说不出的酸楚，当即答应帮助她找一份勤工助学的岗位，申请经济困难学生建档。小木特别懂事，在学习中刻苦努力，也能积极向他人请教。但因为缺乏自信，不善于表现自己，于是我就刻意培养她，鼓励她力争上游，积极参与各项竞赛、活动与社会实践。经过她的努力，先后成为班级和学生会的主要学生干部。

给每一朵花开放的时间，扶青云之志，以自立自强为基，指引学生走向进步之路。

二、做引路人，培养坚定理想信念

学党史、悟思想、办实事、开新局，扎实做好支部党建工作。我组织公共管理类234、235班的新生重走小平小道，感悟伟人精神；带领人力资源管理第三党支部前往方志敏烈士陵园进行扫墓，让学生们切实感受到先辈们的不易，珍惜今天的美好生活并更加努力为学校、社会、国家作出贡献。同时，我引导所带班级学生下载“学习强国”学习平台并每日坚持打卡学习，在与学生谈话中也多次强调政治站位、思想觉悟问题，积极开展党建、团建工作。此外，我多次组织开展思政专题学习班会，并在2023年度获得了校级红色班级奖项。

给每一朵花开放的时间，做引路之人，引导学生筑牢理想信念根基。

三、当护航者，做好特殊学生关爱

在我目前所带的241名学生中，经济困难学生建档的有55人，我经常去他们的寝室走访，了解他们的生活、学习所需，多次与他们进行一对一的谈话交流，帮助他们解决问题。其中，人力资源管理201班一名女同学患抑郁症，在与之沟通了解情况后，我让她担任辅导员助理以便及时进行观察与关心。公共管理225班有一名学生在刚进入大学不久便因腹痛多次进行检查，我积极联系学生家长，后经查需暂停学业前往外地进行手术。我多次来到医院探望，鼓励该生积极配合治疗。在手术后，该生返校出现明显的心理不适，甚至有休学的想法，我多次与她进行交流，带她一起进行劳动教育，在劳动中释放情绪、减轻压力。目前，该生情况良好，已正常投入学习和生活之中。

给每一朵花开放的时间，做学生的贴心人，为成长成才之路保驾护航。

有位作家曾说过："花的事业是尊贵的，果实的事业是甜美的，让我们做叶的事业吧，因为叶的事业是平凡而谦逊的。"踏上三尺讲台，就意味着踏上了艰巨而漫长的"育人之旅"，我愿意做那默默奉献的绿叶，用爱耕耘以积蓄能量，带着学生们去感悟生活、发掘自我，与学生共同成长，让他们能站在自己的肩膀上去发现世界，去体验花开的喜悦。于我而言，辅导员为学生成长发展护航、导航、领航，是一份神圣和富有价值的事业！

架起一座民族团结的桥梁

经济管理学院　地拉然·海伊拉提

在大学的广阔天地里，每一位学生都如同璀璨的星辰，各自闪耀着独特的光芒。而我，作为一名高校辅导员，有幸成为这片星空中的一座桥梁，连接着来自不同文化背景的学子，共同编织着属于我们的多彩篇章。其中，与少数民族学生的相处经历，让我深受触动，这不仅是一段关于成长的旅程，更是一场关于理解与尊重的教育实践。在这里，我想分享一个关于我的育人故事，分享我是如何在这段多彩旅程中成为一位守护者。

一、初识：倾听与理解

故事的主人公小德是一名少数民族大学生。她来自偏远的西北地区，是一个非常沉稳且内敛的孩子，因家庭经济困难而背负着沉重的心理压力，让我不禁想要深入了解她内心的世界。在大学的校园里，小德显得格格不入，沉默寡言，缺乏自信。

作为小德的辅导员，我发现了她内心的困扰。在一次偶然的谈话中，小德向我倾诉了自己的几点困境。首先，她表示因为不同地区教育层次的差异，自己在学习上和其他地区的学生有较大的差距，上大学以来她自己也在很努力地学习，但因为基础薄弱，成绩始终无法提高，这让她倍感焦虑和无助。其次，因为远离家乡，面对新的环境和人际关系，她时常感到孤独和迷茫，因此会因想家而情绪低落。

我时刻关注小德的心理变化，常常以一个知心姐姐的角色与她谈心交流，很庆幸的是小德也很愿意给我分享她的烦恼和困惑。当发现小德情绪低迷一个人独来独往时，我会邀请她到办公室，为她泡上一杯热奶茶，希望通过我不经意间流露出的家乡情结给予她家乡的温暖。通过耐心倾听小德的诉说，让我明白这个孩子的内心渴望被理解和接纳。于是，我温柔地告诉小德："每个人都有自己的节奏和方式，只要你用心去做，就一定能找到适合自己的方法。"

二、引导：发现兴趣与潜能

为了让小德找回自信和动力，我开始关注她的兴趣爱好和潜能。通过任课老师的反馈,我发现小德对自己所学专业有着浓厚的兴趣,虽然她的专业知识不够扎实,但她对于新知识点的学习和掌握能力很强。于是,我就鼓励小德参加学校的相关社团,与志同道合的同学一起交流学习。同时,我还推荐小德参加了一些和专业有关的竞赛和社会实践活动,让她在实践中锻炼自己的能力和技能。

在小德的努力和我的引导下,她逐渐找回了自信和学习的热情。她在所学专业的潜能得到了充分的发挥,不仅成绩有了显著的提升,还多次在竞赛中获奖。

三、陪伴:共同成长与超越

在小德的成长过程中,我始终陪伴在她的身边,给予她支持和鼓励。在日常工作中,我不仅仅关注小德的学业成绩,更关心她的心理健康和人际交往能力。所以,我鼓励小德多参加各种活动,拓宽自己的视野和人际交往圈子,这有助于提升她的综合素质。

在我的陪伴下,小德逐渐走出了自卑和封闭的阴影,变得更加开朗和自信。她开始主动与同学交流,积极参与各种社团活动,不断提升自己的领导能力和组织能力。同时,她也开始关注社会问题,参与志愿活动,为社会作出自己的贡献。

在我的引导下,小德逐渐缓解了学习上的焦虑和对大学生活的不适感。慢慢地,小德愿意向我们敞开心扉说出自己心中的困惑,也便于我们认识她的内心世界,从而能从实际问题入手帮助她。在聊天过程中我鼓励小德:生活处处是坎坷和惊喜,只有我们战胜坎坷才会遇见那份惊喜,只要我们够勇敢够自信就没有过不去的坎,我相信你一定能够战胜困难,实现自己的人生梦想。从大学二年级开始,小德在学习上有了明显的提高,也开始和同学交流嬉笑,在校园里时常可以看到她和舍友一起看书和追逐打闹的身影。在这些过程中,她学会了如何面对困境和挑战,如何与人合作和沟通,如何承担责任和奉献社会。这些宝贵的经历将伴随她一生,成为她不断成长和超越的动力源泉。

高校辅导员的工作不仅仅是管理和服务,更是引导学生健康成长成才。

辅导员要善于倾听和理解学生。每个学生都有自己的故事和困境,辅导员需要耐心倾听他们的心声,理解他们的需求和困惑。只有这样,才能找到帮助学生成长的有效途径。

辅导员要关注学生的兴趣和潜能。每个学生都有自己的特长和优势,辅导员需要发现并鼓励他们,通过引导学生参与各种活动和实践,让他们的潜能得到充分发挥和提升。

辅导员要陪伴学生共同成长和超越。在学生的成长过程中,辅导员需要始终陪伴在他们的身边,给予他们支持和鼓励。通过关注学生的心理健康和人际交往能力,帮助他们树立正确的世界观、人生观和价值观,成为有社会责任感和敢于担当的人。

与学生的相处经历让我深刻体会到作为一名高校辅导员的责任与使命。我深知自己不仅是他们学业上的指导者更是他们心灵上的引路人。在未来的日子里，我将继续以更加饱满的热情和更加专业的态度投入这项神圣的事业中去，为培养更多德智体美劳全面发展的社会主义建设者和接班人贡献自己的力量。同时，我也相信在爱的滋养下我们的校园将会更加和谐美好，民族团结之花将在每一个角落绽放得更加灿烂夺目。

看见每一朵花的最美模样

经济管理学院　欧阳觅

我非常有幸在三年半之前与204名来自天南海北的学生们结缘,他们从祖国各地来,朝气蓬勃,如同春天的花朵,等待着绽放的时刻。但是在和他们的相处中,我逐渐发现,正如每一朵花都来自不同的土壤,每位学生也有着不同的家庭经历,有的来自父亲早逝、弟妹年幼、母亲独挑家庭重担的偏远农村家庭,有的来自"望子成龙、望女成凤"的城镇小康之家,有的来自家境殷实、眼界开阔、氛围自由的高知家庭。不同的成长背景与经历意味着他们绝对不是流水线上的产品,而是具有独立思想和独特个性的个体,也正如花一样,有不同的色彩、不同的香味、不同的模样。

我深知,作为辅导员,我的角色就如同春风一般,温暖而细腻,需要悄无声息地滋润着他们的成长。我的责任不仅仅是传授知识,更是引导他们树立正确的价值观,发掘他们的闪光点,培养他们的人格魅力。此刻,再一次站在春天的起点,回忆起我的育人之旅,让我想起曾经看到的一句话:"如果你把自我的理想、青春、快乐、幸福融入为孩子们的服务中去,感受到的必是质朴的泥土的芬芳。"是的,回首过往,从事辅导员工作的这近四年,虽有棘手无奈之时,但更多的是快乐与感动,是春风润物后留下的芬芳。

一、初识花香,倾听心声

英国先哲培根说:"和蔼可亲的态度是最好的介绍信。"沟通是辅导员与学生亲和的助推器。当然,与学生交流、沟通也必须讲究策略。

2020年,初为辅导员的我接手了2020级工管会计的学生,他们是新生,而我也是"新师",良好的沟通便是我与学生们见面的第一封介绍信,而在沟通前也需要做大量的工作。在拿到新生电子档案后,我便认真阅读每一位学生的档案,熟记照片并制作个人信息台账,掌握每位学生的基本情况,在新生报到时就积极与各位同学沟通交流,结合他们的个人情况进行进一步的谈话。例如,有一位从东北来报到的同学小雨,这千里求学之路,分隔的不仅仅是距离和时间,还有难以抑制的思乡之情。在报到第一天,我发现她情绪低落,便叫她来到办公室谈心聊天,疏解情绪,后来我也持续加强对她的关心,经常和她聊天、鼓励她,在班上表扬她的刻苦努力。我对她的亲切自然,使得这个学生在很短的时间就适应了新的学习环境。更重要的是,她很快融入了班级大家庭,并迅速成长蜕变,不仅作为我的学生助理承担了很多班级事务,还担任了学院学生会主席,为学院的学生工作添砖加瓦。

在日常工作中,我利用一切空闲时间和学生交流,了解他们的学习、生活,甚至家庭状况。通过交流得知,哪些同学较为内向,哪些同学性格开朗,哪些同学可以格外关注,哪些同学仍需加强教育。对于学习上有困难的学生,我向他们传授一些好的学习方法,帮他们平衡休闲和学习之间的关系;对于生活上有困惑的学生,我及时为他们解决问题,让他们全身心地享受大学的美好时光。渐渐地,许多学生也愿意把他们心底的秘密和我分享,每当这个时候,我都会觉得自己是最幸福的人,因为被别人充分信任本身就是一种幸福。

二、细心浇灌,共绽芳华

责任心是辅导员工作的原动力,是做好辅导员工作的关键。作为6个班级200多名学生的辅导员,我始终抱着一颗责任心,本着对每一个学生负责的态度,了解、把握每一位学生的思想动态,并从思想、心理、行为习惯、学习生活上予以耐心的引导和呵护,着力促成孩子们愉快、健康地成长,做到时时有、事事有、处处有。

我常常探访学生宿舍,了解他们的日常生活;定期开展班会活动,加强班级凝聚力和向心力;安排学生骨干关注每位学生的思想动态。在过程中,我也逐渐发现了每位同学的特点。

小文同学平时不爱与同学交往,但是对科研很感兴趣。我积极鼓励他找自己的本科生导师咨询论文写作的技巧,他也在大学期间成功发表了论文。

小宁同学虽然学习上很吃力,但是乐于助人,是班级公认的热心肠。我就鼓励她参加班委竞选,最后她成功当选了生活心理委员,和班级每位同学都成了好朋友,也成为我的得力助手。

小稀同学家境困难,略显自卑,但是自己的学习天赋很高。我通过和他的交流不断鼓励他,也在学习方面激发他的兴趣,让他在学习中找到自信。最后他每年都能拿到国家励志奖学金,也逐渐变得开朗自信。

这样的同学还有很多,或许他们成绩不佳,或许他们不善交际,但是通过每日的相处我发现他们都有自己的闪光点。我在育人的过程中不断发掘每朵花最美的模样,并鼓励他们迎风绽放。

三、静待花开,风传馨香

我们常常可以在网络上看到"'零零后'大学生整顿职场""脆皮大学生"等或调侃或谈

笑的话题,但不可否认的是,如今新时代的大学生青年群体是与以往截然不同的。这对我们的辅导员工作也造成了巨大挑战,我们所面临的新问题、新矛盾也愈发突出。这就要求我自己要不断更新理念,以新的管理理念为指导,深入研究新时期学生的新特点,以新的管理方式来管理学生,让教育润物无声却关涉长远。

因此,我在工作之余注重多读教育学、心理学、管理学等方面的学术著作,多听有关报告,多写读书笔记,多学习前辈辅导员的工作经验,结合实际有的放矢地运用到自我的教育实践中去,与学生们一起共同生长。

“看见”是一种双向奔赴,我看见每位学生的闪光点,学生也会看见我的温暖细心,把我当成信任的人,与我分享他们的成长故事。我也在这个过程中成为他们的知心人、热心人、引路人,见证了每朵花最美的模样。

念念不忘　必有回响

工程建设学院　吴斯亮

刚刚结束的 2024 华语辩论世界杯大赛中,四分之一决赛和总决赛的辩题都是“念念不忘,必有回响”。这句话也始终在我心里回荡,在我耳畔发出声响。心里挂念的,不论距离多远、时间多久,都萦绕在心头,发出的声响就像波纹一样在脑海中回荡。

一、充满未知的成长之路,是无声的呻吟

小林来自河南漯河,如同田野间默默无闻却生命力顽强的麦穗,自幼便以那份特有的沉稳与内敛成为家中不可或缺的一抹温馨。父母眼中,他是那个无须多言便能洞悉人心、勤勉懂事的好孩子;姐姐身旁,他则是那个虽不善言辞,却总能在关键时刻给予支持的坚实后盾。

小林的父母,如同大地一般朴实无华,他们用汗水浇灌着生活的希望,日复一日,年复一年,只为给孩子们撑起一片更广阔的天空。小林与姐姐亦不负众望,双双踏入大学校门,成为父母心中的骄傲。

然而,大二的秋季,当秋风渐起、落叶纷飞之时,小林的世界却迎来了前所未有的寒冬。六门课程的挂科,如同六座沉重的大山,瞬间将他压得喘不过气来。成绩单上的数字,如同锋利的刀刃,割裂了他往日的自信与平静。他,从班级的前列跌落至末尾,这份落差,对于一向自律自强的小林而言,无疑是难以承受之重。

我,作为他求学路上的同行者,试图通过种种途径,探寻他内心的世界。寝室的灯光下,他曾经的专注与投入仿佛还历历在目,但如今,那份光芒却已黯淡无光。他的沉默,不仅仅是言语的缺失,更是心灵深处的一种逃避与挣扎。我试图走近他,却发现他的世界已被一层厚厚的冰霜所覆盖,难以触及。

寒假的初期,他还勉强维持着往日的平静,与家人共度时光。然而,随着返校日期的临近,他内心的恐惧与不安终于如洪水般倾泻而出。他开始拒绝与外界交流,将自己封闭在一个小小的空间里,手机成了他唯一的慰藉。家里人问他发生了什么,他也不吱声,每天坐在床上玩手机。奶奶把做好的饭放到他的房间里,他下床就是吃饭和上厕所。姐姐在走的时候跟他交流,他也不说话,还吼了姐姐。等到开学他也一直没有返校,电话不接,微信也不回。当我得知情况后,心中充满了忧虑与不安。我深知,小林此刻正站在人生的十字路口,需要有人伸出援手,引领他走出这片迷雾。于是,我联系了小林的母亲,希望通过我们的共同努力,能够为他找到一条重新出发的道路。我们分析着他前后的变化,回想着他曾经的点点滴滴,试图从中找到那把能够打开他心门的钥匙。我们知道,小林需要的不仅仅是学业上的帮助,更是心灵上的慰藉与鼓励。他需要学会面对失败,接受自己的不完美,并勇敢地迈出下一步。

二、用爱守护的陪伴,心生澎湃

小林的事情让我看到一个非常普通的农村家庭的父母能够做到的守护陪伴,其力量是不可估量的。小林的母亲始终及时和我交流,我们一起想办法,想该怎么帮到小林,她没有像有的母亲一样充满恐惧、担心,不知道该怎么办,每天以泪洗面。相反地,小林的母亲非常坚强,一边工作,一边想着如何托朋友,让朋友介绍心理咨询医生,能不能邀请医生来家里。此举让人深刻体会到,即使是最平凡的父母,也能以超乎想象的力量,为子女撑起一片天。

在开学前的那个礼拜,我尝试着与小林沟通,试图揭开他沉默背后的秘密。当电话那头传来小林哽咽的声音时,我的心也随之颤抖。那一刻,我仿佛能感受到他内心深处那份难以言说的痛楚与挣扎。我一直问他是不是真的遇到了什么困难,如果有,不要害怕,我们会和你一起来面对。当时小林哭了,我也哭了,小林母亲也哭了。我们都能够感受到他内心的那份压力,所以大家都没有再去逼迫他。小林母亲在开学一周后决定和爸爸一起开车来学校为他办理休学,回去之后我一直都和他们保持着联系,小林母亲也邀请到了心理医生到他们家里。

在这个过程中,我也未曾缺席。我拿起了一本名为《你想活出怎样的人生》的书,希望通过书中的故事与智慧,为小林带去更多的启发与鼓励。每当夜深人静之时,我便会翻开书页,为小林朗读其中的精彩片段。那些关于成长、勇气与爱的故事,仿佛化作了一股股暖流,缓缓地流入小林的心田。

最终,当小林开口说出那句“请给我一段时间,我会好起来的”时,所有的努力与付出都化为了最灿烂的笑容。

三、家校联动,心音在你我中回荡

虽然这本书还没有读完,但我们一直在坚持着。虽然他休学了,返校后不再是我带的学生,但无论归属何方师门,我也会倾尽所能,哪怕点滴之助,亦是至善。他的家庭让我感受到一个家庭对一个孩子用心用爱的付出，那是无形的支撑与恒久的陪伴。试想，若我置身其境，面对子女遭遇如此挑战，或许亦难掩忧虑，甚至手足无措。然小林的双亲，以非凡之坚韧，赋予了孩子无畏之勇，教我领略了何为父母之伟岸，那正是给予子女的最坚实的后盾。因此，每位平凡家长的身上，皆蕴含着我们值得汲取的宝贵品质。

家校共育，是我秉持的教育理念，亦是拓宽教育疆域的又一维度。我们凭借专业知识，携手家长强化亲子纽带，营造和谐家庭氛围，从而更为精准地助力学生成长。家长之期盼，乃人之常情。学子踏入大学门槛，虽已成年，但与家庭之纽带依旧坚韧。家人之期望，由学业成就逐渐转为心灵沟通。此变迁，跨越时代，屡见不鲜。同时，家长对子女的了解与影响，亦是我们教育旅程中不可或缺的伙伴与资源，教师与家长共同助力学子茁壮成长，并肩面对风雨与挑战。

念念不忘，必有回响。这份对学生深切的关怀与期待，以及他们给予我们的温暖回馈，如同悠扬旋律，久久回荡于心间，仿佛见证着我们、学生与家长共同成长的轨迹。日之光辉化为乐符，心之声音传达深意。我之心意，他们定能感知；学生之情，我亦能深切体会；家长之爱，愿其子女亦能深刻领悟。我之心意、学生之情、家长之爱，皆是相互回响的旋律，彼此影响，共绘生命华章。

倾听　陪伴　尊重

软件学院　黎　红

作为一名高校辅导员,我肩负着培养学生、引导他们健康成长的重任。在这条充满挑战与收获的道路上,我经历了许多育人故事,这些故事不仅让我更加深刻地理解了辅导员的职责,也让我收获了无数的感动与成长。

一、倾听的力量

我的育人故事始于倾听。当我2006年刚参加工作第一次站在讲台上,面对一群充满朝气的大学生时,我意识到,每个学生都是一个独立的个体,他们有自己的故事、困惑和梦想。而作为一名辅导员,我需要做的第一件事就是倾听。

我记得当时有一个叫小李的学生,他总是沉默寡言、内向自卑,参加集体活动时总是放不开。在一次偶然的机会中,我和他进行深入的谈心谈话后,终于听到了他的心声。原来,他的家境贫寒,父亲年纪很大,已经六十岁了,脾气也十分暴躁,母亲不堪忍受后离开了家,他因此背负着沉重的心理压力。听到这些,我心疼不已。我告诉他,虽然家庭现在无法做你的坚强后盾,但也绝不是负担,并鼓励他勇敢面对问题,提升自信。渐渐地,小李变得开朗起来,他的成绩也有了明显的提升,由原来的挂科几门变成班级中上游,并在毕业的时候找到了心仪的工作。毕业后的每一年他都会发祝福信息给我,虽然言简意赅,但情谊满满。

倾听,让我走进了学生的内心世界,也让我找到了育人的切入点。我发现,每个学生都有自己的闪光点,只要我们用心去倾听、去理解,就能找到激发他们潜力的钥匙。

二、陪伴与引导

除了倾听,陪伴与引导也是我在育人过程中的重要心得。大学生正处于人生的关键时期,他们面临着种种选择和挑战。作为辅导员,我不仅要关注他们的学业成绩,更要关注他们的心理健康和人生规划。

有一位女生小刘,她在大二时因为恋爱受挫陷入了迷茫,患上抑郁症。她当时没有学习动力,不知道自己的未来在哪里,也不知道该如何规划自己的人生。我注意到了她的困惑,主动与她进行了深入的交流。我告诉她,人生是一个漫长的旅程,爱情只是很短的一段经历，不要把爱情当作人生的全部。我鼓励她多参加实践活动和社团活动，拓宽自己的视野和经历，准备考研，找到自己人生理想的新方向。

在我的陪伴与引导下，小刘逐渐找到了自己的方向。她不仅积极参与各类活动，而且积极备考，为自己的未来打下了坚实的基础。

陪伴与引导，让我成为学生成长道路上的引路人。我深知，每个学生都需要一个可以信赖和依靠的人，特别是在他们迷茫和困惑的时候。作为辅导员，我要做的就是陪伴他们走过这段旅程，引导他们找到属于自己的未来。

三、尊重与激励

在育人过程中，尊重与激励也是不可或缺的一环。每个学生都有自己的个性和特点，我们要尊重他们的差异，激发他们的潜能。

记得有一次，我组织了一次班级团建活动。在活动中，我注意到一个平时默默无闻的学生小张在某个环节表现得非常出色。她不仅组织协调能力出众，而且英语口语能力非常强，还能够调动大家的积极性。我当场表扬了她，并鼓励她在以后的活动中多发挥自己的特长。从那以后，小张变得自信起来，也开始积极参与各类活动和组织工作。后来，她成立了学院的英语社团，开设了学院的英语角，开展丰富多彩的社团活动，带领着更多的同学一起学习成长进步。尊重与激励，让我看到了学生无限的可能性。每个学生都有自己的闪光点和潜力，只要我们给予他们足够的尊重与激励，他们就能够超越自己、实现梦想。

这些育人故事，只是自己十多年辅导员工作的冰山一角。很多时候一点点的关心和帮助也许就成就了学生的成长和进步，为他们成长成才播撒着希望的种子。在未来的日子里，我也将继续坚守育人初心、担当育人使命，为更多学生的成长和发展贡献自己的力量，并且继续在这条道路上以倾听、陪伴、尊重对待每一位学生，让他们在大学期间得到充分的成长和发展。同时，我也将不断反思和总结自己的育人经验和方法，不断提高自己的专业素养和能力水平。我相信，在我和学生的共同努力下，我们一定能够创造更加美好的未来。

守护我的每一朵玫瑰

人文学院　梁　玮

从“冷酷严谨”的财务人员转行成为一名“温柔包容”的高校辅导员，转眼已将近9年。记得从事辅导员工作的前两年，曾经不止一次地问身边工作了十几年的老辅导员，是什么力量让他们坚持下来。经过这些年的坚守，自己内心有了答案：爱与被爱、信任与被信任。

爱与被爱

记得在2019年6月的那个傍晚，我参加了第一届学生的毕业酒会，当时的那种不舍和留恋无以言表。看着一个个熟悉的面孔，和我诉说着告别和对未来的憧憬，从来不当众唱歌的我，上台点了一曲《明天，你好》，边唱边哭，和大家抱在一团，所有的情绪和留恋全部借助这首歌发泄了出来。而在2023年6月，我感觉还没有来得及和第二届学生好好告别，他们便陆续离开了这里，走向了自己的远方。紧接着，我在9月份便迎来了自己的第三届学生，忽然间，有一种“无可奈何花落去，似曾相识燕归来”的感觉。从2023年7月至今，一直想通过文字来留住和学生在一起的时光，但是出于种种原因，迟迟没有动笔。现在，我想静下心来感受和回忆那些仍留存着温度的点滴。

2019级的这批孩子确实很不容易，这是我在他们毕业时脑中一直回旋着的一句话。从入学开始后的第一个寒假，便断断续续地经历着新冠疫情的困扰，尤其是2022年春天那次突如其来的“静止”，让当时正处于大三至大四过渡期的孩子们内心更加无助和焦虑，对生活、学业和自己的未来充满了无尽的担忧和恐慌。作为他们的辅导员，在身体严重不适的情况下，我仍然坚决陪在他们身边，因为我知道，留下来对这些孩子而言是精神的依靠，是为他们内心建造的一个安全屏障。2023年1月初，在疫情尚未消散的一个深夜，一名有哮喘病史的女生小何因考教资在外住宿，当时咳嗽特别严重，跑了十几家药店买不到自己需要的药品，便发信息求助于我。因为长期关注着这个孩子，担心她不及时止咳可能会引发哮喘、加重病情，我便立即穿好衣服，带上家里的备用药和一些水果，开车送到了女孩手中。凌晨1时许，小何接过药的那一瞬间，感动地抱住了我。寒假期间小何给我发了一条消息：“老师，您觉得母亲这个角色对于孩子的成长是不是很重要？”我当时愣住了，因为这个女孩的母亲早就在她很小的时候就因病去世了，一直跟随父亲长大的她没有感受过母爱的温暖。在我思考如何回复她的信息时，她的另外一条信息让我热泪盈眶："我觉得您特别好，特别温暖，我今后也想做一名老师，将这份爱和温暖传递下去，帮助孤独的孩子们拥有爱的力量。"

信任与被信任

时间又拨回到2022年10月的一个上午，小刘，个子高高大大，是大二转专业过来的一个男生。我记得那天早上我刚到办公室，小刘就低着头拿着纸条过来签字，用很小的声音说道："老师对不起，我午休时候中途下床去厕所，铺在床上的被子被扣分了，需要您的签字……"我快速地看了他一眼，觉得有点心疼，不忍责备，便随口说了一句"下次要注意，记得每次下床之前先把被子叠起来，以免再出现类似的情况"。这个大男孩突然眼睛一亮，头也抬起来了，赶紧说了一句，"老师我错了，下不为例，等下我就把检查写好交过来"。在交检查的时候，我看到后面还附上了一封信，里面写道"您是一个负责的好老师，感谢您给我的包容和理解，但是我今天和您撒了谎，其实我没有在床上午休，就是自己偷懒没叠被子，辜负了您的信任，今后我绝对不会再欺骗您"。当天我找到这个男生，和他聊了很多，从近期看的书籍、所学的专业到未来的规划。了解到他特别喜欢看一些政治军事类的经典书籍，我鼓励他可以用实际行动去实现个人的一些抱负和理想，他真的听进去了，毕业后成为一名光荣的人民警察。

这样的案例还有很多，回忆起来就像不久前才发生的一样，接触的学生越多，时间越久，感情就越深。我常和学生开玩笑说，当我送每一届毕业生走出校园的时候，内心就像一位母亲要送自己的宝贝女儿远嫁一样矛盾，一边不舍得一边祝福。如《小王子》中写的那般："我的那朵玫瑰花，她对我而言就是很重要，因为她是我浇灌的，是我放在花罩中的，是我用屏风保护起来的，她身上的毛虫是我除灭的，因为我聆听过她的怨艾和自诩，甚至聆听她的沉默，因为她是我的玫瑰……"作为一名高校辅导员，我愿意用爱和责任去守护每一届可爱的学生，因为他们都是我的玫瑰。

为梦想插上翅膀　领学生成长成才

化学化工学院　吴　成

有一种缘分,它恬静,泛着微微的涟漪;它清澈,看得见河底的卵石;它轻柔,如春风缓缓拂面。时间如河流的浪花,带着悠悠笑声流去,思想与感情像潺潺流水,又一次淌过时间与空间的桥,映照着那如诗如画的青春,我的思绪忽然被带回到十年前……

一、扎根南大,点燃青春

2014 年,刚刚本科毕业的我通过推免成为南昌大学的一名研究生,幸运的是我还成为学院的一名研究生兼职辅导员,那时我 22 岁,对学业和工作充满着干劲,总感觉身上有无穷的力量。2014 年 9 月 3 日,那天是我 22 岁的生日,同时也是新生开学报到的日子。那时的我也许还有些稚嫩,可面对小我四岁的那一群大一的孩子们,稚嫩的脸上还带着一丝略显沉稳的表情。那年,我研一,他们大一,他们亲切地喊我"成哥"。那时的我很单纯,把他们当成弟弟妹妹,那时的他们也很纯净,像一张白纸。他们信任我,我也爱着他们,就这样他们成为我辅导员生涯的第一届学生,我也成为他们大学生活的引路人。

二、以爱化人,默默坚守

走上岗位后,我始终围绕"育人根本在于立德"的教育理念,秉持"学生事无小事"的处事原则,做到学生有事多晚都要到校加班解决。记得有一次,一位同学半夜突发急性阑尾炎,我立马起身将学生送到医院就诊,那一夜我睡在医院走廊的椅子上守着,直到第二天中午学生家长匆匆赶到,家长紧紧握着我的手表示感谢。这位学生在出院后也成为我的"忠实粉丝",每次班上遇到难事,他总是第一个冲在前面。还有一次,一位同学半夜突发心肌炎,我也是半夜打车将学生送往医院,在重症监护室门口一夜守候。我将这些经历讲给自己的家人听,家人们打趣说:"家里人住院都没见你守护,你真是一位好老师呀。"但是,我心里想:我家人生病,还有那么多亲人,而远在外地求学的孩子们,他们和我没有半点血缘关系,但那时他们的身边只有我。作为辅导员,身上这份责任义不容辞。

每一次班会,我总是督促学生们做好自己的人生规划,每一次谈话我总是鼓励同学们不要畏惧困难,人只要有梦想总能实现。学生们每次对自己的职业生涯有困惑、对自己的未来出现迷茫时总能第一时间找到我，我也能用同龄人朴素的话鼓励他们。记得那个夜晚，胡同学带着满心的困惑与迷茫，敲响了我办公室的门。他的眼神中透露出一丝不安与挣扎，那是对自我价值的质疑，也是对未来的不确定。我静静地倾听着他的诉说，仿佛看到了曾经的自己。于是，我与他促膝长谈，从梦想的追寻到现实的妥协，从家庭的期望到个人的选择，每一个话题都触及心灵深处。我告诉他："人生如棋，落子无悔。最重要的是要听从内心的声音，找到真正属于自己的道路。"那一刻，我仿佛看到了他眼中的光芒重新亮起，那是对未来的希望与憧憬。

三、甘为人梯，润物无声

这些年我获得了很多荣誉，但我始终觉得荣誉属于过去，脚踏实地做好手中的工作才能真正对得起组织给予的认可。我牢记党的宗旨使命，始终坚持将"立德树人"作为根本任务，不断强化对大学生的思想领航、人生导航、学习助航、心理护航和职业引航。

姜同学是我引以为傲的优秀毕业生，他在大一时就经常到我的办公室聊天。作为班长的姜同学很有号召力，整个班级在他的管理下班风很好，挂科率很低，他们用自己的努力和汗水，书写着属于自己的辉煌篇章。姜同学从大一时的懵懂无知，到后来的科研达人，每一步都凝聚着他对知识的渴望与追求。当我看到他博士毕业前夕满怀感激地回到母校，向我讲述他的选择与梦想时，我深知，我的工作已经深深影响了他的人生轨迹。那一刻，所有的辛苦与付出都化为了无尽的喜悦与自豪。

四、耕云种月，化作春泥

我时刻把工作责任扛在肩上、抓在手上，牢记为党育人、为国育才的教育使命，践行高校辅导员的神圣职责。我带领学生共同成长、同吃同住，为学生做心理咨询，严抓班风学风，做好学生安全教育和职业生涯规划，为学生成长成才铺路，想学生所想、解学生所难，努力做好学生的良师益友。

2022 年 3 月 17 日，正是我新婚第二天，新冠疫情来袭，学校实行封闭管理，我毫不犹豫地奔赴抗疫前线，在校内坚守了整整两个月。4 月初，学生公寓出现疫情，在人员极其短缺的情况下，我冒着被感染的风险积极参与抗疫工作，负责一日三餐以及桶装水、药物、生活用品等物资的分发配送，俯下身子踏踏实实做好组织交代的每一件事。那段时间我每天工作近 18 小时，努力服务好楼栋 1400 多名学生，深受学生家长的肯定及好评。按照相关规定，2021 年 9 月后，江西省职工新婚本可以享有 18 天婚假，但由于学生工作的特殊性，我放弃休假权利，利用周末举办婚礼，新婚后立刻返校工作。工作这么多年，无论是白天还是半夜，只要学生有突发事件，无论是工作时间还是半夜，我都会第一时间赶赴现场处理。

五、坚守初心,满园芬芳

"把校园当家园,把学生当亲人",这句话不仅是我的座右铭,更是我的行动指南。在南昌大学这片热土上,我与学生们共同经历了无数个日日夜夜,见证了他们的成长与蜕变。每一次的加班加点、每一次的深夜守护、每一次的危机处理……都成为我们之间最宝贵的记忆。

如今,我已经在辅导员的岗位上默默耕耘了十年。这十年里,我见证了无数学生的成长与成功,也收获了无数的感动与幸福。我深知,辅导员这份工作虽然平凡而琐碎,但充满了无限的价值与意义。因为它关乎着学生的成长与发展,关乎着国家的希望、民族的未来。我将继续用我的青春与热情,去感染更多的学生,去照亮他们前行的道路。在未来的日子里,我将不忘初心、牢记使命,与学生们共同成长、共同前行。

为你撑起雨天的伞

数学与计算机学院 宋慧敏

有位哲人曾说过,“教育不是灌输,而是点燃火焰”,这在我短暂的教育生涯中引起了深深的共鸣。我想每一个孩子都曾畅想过以后的自己是如何熠熠生辉,实现了心中的梦想,成为理想中的人。可人生的起伏就像天气,有时晴有时雨,每当孩子们站在雨中的时候,我总希望自己可以为他们撑上一把伞。

一、有着“传说”的你

初次来到高校工作,我带着年轻老师的一丝紧张,接手了毕业班,听说班里有着各类“大神”,有和老师发生过争执的,有能力超强但“不屑”于和老师沟通的,还有位“大神”身上带着“传说故事”。他曾成绩优异,多次获得奖学金,被选入际銮书院(南昌大学拔尖创新人才实验班),后来却又交了白卷、成绩不佳,导致亮起学业“红灯”。那么他的“传说故事”到底是怎样的呢?

第一次和这位学生接触,他礼貌而又周到,询问开学是否可以让妈妈进来一起吃个饭,我心想这真是一个懂得陪伴家人、家庭幸福融洽的孩子,随后我将学校的访客申请流程发给了他。在后来的相处中,见到面也总是礼貌地和老师问好、自信豁达。他也总是会积极私信我询问学校的各类活动该怎么去完成,通过他的表达,我怎么都和交白卷、放弃上进联系不到一起。但随着向上一位辅导员了解情况,我才明白原来他的背后早已被“淋湿”。

二、泥泞中的倔强

2023 年 10 月 21 日晚上 10 点,我的微信响了几下,是他发来的消息,说家中有些突发情况,能否可以和我聊聊,并羞涩地提到是否可以申请临时困难补助,我想他一定是遇到了什么难以解决的事情。经过这次,他背后的故事才第一次亲口向我讲出来。在他眼里,父亲是个不负责任的人,父母离异后,父亲重组家庭,母亲一直靠给别人做临时工挣一些钱,哥哥就在酒店做前台,也算能维持家里生计。但是毕竟是自己的亲生父亲,大一考试前他在听说父亲要做心脏搭桥手术后,脑袋一片空白,复习了一夜的知识在考场上硬是写不出来一个字,这才让我了解到“白卷事件”的原因。后来父亲患有肾病一直持续做透析,又回到家里让母亲照顾,他虽和父亲有矛盾,但也意识到身为家里的成年男性也该承担起一份责任。于是,他开始做兼职赚取生活费,同时也能给妈妈补贴些家用,但自己始终不愿回家,怕和父亲起争执,这也让我也知道了,陪母亲吃饭是一学期才有一次的机会。

他这次联系到我是因为哥哥沾染上了赌博,丢了工作也欠了外债,而且父亲的透析钱还没着落,一瞬间觉得生活充满焦虑,自己如何兼职都无法让家里好起来,也还不完那些钱,想要申请临时困难补助。我第一时间告诉他,在还没有踏入社会的时候,顶了这么大的压力,老师和学校都会站在他的身边,而他的未来也不是看不到光。第二天我将他叫到办公室,鼓励之余也手把手告诉他临时困难补助的申请流程。随后,我向领导汇报了这个事情,学院召开学工例会,给予了他补助。他告诉我,如果这次不是因为哥哥突发状况,他一定不会向我开口。在我看来,他的"倔强"仿佛是向生活抗争,表达了他不认输的决心。

三、逐渐成长,却险走错路

随后的生活里,我了解到他想要考研,却又觉得应该早早就业在社会上立足,因此摇摆不定。我为他提供了很多考研建议和相关的招聘信息,以供他参考。最后,他的家人也支持他继续读书,给了他信心,他终于下定决心考研。虽然那个时候已经比其他人的复习时间少了许多,但他相信自己。他说他的生活像是在坐过山车,考上大学时心情高兴得要飞起,被选入际銮书院的他十分骄傲,后来因为家庭变故,他的心情又一落千丈。回到了计算机专业后,本觉得自己能安心学习了,哥哥的不上进又让他必须减少学习时间去兼职。因此,他好像再也不是那个骄傲的自己了。

他的故事听得我很痛心。他实现梦想来到了大学,终于可以展翅高飞了,却又被家庭禁锢住了双腿,左顾右盼无法顾全。我鼓励他安心复习考研,有困难随时对老师提出来,不要一个人焦虑。我以为经过几个月的学习,他的生活终于可以再次转舵,他却告诉我,他没踏入考场,虽有遗憾但觉得自己要先就业才能更好地帮助家里。

临近寒假,他说自己今年过年不回家了,在外租了房子,能继续做做兼职。我和他母亲联系后,叮嘱他注意水电、消防安全等,如需要老师,第一时间打电话。而他也是报喜不报忧,除了新春祝福,他表示自己一切安好。再次开学,我主动提出开车去接他,他惊喜万分,并说那样就不用担心好多东西拎不动了。

见到他和母亲在出租屋门前等我,他的笑容还是很开心的,也许是有了母亲的陪伴,他觉得开学又是自己的新起点。但是第二天我就收到了保卫处的电话,说他未经他人同意骑走了别人的自行车,属于盗窃行为,十分恶劣。第一时间,我联系到他,他着急地向我解释,说自己因为电动车没电,兼职快迟到,骑了别人的自行车,忘记还了回去。我告诉他,行为上肯定是错误的，要认识到问题的严重性。他又懊悔，又自责。承担赔偿之后，他一直向我道歉，觉得自己一直在给老师找麻烦。我告诉他，其实一直以来我能认识到他在逐渐成长，对未来的每一步规划都有思考，也很有担当，但是不能因为生活的琐碎就打破原则、犯下错事，如果在法律上犯错，那么他的母亲又该如何生活。事后，我又联系到他的母亲，说明了他的情况，传达了学院对于事件的处理结果，他的母亲也深感意外，表示会再次提醒和教育孩子。

四、成长没有终点，时间给予答案

自行车丢失案件之后，我也进行了深刻的反思。在这些家庭困难或家庭有矛盾的学生教育引导中，更应该加强法制教育，因为这样的孩子性格更敏感，更在意他人眼光，面临的困境抉择也更多，所以在没有求助家长、老师的情况下，很容易走错路。就像这位同学的“借用自行车”，却早已触犯了法律的红线。

在此之后，我召开了“法制教育”主题班会，强调和学习了在我们生活中的“红线”“底线”及相关法律知识，并对个别的困难学生进行关心关怀，了解近期就业动态。我相信，在成长的长河中，学生们总会面临大大小小的困境，而我们辅导员的意义就在于尽可能地为他们撑起一把伞，告诉他们还有人和他们并肩作战，指引他们走上正确的道路。成长的路没有模板，但我相信，努力向前的人，时间终将会给出答案！

为师　为友　为伴

——我的故事从一盆绿植开始

第一临床医学院　石宗耀

在高校,辅导员的角色是多重而独特的。我们既是学生心灵的导师,也是他们生活中的朋友,更是他们成长路上的伙伴。这种角色的多样性,让辅导员的工作充满了挑战和机遇。而我在辅导员的生涯中,一次偶然的绿植培养经历,让我对辅导员的育人工作有了更深刻的理解和感悟。

一、为师:培育与知识的传递

故事从一个阳光明媚的午后开始。我在办公室摆放了几盆绿植,它们绿意盎然,生机勃勃。每当有学生来找我谈心时,我都会邀请他们坐在绿植旁,边欣赏它们的生长,边分享彼此的心事。在这个过程中,我深刻体会到了"为师"的责任和使命。

绿植的成长需要充足的阳光、适宜的水分和土壤。就像植物一样,学生的成长也需要知识和智慧的灌溉。作为辅导员,我们不仅是知识的传授者,更是智慧的引导者。我们需要为学生提供丰富的知识资源,引导他们学会自主学习,提升自我发展的能力。同时,我们还需要注重学生的综合素质教育,在主题班会的热烈讨论中、在交流分享的温馨时光里,我们努力为学生搭建起一座座通往未来的桥梁,让他们的视野更加开阔、思维更加活跃、社会责任感更加强烈。

辅导员的工作本是平凡,但正是这份平凡中蕴含着不平凡的意义。我们不仅是知识的传递者,更是学生心灵的守护者。在学生迷茫时,我们是一盏明灯,照亮他们前行的道路;在学生困顿时,我们是一股力量,支撑他们勇敢前行;在学生犯错时,我们是一种智慧,引导他们学会反思与成长。

在与绿植共度的日子里,我学会了更加耐心和细致地观察每一个学生,用一颗温柔的心去感受他们的喜怒哀乐。我将自己的知识和经验化作春雨般细腻的教诲,滋润着学生的心田,让他们在知识的海洋中茁壮成长。同时,我也鼓励学生们勇敢地去探索未知的世界,用实践去检验真理的力量和价值。

二、为友:陪伴与情感的交流

在绿植的培育过程中,我逐渐与它们建立了深厚的情感联系。每天我都会抽出时间陪伴它们,观察它们的生长情况,为它们浇水、施肥、修剪枝叶。这种陪伴让我感受到了生命的成长和变化,也让我更加珍惜与学生们之间的情感交流。

作为辅导员,我们需要成为学生的朋友和倾诉对象。我们需要用心倾听他们的心声和困惑,理解他们的情感和需求。通过与学生建立信任和共鸣,我们可以更好地帮助他们解决生活中的问题和困扰。我们还可以通过与学生分享自己的经验和故事,让他们感受到温暖和鼓励。这种情感的交流不仅可以增强学生的归属感和自信心,也可以促进辅导员与学生之间的良好互动和合作。

哲学家威廉·詹姆斯曾精辟地指出:“人类本质中最殷切的要求是渴望被肯定。”辅导员经常在繁杂琐碎的事务中忙得筋疲力尽,面对办公室成天进进出出的学生以及学生随时随地的来电,尤其当碰上奖学金、助学金评定时,同学们的问题纷至沓来。我们并没有烦躁和埋怨,而是耐心地详尽解答同学们提出的各种问题,让每一位有疑问的同学信服,同时自己获得一份心安。

在与学生建立友谊的过程中,我学会了如何以平等和尊重的态度对待每一个学生。我尊重他们的个性和差异,鼓励他们发挥自己的优势和特长。同时,我也注重与他们保持适当的距离和界限,避免过度干涉他们的私人生活。这种平衡和适度的交往方式让我与学生之间建立了健康、和谐的关系。

三、为伴:成长与共同的进步

绿植的成长需要时间和耐心,需要经历风雨和挫折。同样,学生的成长也需要我们的陪伴和支持。作为辅导员,我们要成为学生成长路上的伙伴和引导者。

在绿植的培育过程中,我见证了它们的成长和变化。从最初的嫩芽到最后的茂盛绿叶,每一个阶段都充满了生命的活力和希望。同样,在学生的成长过程中,我们也要见证他们的进步和成就。我们需要给予他们足够的支持和鼓励,让他们在面对困难和挑战时能够保持坚定和自信。同时,我们还需要指导学生制订合适的成长规划和发展目标,引导他们在大学期间不断提升自己的综合素质和能力水平。我们热爱辅导员的工作,选择了做一名普通的辅导员,就是选择把学生放在第一位。阴雨绵绵的三月,我们会在年级 QQ 群中细心提醒同学们注意增减衣物;酷热难耐的七月,我们牺牲自己的假期留校陪伴暑期在校的同学;丹桂飘香的九月,我们会组织学生会为同学们策划精彩的集体活动;寒风凛冽的十二月,我们会反复提醒并多次检查同学们的寝室安全问题,将日常关心传递到学生手中是辅导员幸福的职责。

在与学生的共同进步中,我学会了如何保持积极向上的心态和持续学习的态度。我不断提升自己的专业素养和育人能力,以便更好地为学生提供全方位的指导和服务。同时,我也注重与学生分享自己的成长经历和人生感悟,让他们从中汲取智慧和力量。

从绿植的培育中,我深刻体会到了作为高校辅导员的育人使命。作为“为师”,我们要传授知识、启迪智慧;作为“为友”,我们要建立情感联系、倾听心声;作为“为伴”,我们要陪伴成长、共同进步。在未来的育人工作中,我将不断提升自己的育人能力和水平,为学生的成长和发展贡献自己的力量。同时,我也将不断探索和创新育人方法,努力成为学生们心中的好老师、好朋友和好伙伴。

温暖的守护

眼视光学院　蔡佶琛

在金色的秋日里，我带着满心的期待踏上了新的征程。身为大学新生辅导员，我被赋予了一个重要的使命——引领一群朝气蓬勃的青年开启他们充满希望的大学生活。这不仅仅是一份职责的开始，更是一段心灵相通、共同成长的旅程。

相识相知

军训，作为大学生活的序曲，它不仅淬炼着学子们的意志，也锻造着他们内心的坚韧。在这段特殊而关键的时期，我坚持着每晚走访寝室的习惯，了解他们的生活状态，倾听他们内心的声音。我希望能够在他们需要帮助的时候及时伸出援手，让他们感受到温暖和关怀。

某个宁静的夜晚，我照常走进一间男生寝室，和几位新生聊聊最近的生活状态。谈话时我却发现角落的窗帘始终是拉紧的，里面没有一丝灯光。“那是小杰的床位，他最近都睡得很早，说是身体不舒服。”一名室友向我解释道。呼喊几声他名字后，我轻轻拉开床帘，眼前的一幕触动了我——小杰，他蜷缩在被子里，脸色苍白，汗水涔涔。他的室友低声告诉我，小杰已连续两日匆匆入睡，只言片语间透露着不适。我轻声询问，小杰只是淡淡回应，一切安好。然而夜深人静，我的心却泛起涟漪。

次日，我再次来到小杰的寝室。他的状况并未如预期那般好转，反而愈发沉重。窗外的灯光透过窗棂洒在宿舍的地板上，光影斑驳，小杰的呼吸似乎也在随着光影起伏，他的眼神显得有些迷茫。我决定带他前往校医院。在急诊室的灯火通明中，我伴随在他身旁，一边通报情况，一边轻抚着他的手臂，试图传达一些温暖与安慰。家长在电话那头的声音充满了担忧，他们透露，小杰并无基础病，除却早春的一次短暂复阳，未曾历经此番煎熬。医生的检查显示，小杰高烧不退，并非寻常病毒所致，我们随即被推荐至专业医院深入诊治。

夜深人静，我与小杰在出租车的颠簸中，共赴一场未知的挑战。医院的长廊里，我目睹了他眼中交织的恐惧与不安，轻拍他的肩膀，话语坚定地道：“不要害怕，我在这里，与你同行。”这份承诺如同夜空中的星辰，为他带来一线光明。终于，在凌晨的沉寂中，诊疗方案确立,小杰的病情出现转机,医生说需要在校医院打点滴就会慢慢好起来。

爱与鼓励

随后的日子,随着校医院点滴的滋润和医护人员的精心照料,小杰的身体逐渐康复。在康复的道路上,我有更多的机会与他深入交谈。这些交流让我发现了他聪明热心的本性,也让我看到他因病情耽误了与新伙伴的交融,心中滋生了自卑与孤独。为了帮助他重新融入集体,我鼓励他参与学院社团。在那里,他或许能找到归属感,也能在各类活动中发现自我价值。

不久后,社团真正成为小杰重拾信心的港湾。他热情地投入社团的活动中,不断探索与尝试,最终在其中找到了真正感兴趣的领域。他开始主动与人交流,与同伴们结下了深厚的友谊。他的笑容如同春日里绽放的花朵,在他的面庞上渐渐盛开。每当我走访寝室时,总能见到他眼中闪烁着希望的光芒。他与室友们热烈的迎接,不仅是对我工作的认同,更是他们在心灵深处对我的接纳与信赖。

接下来的几个月,我有幸见证了小杰的惊人蜕变。他不仅在学业上取得了显著的进步,更在人际交往中展现出了极佳的能力。他逐渐成了学生会的积极分子,经常能在各类活动中看到他忙碌的身影。他主动组织策划活动,积极参与讨论,他的领导力和组织力也得到了大家的认可。他的改变也激励了我,使我更加坚信,辅导员的工作不仅是解决问题,更是激发学生潜能、引导学生成长。

正如一位诗人所言:“好好地培养你的儿童,对他们充分施展仁慈,因为他们的前途与命运,将会由你的教育所决定。”这句话成为我日常工作的座右铭,提醒我每一位学生的成长不仅需要知识的传授,更需要心灵的呵护与引导。

在学生会的表彰会上,小杰获得“最佳进步奖”,他在台上感谢我的那一刻,我的眼眶湿润了。这不仅是他的荣耀,也是对我的最大肯定。从那个蜷缩在床角的夜晚到这个充满掌声的舞台,我们一起走过了一段不平凡的旅程。看着他自信地站在台上,我知道所有的付出都是值得的。我们彼此成就、共同成长,这是我作为辅导员最大的骄傲和满足。

温暖守护

岁月如流水般悄然流逝,带走了往昔的点点滴滴,却留下了珍贵的记忆。我坚信,这段旅程将永远铭刻在我的心中,成为我与学生们灵魂深处永恒的温暖,照亮我们未来的道路。每一次的陪伴与守护,都是我人生中最宝贵的经历,也是我作为辅导员最大的荣誉与成就。

正如古人所说:“师者,所以传道受业解惑也。”在这段育人的旅途中,我学到了如何去爱、去关怀、去启迪年轻人心灵的知识。这些经历,如同一颗颗璀璨的珍珠,被我小心翼翼地收藏在人生的宝库中。

每当我在夜空中仰望星辰，思绪便会飘回到那些与学生们共度的时光。他们的笑容、他们的成长、他们的每一个小小的进步，都成为我心中最温暖的回忆。这些回忆，不仅让我感到无比满足和幸福，更成为我前进的动力和源泉。我深知，作为一名辅导员，我所肩负的责任不仅仅是传授知识，更是引导他们走向成熟，帮助他们找到人生的方向。因此，我将继续用我的爱心、耐心和智慧，去呵护每一个学生的心灵，去点亮他们前行的道路，直到他们能够自信地飞翔在属于自己的天空。

星星之火，可以燎原

第二临床医学院　曾新星

蓦然回首,我从事辅导员工作已经有 20 年,由起初的青涩姐姐变成知心妈妈,所带过的学生有 2600 余人。回想 20 年的辅导员生活,有太多的美好回忆,也有许多的难忘瞬间。在这里,我想和大家分享关于我和我学生们的故事,我们虽普通平凡,但在点点滴滴的相处中,用爱和温暖互相照亮。

2004 年的夏天,我毕业于临床医学专业,当时已经签约广东一家医院的我,获得了留校的资格,出于对大学校园的留恋,我选择了辅导员的职业道路。几年后,我的大学同学们似乎都有了自己的专业特长、较高的社会地位、不错的收入,我的工作却没有想象中那么轻松,组织主题活动、召开例行班会、望着问题学生暗自伤神、牺牲休假时间排解学生矛盾纠纷,每天的工作辛苦而且琐碎,这种落差让我内心纠结过、徘徊过,甚至抱怨过,我问过自己是什么让我依然坚守在辅导员的岗位上,我一直在寻找答案。

还记得 2004 年,一位性格内向、不善言谈的学子因父亲过世,情绪低落、茶饭不思,整日把自己关在宿舍,甚至产生了轻生的念头。了解情况后,我找其谈话,只轻轻地问了一句:“你还好吗?”他泪如雨下,堂堂七尺男儿在我面前讲述父亲生前的患病状况和他所无法承受的巨大心理打击,这份信任像是对知心朋友,这种依赖像是对亲人。我耐心细致地开导,鼓励他用知识服务社会,救治更多像父亲一样的患者,他望着我,坚定地点了点头。之后的日子,我经常能看到他刻苦学习的身影。业余时间,他还积极参加青年志愿者活动,暑期和我一同参与“三下乡”社会实践,为村民讲授医疗卫生常识,开展义诊活动,走村入户,调研疾病预防现状、宣传疾病预防知识。他积极向党组织靠拢,立志成为一名有理想、有担当、有本领的新时代青年。

这一刻,我想我是学生思想的引领者。

我的另一位学生入学之初对大学生活充满期待,担任新生班级负责人,投入了大量的时间参加各类班级及社团活动,第一学期结束后,成绩很不理想,竞选班长又失败了,他一脸沮丧地对我说:“老师,我竞选班长失败了,学习成绩也很不好,为什么一切都这么不顺,我觉得自己很没用。”看着眼前这个曾经积极阳光的大男孩如此颓废，我心里也有些难过，于是告诉他：“每个都有自己的闪光点，只要不断探索和努力，就一定会有收获。”之后的日子里，我根据他自身的优势，为他制订可行的职业生涯规划，并及时地跟进督促。他发挥优势，积极参加课外科研项目及创新创业竞赛，作为项目主要负责人带领团队荣获“挑战杯”竞赛全国银奖，学习成绩也得到了较大提升，并推免至知名高校攻读硕士学位。他眼中又闪烁起了明媚而自信的光芒。

这一刻，我想我是学生学业的规划者。

还有一位学生受家庭环境的影响，经常会控制不住自己的情绪，心情不好时会冒出比较消极的想法。在家期间，家庭矛盾的升级经常让她情绪失控。那段时间，我会频繁地接到她的电话：“老师，我在楼顶，我真的好痛苦，生活不知道怎么继续下去，我该怎么办？”我能感觉到她的绝望和无助，电话这端，我一直陪伴、倾听和安慰，逐渐抚平她的情绪。同时，我联系她的家人，耐心沟通。渐渐地，她越来越信任我，也愿意在我的陪同下就医服药、积极治疗。后来，她的状态明显好转，毕业后顺利考上研究生。离校前一天，她特意来看我，抱着我哭了很久，我告诉她，我会一直陪着你，我也相信你自己本身就很有力量。

这一刻，我想我是学生心理健康的守护者。

也许作为辅导员我付出了很多，但我无怨无悔，因为我收获了更多。

我清晰地记得，我第二个孩子出生的那天，没有特意安排，急诊科的接诊医生、产房的麻醉医生、实习医生、管床医生居然戏剧性地都是我的学生，他们帮我诊疗，甚至喂我吃饭、喝水，对我无微不至的关心和照顾让我至今历历在目，他们娴熟的技术、敬业的精神更让我感到无比欣慰和自豪！

我的学生还教会了我最新的办公技能，我们经常共同探讨科研方法、工作思路，让我有了很多的学习和收获。

我想，我找到了答案。我越来越享受这份工作带给我的快乐和幸福，我不断提升自己在政治素养、职业规划、创新创业、心理咨询等方面的专业技能。育人路上，我会继续做好学生思想的引领者、学业规划的指导者、心理健康的守护者。星星之火，可以燎原，我相信，在我和学生们的共同努力下，定能创造更美好的明天。

扬帆起航　静待花开

软件学院　熊　伟

在高等教育这片波澜壮阔的海洋中,高校辅导员的角色犹如那掌舵的航海者,他们手持明灯,于风浪中稳健前行,引领着一艘艘满载青春与梦想的航船,穿越知识的迷雾,探索未知的彼岸。我,有幸成为这众多航海者中的一员,与一群朝气蓬勃的学子并肩作战,共同绘制出一幅幅关于成长与蜕变的斑斓画卷。

近年来,随着学院教育事业的不断发展,班级管理及建设也趋于完善,而我也被"委以重任",接手那些高年级班级。面对这些已初具个性与思想的青年学子,我的育人理念始终如一:以学生为中心,聚焦他们的全面发展,特别是在日常安全稳定、实习就业及班级学风建设这三个核心领域深耕细作,力求为每位学生点亮心中的灯塔。

在这一系列的故事中,2023 年接手的班级及张同学的故事,尤为触动心弦,成为我职业生涯中一抹亮丽的色彩。

一、航向初定:迷茫中的相遇

那是一个春意盎然的季节,我踏入了这个新班级的大门。教室里,一张张或熟悉或陌生的面孔交织着对未来的憧憬与不安。而张同学,那个总是默默坐在角落,眼神中透露出淡淡忧郁的青年,瞬间吸引了我的注意。他的沉默,不仅仅是对外界的一种防御,更是内心深处迷茫与挣扎的真实写照。通过与他的深入交流,我了解到,他背负着家庭的期望,却在自我价值的探索之路上迷失了方向。

二、灯塔点亮:心灵的导航

面对张同学的困境,我深知仅仅提供职业上的指导是远远不够的。于是,我开始了一场心灵的护航之旅。首先,我积极引导他参与各类职业规划与就业指导活动,通过理论与实践相结合的方式,帮助他拨开职业选择的迷雾,逐渐明确自己的兴趣与优势所在。同时,我利用校友资源,邀请成功就业的学长回校分享经验,这些鲜活的案例如同一盏盏明灯,照亮了张同学前行的道路。

三、扬帆起航:实践的磨砺

为了让张同学在实践中找到自信与归属感,我鼓励他走出舒适区,参与各类社团活动和志愿服务。从最初的羞涩与不安,到后来的游刃有余,每一次活动的参与都是一次对他能力的提升,也是一次对他心灵的洗礼。在这些过程中,他不仅学会了团队合作与沟通协调,更重要的是,他找到了属于自己的舞台,体会到了为他人奉献的快乐和自我价值实现的满足。

四、情感纽带:陪伴的力量

除了职业规划和实践活动,我更加注重与张同学建立深厚的情感联系。无论是课间的闲聊,还是宿舍的探访,我都尽量以朋友的身份与他相处,倾听他的心声,感受他的喜怒哀乐。在他迷茫时给予指引,在他失落时给予鼓励,在他成功时与他一同欢呼。这份情感的陪伴,如同冬日里的暖阳,温暖而坚定,让张同学感受到了前所未有的支持与力量。

五、彼岸花开:就业的凯旋

经过一段时间的共同努力与成长,张同学终于迎来了属于他的春天。他勇敢地迈出了求职的第一步,凭借着在实习中的出色表现和对职业的深刻理解,成功获得了一家知名企业的青睐。当他站在毕业的门槛上回望这段旅程时,眼中已不再是迷茫与无助,而是满满的自信与期待。他的成功就业,不仅是对个人努力的最好证明,也是我们育人工作成效的生动诠释。

六、结语:航程继续,梦想不息

张同学的故事,如同一颗璀璨的星辰,照亮了我前行的道路。它让我深刻体会到:作为辅导员,我们的工作不仅仅是传授知识、指导就业,更重要的是要用心去倾听、去理解、去陪伴每一位学生,成为他们成长道路上的引路人和同行者。在未来的日子里,我将继续秉持这份初心与热情,为更多的学生点亮心中的灯塔,引领他们在知识的海洋中乘风破浪,驶向更加辉煌的彼岸。因为我知道,每一次航程都是新的开始,而每一个梦想都值得我们全力以赴地去追寻与实现。

用爱与细心点亮学生人生之路

玛丽女王学院　傅弋珈

一名好的高校辅导员，不仅需要关心照顾学生的学习生活，也要成为他们的知心朋友和人生导师，并以温暖的人格魅力和独特的教育方法，赢得学生们的尊敬和爱戴。这一直是我的工作信条。

我所带的是临床医学专业（中外合作办学项目），有着其特殊性，这个专业对学生英文基础水平的要求较高。在我所带的第一届学生中，有一位学生令我印象非常深刻。在大一新生报到那天，他的父母带着他来到我的办公室，开门见山地告诉我，他家来自江西某农村，家庭经济条件不好，父亲靠在镇上打零工维持生计，母亲没有工作，家里还有个正在读初中的妹妹，只是因为不想放弃辛苦考上的理想大学与专业，所以选择了我们中外合作办学项目。我可以感受到，这个沉默寡言、眼神闪躲的学生，在面对高昂学费和父母家人的期待时的迷茫与压力。

而我作为他的辅导员，并没有因为他的内向和沉默而忽视他，反而更加关注他的内心世界和成长过程。我明白，每个人的性格都有其独特之处，而内向并不意味着缺乏能力或潜力。因此，我采取了主动接近和深入了解的方式，试图打开他的心扉，了解他的真实想法和感受。

在与他的交流中，我发现他背负着沉重的家庭压力，担心农村来的自己会因为英语基础不好而无法顺利完成学业，对未来感到十分迷茫和不安。我明白，这些外部因素在很大程度上影响了他的性格特点和行为表现。因此，我尝试了很多方法，努力帮助他建立积极的自我认知和自信心。

我发现，该生内向的性格特点对其学习和生活产生了一定的影响。首先是学习风格，内向的孩子往往更喜欢独立思考和自学，再加上他的英语基础较为薄弱，在面对全英文授课过程中无法理解的知识时，也不敢向老师和同学们请教，这也使得他在小组讨论和需要团队合作完成的作业中表现不佳。两个学期下来，成绩表现得不如人意，甚至出现了挂科，而与此同时，他又想到家里为了供他读书的辛苦，心中便更加焦虑。其次则是社交技能，家庭背景和内向的性格导致他在社交方面遇到困难。他认为自己与其他同学有较大差异，所以不太擅长主动与他人建立联系或参与群体活动。因此，他常常由于缺乏自信而避免参与一些活动或任务，他会害怕被他人评价或拒绝，而这种缺乏自信的表现又会反过来影响他的积极性和学习动力。

我始终认为，内向并不是缺点或障碍。每个人都有自己的优势和特点，内向的孩子也肯定能在某些方面表现出他独特的光彩。家长和教育者需要理解和尊重孩子的性格特点，了解他的性格成因，对症下药，为他提供适当的支持和帮助，以此充分发挥他的潜力。对此，我采取了以下几点措施。

第一，主动接近并深入了解。自入校时了解到该生的情况后，我便开始主动接近他，通过深入的交流了解他的家庭背景、内心世界和面临的困难。这种关心和关注让他感到被重视和理解，为他之后建立自信打下了基础。

第二，鼓励参与并赋予责任。根据该生的兴趣，我鼓励他参加一些学生社团活动和志愿服务工作。于是，为了提升英语能力，他参加了英语口语角；加入了学校的勤工助学队伍；并且还担任了班级的劳动委员。这一系列举措，不仅让该生有机会展示自己的才能，在校内结识了志同道合的同学，还通过赋予责任来激发他的潜力和自信心。该生在活动中的出色表现证明了他的能力，这对他提高自我认知起到了关键作用。

第三，持续关注和鼓励。在活动之余，我还从个人角度出发，对该生给予关心和帮助。我利用自身的英语优势，时常与他一同探讨在英语学习上遇到的痛点难点，并和他一起寻找解决方案。由于该生基础薄弱，升入大二年级后激增的英方课程使他倍感压力，甚至萌发了退学的念头。得知这个消息后，我多次和该生及其家长联系沟通。而考虑到他的家庭情况和我们专业的特殊性，我在继续鼓励他的同时，也和家长做了充分、客观的交流。经过家长和学生本人的深思熟虑后，该生决定改善自己的学习方法并继续坚持完成学业。我对该生的持续支持和鼓励让他感到自己不是一个人在战斗。

第四，共同制订职业规划。进入高年级后，随着社团活动的喧嚣逐渐淡去，同学们也开始更多地思考自己毕业后的人生规划。而我则和该生一起制订了详细的职业规划，帮助他明确未来的发展方向。这一过程中，我得知该生对于妇产科较为感兴趣。我鼓励他，作为男生在妇产科有一定的优势，但同时妇产科也是医学生考研的热门专业，考试难度不容小觑。这种共同参与和决策的过程让他感到更加自主和有目标感，从而增强了他的自信心，开始按照既定的计划复习、备考。

最终，功夫不负有心人，该生以优异的成绩考取了南昌大学第一附属医院妇产科专硕，开始了他崭新的人生旅程。在他考取之后，还经常与我联系，并探讨进入社会的为人处世之道。

作为一名辅导员，不仅要关注学生的学业成绩，更需要通过细心引导、鼓励参与、教授社交技巧、建立支持系统和完善自我认知等措施，关心关爱学生的心理健康和成长过程；面对不同背景的学生，要差异化地引导他们找到自己的价值，让他们更勇敢、更成熟地面对生活的挑战，并在必要时提供支持和帮助，让学生感到自己不是一个人在战斗。这是我关心和支持学生的教育理念，更是我作为辅导员的职责和使命。

用情育人 用爱坚守

软件学院 薛梦凡

当好大学辅导员很难，刚毕业的年轻辅导员更难，学生的思想政治表现、行为习惯、综合素质、专业成绩以及学生生病、情绪低落、家庭经济困难、人际关系等，都必须用爱心、责任心。我知道，教师的一言一行都将对学生产生深远的影响，在我的育人生涯中，我也坚持用情育人、用爱坚守。

我始终以校为家，无论什么时间，只要学生有情况，总会第一时间赶到现场了解情况并帮助协调解决。2023 年 11 月 24 日 21 时 30 分左右，我所带班级学生 209 宿舍卫生间出现堵塞情况，粪水很快溢满整个卫生间。学生给我打电话报告此情况，我第一时间联系学院相关负责老师询问解决方法，告诉学生先报修，并立即赶赴现场查看情况。当时粪水已漫至宿舍里面，无法入住，我安抚了学生情绪并同意外住申请。送学生离开学校后，我返回 209 宿舍，直至凌晨工人师傅彻底修理好后再离开。事后，我也第一时间向学院申请为学生调换宿舍、报销费用等维护学生的利益。

后来，我接手大二年级六个班的学生，为了更快地了解学生情况，我从特殊群体学生入手，与他们谈心谈话。其中，网络空间安全专业一名学生由于远离家乡，对于南方大学生活极其不适应，由此引起学业困难、情绪低落等一系列问题。在我接手后，我与他多次进行谈心谈话，每一次谈话都使用咨询的方式，认真倾听、不评判。通过了解他的家庭、想法、困境，我知道他是由于生活不适应导致状态不好、学不进去，且在这里群英荟萃，与高中相比落差感较大，进而变得不自信，郁郁寡欢。知道这些情况后，我现身说法，用自己高考、考研、找工作的经历鼓励他，让他相信自己，做好自己能做的。一学期下来，他自己也感受到状态好了很多，慢慢地能适应了，也会主动去自习，一切都在慢慢地变好。

工作半年后，为一名同学办理休学的事情也让我记忆犹深。在这名同学向我报告之前，我从其室友处得知该生患有中度抑郁，与室友经常发生摩擦。这引起我的关注，我寻了机会与该生谈心，了解其转专业过来是否适应、学业压力是否可以承受、日常有什么兴趣爱好、家庭情况等，由此慢慢获取该生的信任。在放下戒备后，该生在一次请长假的时候向我说了实情,包括什么时间做的诊断,与室友之间发生的关于一起吃饭、宿舍不关门等冲突事件的前后过程,自己大一期间的状况等我未曾了解的信息,以及中秋节我送给她月饼是她那段时间最开心的事情。请假回来后,其母亲与其一起返校办理休学手续,为了尽快帮其办好,我一路陪同去校医院等各个部门帮忙办理手续。该生离校后,我也从未与其断联,了解她最近的情绪状况,期待她早日康复,复学回来顺利完成学业。

学生工作烦琐且责任重大,我也难免会出现情绪低落的时候,但当我看到学生发来的安慰信息,比如"凡姐,你以后加班一个人孤单的话就叫我,我陪你一起""老师,你知道吗,之前我学习不好,辅导员都是说,你要好好学习,我爸妈也是,只会说你好好学,只有你会倾听我的心声,让我表达我自己的想法"等。每每看到这些,就觉得一切都值得,我的真诚在学生这里得到了回应。我的每一次以咨询方式进行的谈心谈话,少则半个小时,多则一个多小时都是有用的,我的认知对学生产生了一定的影响。我想,这就是我工作的意义和价值,也是我的人生价值所在。

总之,作为一名辅导员,如果没有爱心、责任心、强烈的工作责任感;没有一颗善待学生、热爱学生、热爱学院的心,是做不好这项工作的。我们要把学院当成自己的家,把学生当作自己的朋友,做好学生的引路者和知心朋友,要让学生在德智体美劳各方面全面发展,成为能担当民族复兴大任的时代新人。

用心呵护，陪伴成长

信息工程学院 汪芊芊

夏天如风，轻轻吹过岁月的细微痕迹。不知不觉，已经来到了 2024 年，回想起 2021 年的那个夏天，我刚刚成为一名辅导员，满怀着对未来的憧憬迈进校园，期待着我的两百多名学生的到来，想象着未来四年我将与他们发生怎样的故事。面对身份的转变，除却紧张与不安，更多的是对未知的茫然。但我知道，只有用心去感受每一位学生，才有可能把辅导员工作做好，这段旅程充满了挑战与希望。

一、阳光斑驳的午后

就在 2021 年所带学生大一开学前，小艳同学通过 QQ 联系到了我：“老师，有个情况我想和您讲一下，我之前高中的时候患过白血病，当时休学进行治疗，目前已经痊愈了，但是身体还是不太好，不能剧烈运动，每天还需要吃抗排异反应的药，可能会有一些不方便的地方，先跟您说一下。”在了解到小艳的情况后，我查阅了许多白血病治愈后的注意事项，我深知肩上的责任不仅限于学业的导航，更在于心灵的抚慰与生命的陪伴。作为她的辅导员，我愿化作一缕春风，吹散她心头的阴霾，给予她最温暖的拥抱和最坚定的支持。

初次相见，是在一个阳光斑驳的午后。我细细打量着眼前的这个女孩，她的眼眸中闪烁着不屈的光芒，那是对生命的渴望、对未来的憧憬。我们坐在窗边，她缓缓诉说着治疗期间的点点滴滴，那些关于疼痛、孤独与坚持的记忆，如同潮水般涌来，又渐渐退去，留下一片宁静与释然。我静静地倾听着，用心感受着她的每一分不易与坚强。那一刻，我更加坚定了要为她撑起一片天的决心。

二、春日里的细雨

为了帮助她更好地完成学业，我与她一同制订了个性化的学业计划，并与任课老师取得联系说明情况，在平时上课期间多关注小艳同学的状态并提供辅导与帮助。学业计划并非一劳永逸，我对小艳定期进行评估，了解她在学业上的进展和遇到的问题。根据反馈，我们灵活地调整学业计划，确保学习上始终保持稳定的状态。这不仅仅是为了应对眼前的学业难题，更是为了帮助她建立起稳固的自信心和学习动力。

然而，我深知心灵的治愈远比身体的康复更为艰难。于是，我陪伴她进行心理咨询，让她在专业的引导下释放内心的压力与不安。同时，我也用自己的方式给予她鼓励与支持，一句句温暖的话语如同春日里的细雨，滋润着她干涸的心田。我们共同经历了无数个日夜的陪伴与守候，见证了彼此的成长与蜕变。

那是一个寒冷的冬夜，凌晨一点的钟声刚刚敲响，一阵急促的电话铃声划破了夜的寂静。小艳的声音带着一丝颤抖："芊芊姐，我好难受……"那一刻我的心猛地一紧，迅速拨通了救护车的电话并飞奔至她的身边。医院里灯火通明却透着几分冷清，我们穿梭于各个检查室之间等待着结果。那一刻，时间仿佛凝固了。直到清晨的阳光再次洒满大地，医生告知只是药物过敏，我悬着的心才终于放了下来，也终于等到了小艳的爸爸妈妈从家中赶来。

这次陪诊让我更加深刻地理解了小艳所经历的一切，也让我们之间的情感更加深厚。我开始更加积极地鼓励她参与校园活动，让她在集体的温暖中找回失去的青春色彩。她加入了学生会、参与了科研活动甚至还在电子设计竞赛中获得了奖项，成绩位居班级第二。每一点进步都如同璀璨的星辰照亮了她前行的道路，也照亮了我心中的那份信念——每一个学生都值得被用心呵护与培养。

三、鼓舞人心的榜样

经过三年的细致关怀和支持，小艳逐渐走出了康复期的阴影，取得了骄人的成绩。小艳的康复故事不仅仅是她个人的经历，更是一种鼓舞人心的榜样。我鼓励她在学院中分享她的经历，与其他学生分享她的奋斗和战胜困难的心路历程。这不仅能激励其他学生，也能为小艳赢得更多的尊重和支持。

作为一名辅导员，我通过个性化的关怀和支持，见证了小艳的成长与蜕变。每个学生都是独一无二的个体，需要个性化的关怀和指导。只有真正关心学生，真正用心呵护学生，才能更好地帮助学生全面发展，帮助他们在大学生涯中茁壮成长，迈向更加光明的未来。

如今的小艳已经不再是那个被病魔缠身的女孩，她用自己的努力和坚持书写了一段属于自己的传奇。她的成绩名列前茅、她的故事激励着无数后来者，而我作为她的辅导员也在这段生命的旅程中收获了满满的感动与成长。我明白了教育的真谛不仅在于传授知识，更在于塑造人格、培育未来。我愿继续在这片充满希望的土地上用心耕耘、用爱浇灌，让每一个生命都能绽放出最耀眼的光芒。我愿意在这片校园里，继续用心去关爱每一个学生，用行动去诠释教育的真谛。

用心陪伴，彼此照亮

第一临床医学院　黄一川

作为一名兼职辅导员，我的职业生涯总归是比较短暂的。回望过去的日子，记忆中似乎没有太多惊心动魄的故事，这也算是一种幸运。从最初的经验不足、畏葸不前，到现在能在大多数工作中应对自如，许许多多的经历苦乐相随，伴着时间的急流向后奔去，没有太多闲暇去回望这些光景。唯有一些点滴的记忆，深深打动着我，支撑着我一直向前。

一、点起一盏灯：相识与熟悉

做辅导员是点起一盏灯，哪怕只是微弱的光亮和温暖，也要让学生们知道，这盏灯一直为他们亮着。和学生们从初步接触到熟悉，首先就要经历这样一个过程。

2023 年的夏天，刚刚送别 2018 级的学生，毕业季的离愁还没有完全消散。紧接着，我们又迎来了 2023 级又一批鲜活的新面孔。从 8 月份开始，迎新工作便没有停下脚步。建群、答疑、整理名单、分配寝室，400 多人的新生名单及各种信息看过一遍又一遍。有次一位老师让我查查某某同学是不是我们年级的，我直接就答出了班级。那时才突然发现，我在不知不觉中已经记得这些素未谋面的“新朋友”了。

回顾我刚担任辅导员的时候，自身经验不足，工作目的性太强，有些时候容易急躁，会忽视方式方法，学生反而抵触。经历了越来越多，我的情绪状态越来越稳定，更能做到临危不乱，平常的态度也更加温和亲切。这从我获得的新称呼就能看出来，之前的学生叫我“一川老师”“川哥”，而现在有的学生会叫我“川川哥”。在称呼的变化中，我找到了和他们接触应有的更好状态。

二、照亮一条路：陪伴与守候

灯光点亮，学生知道辅导员的存在，而灯光一直继续亮着，为的是照亮一条路，在漫长的日子里进行陪伴与守候，为学生指明方向。我愿意出现在各种现场，让学生知道我和他们在一起，我也愿意不断学习，了解医学专业的学习困境、毕业去向，在学生可能提出的各种各样的问题里，都准备好答案。

那年开学典礼，要求学生一大早从南院整队走到白帆运动场，公布完这个消息，大家议论纷纷。在解释完原因后，我想了想，加了句“我和大家一起走过去”。我想，这是当时我能做的最直接确保安全和稳定情绪的事情了。在那以后的日子，为鼓励学生积极参加校园活动，我便报名参加了开学典礼的表演；为要求学生坚持合唱训练，我便也积极参加每次训练；为让学生认真备战校运会，运动场上也能看到我奔跑的身影。和大家一起，我就更能了解学生的想法需求，我就更能及时解决突发的各类状况，我就更能给学生带来支持与鼓励。

住在学生楼栋，一个学期下来的日日夜夜，都有我的坚守。我被其他老师戏称为“住院总”，像医院的住院总值班医生一样一直留守在一线。不仅是自己班级，只要是学生公寓里的事情，我一般都可以做到第一时间发现问题、第一时间赶到现场、第一时间处理上报。我深夜赶过急诊、坐过救护车、去过保卫处、找过联系不上的学生，还有各种谈心谈话。虽然希望深夜我的电话能不响起来，紧急情况越少越好，但每晚我都做好了起床的准备，一旦出现问题，我便集中百分之百的精力。

三、收获一点光：互助与传承

如果说我的付出与坚守照亮了一条路，那在另一端，我的学生们也散发出了他们的光。我看到了这光，这光也照亮了我。

2023 年 9 月，迎新的日子一天天接近，越来越多的问题涌来，是十位小教员帮助我完成了繁重的答疑解惑工作。迎新前一天的工作会议上，我说“希望大家能拿出最好的精神面貌”。迎新那两天，烈日没有磨灭大家的热情，我穿梭于各个点位，看到大家从早到晚脸上都洋溢着笑容。之后的日子里，小教员们帮助我们查寝、选拔培养学生干部、带领新生军训、陪同学生就医。在最不稳定的阶段，我们拥有这样一支负责任、有担当的学生队伍，新同学们也逐渐适应了环境。

作为兼职辅导员，节假日值班是件常事。但是在这种时候，往往又是学生外出较多、晚归较多的时候，一个人待在办公室确认学生到寝情况终究是带有一丝孤独感。这个时候，我的学生干部总是会主动来到办公室，和我一起完成这些工作。没有直接说出来但藏在细微之处的关心，让我感到自己的付出有所回应。

有次期末考试，一大早接到监考老师的电话，说我有个学生没有去考试。我马上跑到寝室把人叫醒，又送到教学楼。戏剧性的事情是这名学生期末的成绩是班上第一名，考了 91 分，过年的时候给我发了长长的一段新年祝福。我们虽然很难在短时间和每一个学生都深入接触，但一件小事，学生就可能会记很久。每一件小事，都能做到育人。

有一次我去了一趟外地，不巧错过了一个冬至包饺子的活动。我回来那天晚上已经比较晚了，等我到办公室时，学生们说专门偷偷留下来一点饺子，不然早被抢光了，一定要让我也尝到。人与人之间的暖意可以抵消一切寒冬的冰凉,这是我的学生们温暖我的众多时刻之一。

有个学生晚上 7 点在寝室突然晕倒需要送去急诊,他们班班长知道以后第一时间从教学楼飞奔回宿舍楼。当我帮助抬着担架走到楼下救护车前的时候,她就已经站在救护车旁了,和我说“老师我陪着过去吧”。我能看到,无论是温暖,还是责任,都可以在我和学生们之间传递。

每一位辅导员大抵都愿意且能做到这些,但这也是我平淡普通生活中的不一般的感动与感悟,我铭记发生在我生活中的点点小事、点点光亮。光亮可能微小,我也尽全力点好这盏灯,在每一件小事中倾注爱心,也在每一次感动中汲取力量。一点点传递回来的光亮,就已经让这份坚守充满意义。

用心用情，共同成长

康复学院　刘　辉

2019 年 8 月,在 2019 级新生迎新工作中,我开始了辅导员工作。辅导员工作在大多数人眼里是在处理学生的琐碎繁杂事情,工作中最重要的是要确保学生安全,身边的同事们经常开玩笑地说,现在的学生越来越有个性,越来越不好管。

一、植根于爱担责任

鲁迅先生在《我们现在怎样做父亲》的文章中提到“教育根植于爱”,从事辅导员工作的这几年让我体会到,这不仅仅是一份工作,还是一份沉甸甸的责任,更是一份“为党育人、为国育才”的初心使命,唯有将“爱心、耐心、责任心”融入辅导员工作中,才能让学生感受到辅导员的真心,才能与学生建立良好关系、共同成长。

某某同学旷课了,某某宿舍闹矛盾了,某某同学想退学了,某某宿舍查到违章电器了,某某同学又说了不当言语,这对辅导员来说再正常不过。在这五年的辅导员工作中,我处理了很多的学生危机事件,每次处理都会经历担心、焦虑、反思。我带的 2019 级学生有 253 人,对我来说对待某个学生的事情是我的 1/253,但对学生来说却是他的全部。

二、走进内心助成长

在我带的学生中有一个叫小杨,是个长得憨憨的男生,该生高考英语成绩好,但该生的总成绩排名比较靠后。我从大一开始就留意这个学生,该生平时说话不多,但每次说话时都比较直,对待一些日常他认为“不公平”的事情,会比较武断地去抱怨,有些时候期末考试各科考试时间安排密集,都会被他吐槽,并说一些不当言语,说话不顾及后果。我找他当面聊过好几次,每次他都会说出好多“不公正”的事情,有些事情还跟他无关,像一个“愤青”。

跟学生小杨聊过几次后,我思考了很久,于是我拨通了他家长的电话,在跟他父母电话和当面沟通多次后,让我更加了解了小杨同学。该生从小成绩优异,中考成绩在全市排名靠前,以中考成绩推断,该生高考至少能上 985 高校。高中阶段因各种情况该生成绩排名下降很多，再加上高考未发挥好，而该生非临床医学专业不读，经过综合考虑后，最后报考了我校临床医学（中英）专业。该生自从大一入学以来，心中就有落差，加上大一期末考试成绩出来后，该生成绩排名比较靠后，心中的落差就越来越大，另外该生体重偏胖也使其更加焦虑和自卑，有些时候说话是为了发泄心中不满。

我之后多次约小杨交谈，跟他聊了他当时的状况，跟他一起分析他当时遇到的问题和需要解决的事情。他的英语四级考试第一次考了600多分，虽然总成绩排名靠后，要在本年级推免有困难，但对他来说考研是有优势的，再加上他有几项拿得出手的特长，未来可期。之后小杨同学把我当成哥哥来看待，约定有事情会主动联系我。有次小杨同学过生日，我给他送了一个小蛋糕，他十分地开心。之后几年，该生一直跟我保持沟通，虽然有些时候他还是会表达出一些负面言论，好在他主要是在我面前表达。有些时候我也会被他气到，好几天心里都不舒服，但后面想想这是我带的第一届学生，自己遇到难处理的问题是否有通过其他方式去解决，后来我跟该生家长也会经常保持沟通，了解学生日常情况，对该生表现出来的情绪十分理解。

2024年3月，小杨同学很开心地跟我说，他目前初试成绩专业第二（学校计划招生四人），他目前正在努力准备后面的复试。2024年4月，小杨同学如愿拟录取到了自己报考的心仪学校，给父母打完电话后就立马告诉了我。2024年6月，跟小杨同学一起吃饭时，小杨同学表示很感谢我这几年对他的帮助，以后毕业了也要常联系。我听到他这样说，内心也是非常开心，作为辅导员，我们要给学生们足够的包容、耐心和爱心，要相信他们终将会长大，会慢慢变得越来越好。2024年7月中旬，小杨同学如愿去了学校安排的医院学习。

三、立足岗位育新人

为了更好地记录辅导员工作和服务学生，2023年5月开始，我创建了个人微信公众号。截至2024年7月20日，已发表261篇推文，其中43篇原创。推文内容以记录、引导、服务学生为主，涉及高校辅导员九大工作职责、日常科普等。

在帮助遇到困难的学生的同时，我们自己也在提升，这也让我对辅导员这份职业有了更深的认识，让我想起了《普通高等学校辅导员队伍建设规定》中提及的“辅导员应当努力成为学生成长成才的人生导师和健康生活的知心朋友”。每个学生都是一朵特别的花，每个学生的花期可能不一样，作为学生们的辅导员，我们要相信属于学生们的独特香味一定会到来。

未来，我将继续立足辅导员岗位，与学生们共成长，与前辈们同奋斗，时刻牢记立德树人根本任务，为培养德智体美劳全面发展的社会主义建设者和接班人贡献自己的力量。

用心助力栋梁之材　用爱诠释育人之责

化学化工学院　高　杰

成长是渐渐进行的,所以需要春风化雨、润物无声地去引导。“爱心”与“责任”是思想政治教育不可或缺的双翼,用爱和责任呵护每一位学生,才能真正成为学生健康生活的知心朋友和学生成长成才的人生导师。

一、让个人梦融入中国梦

辅导员要让大学生成为有理想、有本领、有担当的社会主义建设者和接班人,自觉把人生理想和国家、民族的前途命运紧密联系在一起。同时,力求以多种多样的形式把大学生思想政治教育工作融入学生日常管理、教育教学以及易于接受的各种活动中,走近学生、了解学生,及时掌握学生的思想动态和心理变化。为此,我经常深入到学生寝室、教室、食堂、运动场,思想教育和人生引导就在其间穿插进行。

古代史的辉煌璀璨、近代史的软弱屈辱、现代史的自强不息、当代中国的复兴之路,让我的主人翁意识油然而生,不经意间就把自己的“梦”和“中国梦”连在了一起。我要求学生牢记习近平总书记的殷切希望,树立远大理想、热爱伟大祖国、担当时代责任、勇于砥砺奋斗、练就过硬本领、锤炼品德修为,把学习地点“发展”得无处不在,让高尚的思想教育和先进的科学思维在如影随形的相伴中悄悄生根,逐渐内化成大学生自觉的思想和行为。

教室、路边、食堂、宿舍、运动场,到处都能看到我与学生们在一起的身影。虽然只有一张办公桌,却拥有无数个“聊天室”。

二、让过硬本领助梦起航

敏思笃学,增长才干,青年只有练就过硬的本领才能实现心中理想。我通过开展一系列思想政治教育,不断提高学生的思想政治素质。如在传统节日开展感恩教育、诚信教育,鼓励参与志愿服务、公益活动等,提高同学们的思想道德素质。号召学生积极参与防疫志愿活动,组织学生党员、学长小教员成立线上服务工作队,为大家提供心理关怀、学习帮扶、考研就业及其他事务咨询等,为战“疫”出一份力量,增强大学生的社会责任感。

我还通过组建兴趣小组以及推荐自学网站推动学生完成自我学习,指导学生依托班团建设、社团建设等完成自我管理和自我服务；和学生一起参与活动，让学生完成自我教育，成为学习、管理、教育的主体，培养主人翁意识，促进学生有意识地提高自己各方面的素质，实现自觉成才。同时，通过组织参与各类活动，包括文体、竞赛、志愿、公益等，让学生相互之间学会沟通、协调，增强集体荣誉感，提升学生的表达能力，锻炼学生的管理能力。

三、用关爱融化困难冰雪

对于多数学生，端正他们的“三观”，积极完成“四自”教育，这在他们的成长成才路上只是“锦上添花”。但关心关爱、及时帮助特殊群体，属于“雪中送炭”。当冰雪封住了他们的心田，我用爱当炭，温暖学生的心，融化他们心田的冰雪。我同他们开展谈心谈话，了解他们的真实情况，提供力所能及的关怀；组织成立了学习帮扶小组，对于考试不及格的同学，安排负责任、成绩好的学生干部进行帮扶；对于心理亚健康的学生，时刻关心、耐心引导。近几年，学生突发疾病或交通事故等，我均在第一时间赶到现场、第一时间处理上报，暖心做好在父母来校之前的陪护，最后学生都平安脱离危险，我也和这几位同学成为亲密的知心朋友。

“没有爱就没有教育”，当学生遇到困难时，总能从我这里得到无私的关爱和帮助。作为一名辅导员老师，我从未想过自己的无私付出需要学生的回报，但用真心真情换来学生们纯洁的爱戴和尊敬，也赢得了同事们由衷的敬佩。

四、用责任点亮远航灯塔

我积极参与学院、学校的其他方面的工作，为同学们的成长成才贡献绵薄之力。推进“智汇化学”讲坛、科研训练引领计划，让本科生“早进课题、早进实验室、早进团队”；积极推进“1+8+N”寝室导师制的“三全育人”模式，让每一个学生都有机会进入科研的海洋。

在“招进来、扶上马、送一程、护一生”中，我参加省内外招生宣传，负责就业联络，为学校的整体发展尽自己的绵薄之力。在“抗疫”的战场，我一直坚守在战“疫”第一线，家人突发重病、年幼女儿需要照顾、自身的伤痛，没有让我后退一步。我用疲惫的身躯向前冲锋，没有周末概念，没有上下班概念，只有每日 24 小时随时“在战”“待战”！

用心助力学生成长成才，用爱诠释育人之责，我秉承“格物致新，厚德泽人”的校训精神和“以学生为本”的工作理念，只愿求得“待到山花烂漫时，她在丛中笑”的宁静。

育人如养花，以爱浇灌之

人文学院 喻 丹

《师说》有云:“师者,所以传道受业解惑也。”

百年大计,教育为先;教育大计,教师为先。在长远规划的宏伟蓝图中,教育始终占据着引领未来的核心地位;而谈及教育之兴盛,教师则是不容忽视的基石。辅导员,作为高等教育领域内培育品德与学识并重之人才的坚实后盾,更应深刻洞察教育的深远内涵,不仅以知识的甘霖滋养学生心田,更以道德的光辉照亮其前行之路,筑梦未来,辅以成长成才,导以做人做事,圆之匠心筑梦。育人如养花,在青春的花圃里倾注自己的“心血”,高校辅导员需要以爱浇灌其成长,指引学生在成长之路上踔厉奋发、勇毅前行。

一、育人以“心”,明确定位担当

作为学生成长路上的引路人和指导者,我们辅导员需要自觉用党的创新理论武装头脑、指导实践、推动工作,承担起教育引导、心理咨询、职业生涯规划等多重责任,必须不断深入学习贯彻习近平新时代中国特色社会主义思想和党的二十大精神。这是我应该做的,也是我在我的育人故事里常做的。正处于人生关键节点的大学生们,亟须我们这些“过来人”的见解和建议。虽然我们的个人经历可能与他们的并不完全吻合,因此在某些方面可能不具备绝对的参考意义,但这恰恰击中了当前社会热议的“情绪价值”的核心。

作为曾经的学子,我们现在扮演的角色和肩负的使命,是向那些站在人生十字路口的学子们提供支持与帮助。当他们在选择就业还是继续深造的问题上犹豫不决时,我们要根据他们的具体情况给出适宜的建议;当他们被各种心理压力和情绪困扰所束缚时,我们应积极地进行心理疏导,并给予他们持续的关爱和支持。花在渴时需要喝水,学生也一样,用“心”浇灌,此“心”是对学生的关心、爱心、责任心。我们要用我们的经历、智慧和情感,去帮助他们更好地成长,引导他们找到适合自己的道路,让他们在人生的旅途中能够更加坚定、自信地前行。

二、育人以“辛”,厚植爱生情怀

每位辅导员都拥有一本“书”,书的名字是教育与管理,至于这本书能写多少文字、能够涵盖多少内容、能够写多厚，靠的就是辅导员对工作的付出、对学生的付出。每一位在校的孩子，我都将其视作我自己的孩子，学校是他们的第二个家，我也是他们的第二个“妈”。我深入学生宿舍的每一个角落，不仅是为了增强他们的安全意识，检查寝室的整洁与卫生，更是为了与学生们建立更紧密的联系，了解他们的日常生活与情感世界。

我精心策划了一系列主题教育活动，从安全教育到反诈骗宣传，从诚信教育到生命意义的探讨，每一项都旨在为学生们筑起一道坚实的思想防线，引导他们健康成长。在重视学生教育工作的同时，我也坚守网络阵地，充分了解学生的思想动态、学习状况、心理状况，对出现心理不适的同学积极调控，引导其进行心理咨询。

此外，我始终严把责任关口，在我看来，辅导员既然是学生在校的“监护人”，那就要做好学生工作的第一责任人，及时做好突发情况的应急处置。当辅导员是不容易的，是辛苦的，是需要付出努力的，但我也认为当辅导员是快乐的，这种快乐是看到每位同学在享受多姿多彩的校园生活时的幸福，是看到他们取得令自己满意的成绩时的满足，是看到他们对网络诈骗说“不”、对散布谣言说“不”时的骄傲。“故不积跬步，无以至千里；不积小流，无以成江海”，辅导员工作也是如此，我相信日拱一卒的意义，坚持做好、坚持做细、坚持做实，久久为功，功不唐捐，学生工作终会开花结果。

三、育人以“馨”，收获芬芳果实

我认为作为一名辅导员，要掌握自己的学生，要善于有针对性地做学生的思想工作，学会抓住重点。辅导员要在思想上引导学生、在行为上教导学生、在心理上疏导学生、在学习上指导学生。同时，我认为辅导员工作要多动脑、多想办法，做工作要有激情。例如，每月的班会，我会按照主题性质分成不同的类型，如事务性、教育性、趣味性等，选择不同的地点开班会，让班会不是会，让学生乐于接受，从而成为活动的主动参与者和策划者。除此之外，我作为院团委书记，在2023年带领院学生会开展了丰富多彩的文体活动，如人文学院“最美人间四月天”系列活动、国风游园会等，获得了广大师生的一致好评，让学生“学以致用，学以致乐”。

育人如养花，用“心”对待、用“辛”培育、得出“馨”香。很荣幸，我可以作为一名辅导员在育人树人中绽放自己的价值，我希望成为一名育人的园丁，用无尽的耐心去对待每一个学生，用辛勤的汗水去培育他们成长。我深知，每一个学生都是一颗独特的种子，他们需要个性化的关怀和引导才能茁壮成长。因此，我努力去了解每一个学生，去挖掘他们的潜能，去激发他们的热情。我坚信，只要用心去做、持续去做，就一定能够帮助他们成长为社会的栋梁之材。这份努力，不仅是我的职责，更是我的幸福，正如香港女作家张小娴说“幸福就是重复”，工作的幸福感、成就感亦然。这就是我的简单、重复又幸福的育人故事。

愿做点灯人　铸星光熠熠

生命科学学院　张　宇

我热爱辅导员这个职业,因为日常接触的都是大学生,和他们在一起时刻能够被“恰同学少年,风华正茂”而感动,我享受这种“正少年”的氛围。辛弃疾说“少年不识愁滋味”“为赋新词强说愁”,但作为一名大学辅导员,我想说“人道谁无烦恼,风来浪也白头”,我们在工作中会经常遇见被烦恼困扰的学生,小梁就是这样一个被困扰“愁白头”的女生。

一、初接触　点灯引航

在我的初始印象中,小梁是一个很普通的女生,学习成绩中上,没有担任过学生干部,也没有向我请过假,在平时的谈心谈话中也不太爱表达自己,但总是笑嘻嘻的。直到有一天,一位任课老师和我反馈小梁已经有两堂课没去上了,我立刻约她来办公室谈话。那时的小梁正处于大二上学期,当我问她为什么没有去上课时,她仅仅是淡淡地说了句“上课没啥用”。我感受到她对我的排斥,正好到了饭点,我就叫她一起去食堂吃饭。从“你喜欢在哪个窗口吃饭”到“你喜欢哪位任课老师”……她终于打开了心扉,原来她是因为前段时间没有评上优秀学生奖学金而苦恼,她认为她大一每堂课都去上课,期末成绩也不错,但是评奖学金时却没有那些学习成绩不如她的学生干部强,感到很失落,认为自己没有当任何学生干部,以后在保研过程中肯定没有优势,索性放松了对自己的要求。我从她的描述中看到了她对未来的期望,赞扬了她在大二就已经有目标,并顺着她保研的梦想对她进行了开导。“推免方案里面学生干部经历加分只占百分之五,我们已经错过了这个加分,可不能错过其他努力的点。”对照推免细则,我和她分享了很多以前成功推免的学生案例,并鼓励她在科研上努力。“宇姐,谢谢您,我会努力的。”看着她真挚的眼神,我点了点头,有时候无须多言,我相信已经有一束光照进了她心里。

二、伴成长　提灯守护

回到办公室,我查了一下小梁的成绩,发现她大一绩点 3.5,在班级排名第 6,成绩还算不错,但是综合素质测评没有任何获奖加分,所以与奖学金无缘。在后面的日子,我特意将一些活动或竞赛的通知单独发给她,每次都加上一句“请上车”。大二下学期,专业分流了，新的班级组织了班干部选举，她竞选了团支书，但落选了。这一次，她跑到我办公室问我能不能当我的辅导员助理，我明白她的意图，知道她很失落，但也明确拒绝了她，并告诉她成功没有捷径，风雨随时可能来，避雨的地方有，但总要继续赶路。这一次，我给她推荐了刚到学院来工作需要招本科生进实验室做实验的年轻老师，让她多和老师联系。2022年，她跟着这个老师拿了全国生命科学竞赛的二等奖。

三、迎喜悦　星光熠熠

很快，小梁迎来了大学的第二次综合测评，她拿到了班级的特等奖学金，也被评为了社会活动积极分子。她和我聊天时大部分都在说自己的规划，说还要参加什么竞赛，发表什么论文……我听着她的规划，不曾想曾经旷课的女生已经如此优秀了！“大学是成长的舞台，现在取得了一些成绩的方面要坚持，也不要错过机会锻炼和提升自己。”我如是说。在我看来，她原来是一颗种子，现在已经破土而出正在成长，但还需要更多的阳光去滋养。

在2023年，也就是小梁大三的时候，她报名参加了学院的“菁英计划”骨干培训班并顺利结业。她是2023年学院骨干培训班里唯一一名大三学生，很多低年级的学弟学妹都跑来和我夸赞小梁这个学姐。当我把学弟学妹们的夸赞和她分享的时候，她说：“宇姐，谢谢您为我点灯，我现在要做的就是坚定地走下去，前面太阳正好！”现在小梁大四了，她顺利拿到了复旦大学的推免资格，推免的指标是学习成绩直推来的。

在学院2023年度“十大学习标兵”评选答辩的现场，她分享了自己的成长历程，从大一没有获得任何奖学金和荣誉到现在绩点排名第一、拿到特等奖学金、拿到推免指标……她看着我说：这些成绩离不开经常让她“上车”的人。她笑盈盈地，而我却在台下热泪盈眶。

我们在工作中会遇到很多“小梁”，他们不是很起眼，可能偶尔会任性，但他们有目标、能坚持。作为老师，我们能做的就是及时出现，给予安慰、唤醒和鼓舞。每一名学生都希望得到赞美，获得他人的肯定与赞美，是人在基本生活需求满足后精神上的高级需求，这种需求贯穿于人的整个生命过程。在我看来，我们不能轻易地否定学生，要用充满关爱的双眼去发现学生的优点，对于进步应给予肯定、表扬、赞赏，并适时提醒其“可以再进步一点”，这样才能为学生点亮前进道路的光，温暖护其成长。

教育是一场温柔与爱的坚持，愿做点灯人，以熹微灯火，温暖满星河，铸星光熠熠。

做好每一位学生的避风港

物理与材料学院　陶叔强

时光飞逝,岁月如歌。不知不觉担任辅导员也已经一年半了,在这平淡又充满乐趣的生活中,辅导员的工作给我的生活添加了许多不一样的色彩。在我心中,辅导员这份工作,是爱心、恒心与责任心的交织,它们如同三盏明灯,照亮了我前行的道路。我深知,“教育”二字重如泰山,它不应高高在上,而应深深扎根于学生的心田,成为他们成长路上的坚实支撑。面对这群朝气蓬勃的“零零后”学子,我时常思考,如何像习近平总书记所期望的那样,成为他们人生旅途中的引路人,帮助他们系好那至关重要的“第一颗扣子”。

我努力走进每一位学生的心里,用真情感染学生、用真心引领学生,帮助同学们解决问题,让他们感受到温暖。也许没有轰轰烈烈、没有惊天动地,但在日常的细水长流中,我相信为学生做的每件小事,都是那颗颗石子,铺就学生前行之路。

“老师,我被人骗了,别人把一辆坏的电动车卖给我了,怎么办啊?”一位大二的学生着急地找到我,看着他焦急的样子,我温和地安慰道:“别急,我们一步步来。咱们先联系那个卖家,和他说明情况,如果他不愿意退,我就带你去当面找他,只要咱们把事情的经过说清楚,咱们一定能解决的。”经过多次协商,学生最终还是把车退了,如愿解决了这件事。对此,学生还送给了我一面锦旗,我被深深地感动了。就是这样一件小小的事情,对于同学们来说却是大事,也就是这样一件件小事,我们才能走进同学们的内心。

在辅导员的岗位上,我不仅是学生成长的见证者,更是他们心灵的陪伴者。每当有学生遇到困惑或挑战时,我总是耐心地倾听他们的心声,为他们提供力所能及的帮助与指导。无论是关于日常学习的压力、人际交往的困惑还是对未来道路的迷茫,我都愿意成为他们最坚实的后盾。

一位学生向我倾诉:“陶老师,我是家里的第一个大学生,我从小就一直梦想着能上大学,现在如愿以偿地进入了大学校园,也经历了一年多的大学生活,但我却有点不知所措了。我不知道怎么去规划自己的大学生活,我感觉这里的一切都不是我想的那样,我想在大学中提升自己,变得更优秀,我不想让父母失望,但我却不知道该怎么做。”

我说道："你刚来到大学有这种感受是正常的，不要有心理负担，大学中提升自己的途径有很多，如大一大二在完成基础课程的同时可以试着在班上竞选班干部，参加社团活动，参加一些专业相关的竞赛，这些都可以学到不少东西。再者就是好好学英语，不管是四级六级还是考研英语都很重要。最后，如果对学习有兴趣可以在大三大四的时候试着去考研。希望你能保持这一份初心，一直坚持下去。"

我们要把思想政治工作贯穿教育教学全过程，做青春的陪跑者；在每一个阶段给予学生力量，陪伴他们度过最美的青春年华。我把枯燥的宣讲变得生动灵活，让学生将防诈骗的知识点演绎成生动的小品，全员参与，干劲十足；班委内部有矛盾，我就带领他们开展批评与自我批评，让他们清醒地认识自己的问题所在，大胆地指出阻碍团队发展的因素，不断增强团队凝聚力。

以赛育人，我鼓励学生们积极参加技能大赛，在各自擅长的领域找到属于自己的舞台。回顾往昔，学生们一次又一次的成功让我无怨无悔，不止于现在，更期待未来。做成长的引路人。"以学生为本"不应是一句华丽的口号，而要尊重和珍惜每一个教育契机，温暖学生成长的每一个瞬间。

一位逃课回寝室睡觉的学生在被我发现后，情绪变得激动，从一开始的不想上课，变为不想读书。我把他约到操场进行谈心谈话，从一开始对我爱答不理，一句话不说，永远保持沉默，到后来用微笑表示歉意。我看着他返回教室的背影始终不太放心，但没想到晚上就看到他给我发的一条信息，让我很是欣慰，他说："谢谢老师对我的耐心教诲，我也知道自己是一个成年人了，我会为自己的行为负责的，会去努力学习，不辜负父母和老师的期望。"

临近期末，几名学生找到我说自己对一些知识点还是不太懂，平时学习得不够扎实，怕自己会挂科。我帮他们联系学习成绩好的同学进行一对一帮扶，同时联系任课老师进行答疑，经过一番努力，这几位同学都成功地通过了考试。

幸福是什么？对于我来说，幸福就是能够立足平凡，用自己的微薄之力去帮助学生、温暖学生，让他们在成长的道路上少走弯路、多一分坚定与自信。这份幸福虽然简单却无比珍贵，它将伴随着我走过未来的每一个春夏秋冬，成为我心中最宝贵的财富。

陪伴转专业学生的成长之路

软件学院　詹　昱

在那片名为“高等学府”的浩瀚星海中,小杨的故事如同一颗穿越迷雾、逐渐闪耀的星辰,他的坚持与努力,为这段转专业之旅增添了无尽的动力与光彩。

一、初心如磐,坚持的力量

当小杨决定从熟悉的领域跨越到完全陌生的软件工程时,他面对的不仅仅是知识的鸿沟,更是自我认知的重塑,还要承受来自家庭和社会的压力。他的父母担心他转专业会影响未来的就业,而朋友们也不理解他的选择。特别是从学校的主校区转到老校区,他被很多人笑话。那些复杂的编程语言、深奥的算法理论如同天书一般,让他感到前所未有的挫败。然而,正是这份对未知世界的好奇与向往,让他没有轻言放弃。他深知,只有坚持下去,才能触碰到梦想的边缘。

于是,辅导员老师给他无尽的关心和关爱,一遍遍地鼓励他,给了他坚持的勇气。小杨亦开始了他的“自我挑战之旅”。每天清晨,当第一缕阳光穿透窗帘,他已坐在书桌前,埋头于书海与代码之间。夜晚,当宿舍的灯光逐一熄灭,他依然坚守在电脑前,一遍遍地调试程序,直到问题解决。在学院老师的帮助下,尤其是辅导员老师的相伴,他日复一日地坚持着,从一名编程门外汉逐渐成长为能够独当一面的软件工程师。

二、汗水浇灌,努力的果实

除了时间上的投入,小杨更懂得“勤能补拙”的道理。他深知自己在软件工程领域的基础薄弱,因此,他比任何人都更加珍惜每一次学习的机会。无论是课堂上的认真听讲,还是课后的自主学习,他都全力以赴。遇到不懂的问题,他从不轻易放过,而是主动向老师请教,与同学讨论,甚至在网上查找资料,直到彻底弄懂为止。

这份努力,并没有白费。随着时间的推移,小杨开始感受到自己在编程能力上的显著提升。他能够独立完成一些小型项目,甚至在一些比赛中脱颖而出,赢得了评委和同学们的认可。这些成就,不仅让他收获了自信,更激发了他继续前进的动力。

三、梦想为帆，动力的源泉

在小杨的心中，始终有一个清晰而坚定的梦想——成为一名优秀的软件工程师，用技术改变世界。这个梦想，如同一盏明灯，照亮了他前行的道路，也给予了他无尽的动力。每当遇到困难和挑战时，他都会想起自己的梦想，想起那些为了梦想而努力奋斗的日子，想起那些帮助过自己的老师们。这份对梦想的执着追求，让他在面对困难时更加坚韧不拔，在遭遇失败时更加从容不迫。

正是这份坚持与努力，让小杨在转专业的道路上越走越顺、越走越坚定。他用自己的行动证明了：只要有梦想、有坚持、有努力，就没有什么是不可能的。他的故事，如同一股清新的风，吹散了校园中的迷茫与浮躁，激励着更多的学子勇敢追梦、不懈奋斗。

四、成长的轨迹，梦想的绽放

随着岁月的流转，小杨在软件学院的每一天都如同精心雕琢的艺术品，每一笔都刻满了他的汗水与智慧。他不仅在学业上取得了长足的进步，更在人格魅力与团队协作上实现了质的飞跃。

在参与各类实践项目和竞赛的过程中，小杨学会了如何与团队成员有效沟通，如何在压力下保持冷静并寻找解决方案。他不再是那个独自奋斗的孤勇者，而是成为团队中不可或缺的核心力量。每当项目遇到瓶颈，他总能提出独到的见解，带领团队走出困境，这种领导力与责任感让他在同学中赢得了极高的声誉。

同时，小杨也没有忘记回馈与分享。他利用自己的业余时间组织起了学习小组，帮助那些同样对软件工程充满热情但基础薄弱的同学。他耐心地解答每一个问题，分享自己的学习经验和技巧，用自己的经历激励着更多的人勇敢追梦。在这个过程中，他不仅收获了友谊与尊重，更深刻体会到了“教学相长”的真谛。

五、挑战自我，攀登新的高峰

当北京理工大学的研究生录取通知书如约而至时，小杨知道，这既是对他过去努力的肯定，也是对未来无限可能的期许。他没有停下脚步，而是将这份荣誉化作前进的动力，继续向着更高的目标迈进。

在研究生阶段，小杨选择了更加前沿的研究方向，致力于探索人工智能与大数据领域的未知世界。他深知，这个领域充满了挑战与机遇，但正是这些未知，让他感到无比兴奋与期待。他一头扎进实验室，与导师和同学们共同攻克了一个又一个技术难题，取得了多项具有创新性的研究成果。

六、回馈社会,传递正能量

在学术与科研的道路上不断前行的同时,小杨也没有忘记自己的社会责任。他积极参与各类公益活动,利用自己的专业知识为社会作出贡献。他参与了多个科技支教项目,为偏远地区的孩子们带去了编程的启蒙教育,激发了他们对科技的兴趣与热爱。他还与一些初创企业合作,为他们提供技术支持与咨询服务,帮助他们解决技术难题,推动创新与发展。

小杨的故事,就像是一首动人的乐章,每一个音符都跳跃着坚持与努力的旋律。他用自己的经历告诉我们:在追求梦想的道路上,坚持与努力是永恒的主题。只要我们怀揣梦想,勇于挑战自我,不断努力前行,就一定能够在人生的舞台上绽放出最耀眼的光芒。

而我,作为这段转专业学生求学旅程的见证者与陪伴者,深感荣幸与自豪。我相信,在未来的日子里,小杨会继续以他的坚持与努力,书写出更加辉煌的人生篇章,为这个世界带来更多的惊喜与改变。

“田间地头”的思想碰撞

公共政策与管理学院　陈　蛟

2012年寒假，来自南昌大学公共政策与管理学院2012级社会工作专业的小刘，站在萧瑟的冬风中，望着眼前的村庄，心底一片茫然。这是他自本科以来，第一次参加由学院组织的村庄调研项目，来到农村调研。在出发之前，带队老师给同学们做了调研技巧及问卷培训，但第一次和村民“深入接触”，小刘心中十分忐忑。“记得当时是参加一个省级重大社科项目，刚开始的时候，我对调查还一窍不通，吃了不少闭门羹，但凭着信念还是坚持数天，最终获得了许多宝贵的第一手资料，让我很有获得感。”这是小刘在回顾首次参与社会实践时的真实感受。

习近平总书记强调：“希望广大青年用脚步丈量祖国大地，用眼睛发现中国精神，用耳朵倾听人民呼声，用内心感应时代脉搏，把对祖国血浓于水、与人民同呼吸共命运的情感贯穿学业全过程、融汇在事业追求中。”每年，南昌大学公共政策与管理学院都有数以百计和小刘一样的学生，带着满心的憧憬和初次调研的茫然，走出“象牙塔”，走进农村，行走在祖国大地上。

发轫之始：青衿之志　履践致远

据悉，为了培养和提升学生综合素质，从2008年开始，公共政策与管理学院就鼓励老师组织团队前往“基层单位”和“田间地头”开展社会调研，引导学生在实践中了解国情、感知社情、观察民情。2013年，学院顺势推出“百村调查”社会实践项目以及“行走中的思政课”教育项目，以培养学生的独立调查、独立思考和团队协作能力为目标，引导学生聚焦“三农”问题，探索出了一条思政教育、专业教学、科研训练、社会实践“四位一体”的人才培养路径。

2014年3月，我作为辅导员入职公共政策与管理学院，开始参与到“百村调查”的项目中来，也正式开启了我的实践育人序幕。刚开始，我也只是组织学生们参与暑期社会实践，指导他们参加“双创”类的竞赛。在此期间，我曾4次获得“江西省大学生科创大赛优秀指导老师”荣誉称号，2次获得“南昌大学社会实践优秀指导老师”荣誉称号。2015年开始，我正式接触“百村调查”项目,带领学生前往江西省吉安市开展“空心村”调查。为期一周的乡村调研,我和学生们一起研读国家政策、探讨基层治理、解决实践难题,这也让我自己体会到了不一样的家国情怀。

实践真知:躬行田间　三全育人

2016年开始,学院以承担“脱贫攻坚第三方评估项目”为契机,将“百村调查”项目与脱贫攻坚和乡村振兴国家战略需求紧密结合起来。在项目的参与和实施过程中,我也开始逐渐理解“百村调查”的深刻内涵和实践育人的重大意义。从项目开始推动至今,全校累计共有10000余人次的学生深入乡村开展社会实践,足迹遍及17个省区市的300余县,近万个村庄,走访20余万户农家。新华社、教育部发布平台和《中国教育报》等主流媒体都广泛报道“百村调查”育人模式。

2019年,我开始作为骨干成员参与到“脱贫攻坚第三方评估项目”中来,开始带领学生行走在祖国各地的“田间地头”,在江南水乡、在大漠边陲、在雪域高原、在深谷林莽,都留下了同学们和我的足迹。在调研中,学生们有数不清的困惑和难题,我都一一帮助解决,与学生共同面对问题、共同学习、共同进步、共同感受党和国家给予贫困人口以及这片土地的温暖与呵护。截至2024年,作为带队老师,我已经带领500余位学生前往青海、云南、贵州、重庆、湖南、江西等12个省份或直辖市的40多个县的200余个村开展调研,在“田间地头”、校园开展了近千场与学生的“思想碰撞”研讨,形成了500余份社会实践心得体会、20余份省县调研报告。

从“象牙塔”到“田间地头”,从“处江湖之远的旁观者”转变为脱贫攻坚、乡村振兴的“观察员、见证者”。在农村大课堂的亲身磨炼,不仅使学生对国情、农情、贫情有更深入的了解和掌握,将理论知识应用于实践,锻炼其社会实践能力,也使他们在攻坚克难的实践中铸就了坚韧不拔的优秀品格,增强了社会责任感和使命感。同学们用脚丈量、用心感受,见证党和国家的各项政策落地、生根、发芽直至长成参天大树守护人民福祉。“我们为之动容,这就是一个国家温度的体现”“我们入村受到热情款待,村民献上黄色哈达表达敬意,表达对党和国家关心的感谢”“用实际行动参与了国家战略,为祖国发展贡献了自己的青春力量”,这是参加“百村调查”后同学们的切身感悟。

赓续前行:结满硕果　初心如磐

随着实践育人的不断深入,在个人成长方面,我也取得了一定成效。2022年,我依据调研经历所撰写的《深度融入脱贫攻坚国家战略的实践育人模式创新与探索》荣获江西省级教学成果奖一等奖(排名前三),还获得了“全国巩固脱贫成果第三方评估先进个人”荣誉称号。2023 年,我参与的“‘五融五建,专创合一’:双创型公共管理人才培养模式探索与实践”获得江西省教学成果奖二等奖(排名前五),“‘参赛竞学—以赛促教—赛研融合’三维联动的公共管理研究生培养模式创新与实践”获得南昌大学教学成果奖特等奖。

在学生培养上,我也取得了一定的成果。2012 级本科生小党参与了国家自然科学基金项目,在《中国土地科学》上发表论文,并获得“国家评估先进个人”荣誉称号;小刘、小潘等毕业后,考上了选调生,继续服务农村,为学弟学妹们的“社会实践”保驾护航;小叶、小陈毕业后返校任职,继续担任社会实践指导老师,并多次荣获“优秀指导老师”荣誉称号。2016 级本科生小王、小刘、小孟等 7 人投身军旅,报效国家;小张、小陈、小李等入职高校,担任社会实践指导老师,带领同学们开展社会实践。2020 级本科生小杨、小吴积极参与了海南、四川、湖南等省份的实践调研,并保送了本校研究生,未来 3 年,将继续开展实践调研。

2021 年 10 月,我们的又一支调研队伍,来到了小刘所在的村里开展村情调查。自研究生毕业之后,小刘便选择回到农村,在村里担任党支部副书记。“从第一次懵懂参与‘百村调查’,到后来的驻村实习、扶贫评估,我收获的不仅仅是论文资料、实践感悟,还有芬芳的乡土气息和真挚的为民情怀,而这也成为我毕业后选择深入基层支教、回到农村任职的不变初心和坚定追求。”回想自己参加调研的情形,小刘感慨万千。而我,作为他的辅导员,也会秉持初心,化身为“领路人”,带领更多的学生走上“实践育人”的道路。

第二编 一枝一叶总关情

——管理精益求精

把学生作为一切工作的尺度

先进制造学院　付自强

2020年9月，我从一家国企离职，来到南昌大学先进制造学院，正式成为一名高校专职辅导员，完成了从企业工作者到教育工作者的身份转变。彼时的我，还不那么理解何为教育、何为育人。这几年，我带了12个班级、379名学生，其中198名学生已顺利毕业。通过与学生的接触和交流，我愈发能够感受到作为一名高校教育工作者的使命和责任，也能更加体会到教育的真正内涵。

心中有光　明确职责

做好教育工作首先要解决好教育理念的问题，用什么样的工作理念也就决定了教育的工作法。这是教育的世界观，也是教育的方法论。

教育者，育人也。教育的主体是学生，教育的对象也是学生，学生是学校的核心，学校因学生的存在而存在。作为以“德育”为核心的辅导员，应当把学生的成长成才，特别是思想文化、道德情操、品质修养等方面的成长成才作为工作的出发点。如何做到“以学生为中心”呢？那就是把学生作为一切工作的尺度，用学生的成长收获来衡量自己育人工作的成效或者不足。

在日常的带班工作中，我始终坚持将学生作为工作的中心，关注学生的日常生活，及时帮助那些在学习生活中有问题和困难的学生。

带着光　让学生感受到光

坦诚是沟通的最好方法。还记得2020年的深秋，有一位2018级的学生因失恋导致精神状态十分不佳，甚至产生轻生的念头。我得知情况后，马上找到学生，和学生坦诚交流，“老师也曾读过大学，也和你一样经历过情感波澜，你和老师讲讲你的故事，我们一起分析一下”。经过一个多月与家长一同耐心地开导，学生逐渐从低谷走了出来，慢慢找到了自己奋斗的目标和方向。“我已经想通了，现在我更想珍惜我身边的家人，珍惜你们”，他给我微信上发了一段这样的话，我知道，学生已经清楚地知道自己要做什么了。后来他认认真真准备考研，第二年终于被华南理工大学录取，进入到更高的学府深造。当他告诉我录取了的那一刻，我被深深地感动了。这就是成为一名教育工作者的意义，当你看到自己曾经帮助过的学生不断向着高峰攀爬，不断迎接光的照射，这一刻是喜悦、是感动、是自豪，也是骄傲。

在学生没有目标和方向的时候，带着光和学生交流，他们也能够感同身受，努力成为那束光。我所带的2022级有一名同学进校后沉迷于游戏，导致学习成绩一落千丈，挂科多门，期末考试在专业内排名倒数。后来我问他，这就是你想要的大学生活吗？他听了以后特别愧疚，并慢慢说出自己的内心想法，由于高中学校管理比较严，到了大学之后过于松懈，导致自己没有目标和方向，整天以游戏度日，上课以睡觉敷衍。我告诉他，人不能没有方向，否则大学就要荒废了，很可能还无法按时毕业，应该重拾自己的理想，过一个无悔的大学生活。后来该生慢慢地开始自律起来，剪掉了那一头“慵懒”的头发，戒掉了那一款难以割舍的游戏，开始制订自己的学习计划，和同学一起去图书馆自习，上课开始变得认真起来，整个人都精神了。大二的时候学习成绩有明显的进步，他告诉我，后面也会考虑读研，不断提升自己。看到学生在不断地变好，内心真的无比欣慰。

作为辅导员，只要把学生作为工作的中心位置，就能够设身处地地理解学生的难处、考虑学生的感受，用学生乐于接受的方法去帮助他们、影响他们。

在平凡中孕育不平凡

每个学生都是鲜活的个体，而我作为他们的引路人，责任重大、使命光荣。在与学生接触的过程中，我始终以耐心和责任心去引导学生的人生航向。无论是在班会、辅导员办公室还是学生寝室，我都随时倾听他们的心声，了解他们的困惑和需求，共同探讨解决的方法，给予他们鼓励和支持，在平凡的岗位上孕育不平凡的事迹。

我积极开展多种多样的主题活动，带动班级氛围，凝聚班级团结力和向心力。每年一次的趣味运动会和迎新晚会，是我所带班级的特定节目，也是帮助学生更好地融入班集体的重要方式。在开展班级文体活动时，我要求全体学生都参与到活动中，同学们在这个过程中收获了友谊、提升了集体荣誉感和综合素质。

在带班期间，我也取得了一些成绩和收获，如机械设计制造及其自动化183、184、185班同时获得南昌大学2021年“百佳班级”荣誉，机械设计制造及其自动化221、222、223、226班也同时获得南昌大学2023年“先进班级”荣誉，至少3个班级同时获得“校级先进集体”荣誉。此外，所带班级机械设计制造及其自动化221班更是表现突出，同时获得全校“优秀共青团团日活动”“活力团支部”“五四红旗团支部”等荣誉，班级主题教育开展事迹还被学校报送至团省委，作为一个工科班级，相当不易。

回顾这几年，我所带班的学生有的已经毕业，有的还在学校学习，有的已经在国内顶尖的高校攻读博士和硕士，有的进入行业顶尖的企业，在岗位上发挥着自己独特的作用。每逢佳节的时候，总能收到一条条学生们的问候信息，我都认真看完并一一回复，询问他们的近况。了解到学生们工作学习都很顺利的时候，我的内心非常欣慰，替他们高兴，当然，也为自己高兴。

作为一名大学辅导员，我深知育人是一项永无止境的事业。我将持续学习和提升自己的育人能力和水平，不断探索适应时代需求和学生特性的育人方法。在未来的教育道路上，我将继续坚守为党育人、为国育才的初心使命，与时俱进，与学生一起成长，努力为学生的未来点燃一盏明灯。

擦亮眼睛看世界

眼视光学院　祝春钰

对于从贫困山区走出来的大学生而言,改变自己的命运是他们毕生的梦想。作为辅导员,我们最大的课题是如何帮助学生插上梦想的翅膀,擦亮他们看清世界的眼睛。

一、展翅翱翔,梦想启航

2014 年,我怀着满腔热情加入辅导员队伍,开启了我的育人之旅。她(小王)是我院特困生,通过学院的学姐得知市区有一家特殊的英语培训机构,可以快速提高英语口语水平,于是她交了 50 元报名参加了即将到来的“五一”三天集中封闭式培训班。然而,在“五一”培训当晚,她因为参加学院的辩论赛错过了培训时间,于是联系我希望我能送她去该机构参加培训班。由于时间较晚,我开始意识到情况异常,要她及时拍照并通过微信告知我有关该机构的资料、培训场地以及学习情况。随后,我了解到她还想参加该机构的暑期培训班,总共需要 4800 元,但她向父亲借钱未果后又向我借钱。我立即将这件事汇报给了学院领导,并与她的家长取得联系并达成共识,坚决不能让她参加这种所谓的培训。在稳定了她的情绪后,我嘱托班长时刻关注她的情况,并及时沟通反馈。

二、用心呵护,暖心帮扶

教书育人,用心呵护,培养未来。每一位学生都是一粒藏在贝壳里的透亮的珍珠,每一位老师都应争取做打开贝壳让珍珠发光的人。所以我关心关爱学生,从他们的角度去换位思考问题,了解学生的心理状况,从而更好地解决问题。

次日,我偷偷前往了该机构,以学生的身份深入了解情况。进入机构后,我发现这家机构非常不正规。于是我立即整理了事情的经过,并向学院领导提交了一份报告,再次联系了她的家长,详细说明了情况。作为大一新生,她对很多事情都没有正确的判断能力,特别是对于那些以学习为诱饵的不良培训机构。在学生没有警惕的情况下,这些机构会骗取学生的财物,甚至危及他们的人身安全。为了预防这类事件对学生的人身财产安全造成伤害,我们需要重视大学生的心理健康教育,让他们树立正确的世界观、人生观和价值观,提高他们的辨析能力和认知能力,同时与学校和相关部门加强管理和防范。

过了几天，学校给她发放了2000元的助学金。然而，在学姐的怂恿下，她又萌生了上培训班的念头。得知这个消息后，我迅速与她进行了谈心，稳住了她的情绪，并与她的父亲联系，要求将2000元寄回家，并每月给她提供生活费。

三、明眸明心，熠熠夺目

本着"一切为学生服务"的宗旨，我以关心学生的思想动态和积极辅助为工作重点。经过这段时间的相处，她和我无话不谈，我也积极关注她的思想和心理状况，科学地做好后期的教育和管理工作，协助学校与家长进行沟通。在沟通过程中，我不急于求成，对她倾注更多的爱心、耐心和细心。根据她的个性特点，我制定了谈话的内容，寻找突破点。她是特困学生，面临着生活、学习、人际交往和就业方面的心理压力，遇到困难和挫折的可能性更高，对于诱惑的抵抗能力相对较弱。此外，为了避免同学们对这件事的误解和夸大，我做好了她的隐私保护工作，没有提及传销等概念，以防学生给她贴上标签，避免情绪刺激造成负面效果，从而正确引导她积极投入学校浓厚的学习氛围中。

后期，针对她性格内向、不善于交流的情况，我鼓励她多参加校园集体活动，融入集体生活；加强对她的认知能力和判断能力的教育，防止她再次陷入骗局。我积极开展各项日常教育管理工作，包括安全知识教育、纪律观念教育、心理健康教育和职业生涯规划教育等。

经过一个多月的谈心谈话，小王的情况逐渐稳定下来。她表示考虑了老师、父母和朋友的话，认识到这家培训机构确实不正规，最终放弃了上培训班的念头。她重新投入学习和生活中，并在该学期取得了全班第二名的好成绩，现已研究生毕业，在心仪单位工作。

在学生的成长过程中，尤其是贫困学生，我们需要引导他们对人生充满信心，让他们为梦想勇往直前、展翅翱翔，擦亮眼睛看世界，迎来属于自己的新天地。

从心出发，共同成长

经济管理学院　胡　慷

大多数新生是第一次远离父母，千里迢迢来到大学校园，开启属于自己的四年新生活，环境从熟悉到陌生、空间从个人到集体、决策从父母包办到独立自主，一切都充满新奇、机遇，当然，也面临着许多挑战。其中蕴含的隐性风险不断侵蚀学生脆弱的自控力、钝感力。面对学生个性愈加张扬、个体间碰撞冲突愈加频繁、一地鸡毛的亲子关系，如何以客观、平静的心态面对，并与之共情？我认为，需从心出发，慢慢求索解决之道，与学生共同成长。

一、矛盾爆发，常规调解

2020 年是我辅导员职业生涯的第 17 年，也是所带 190 名学生的第 2 学年。此时，同学间的新鲜感带来的包容随着时间开始消失殆尽，寝室矛盾开始显现出来。

其中，至今令我印象深刻的是她那颓废而疲惫的面容，不断小声重复着“她们怎么可以这样对我”，喃喃自语中蕴含着不甘、委屈、愤怒与无助，手足无措地站在办公室门口眼巴巴地看着我。“有什么事进来坐下说，能和我说说这些事是怎么发生的吗？”虽惊讶于她的精神状态，但我还是率先打破沉默，安抚她的情绪，整理出事情的来龙去脉。她喜欢独处，好静，擅长文学；室友强势，好闹腾，视寝室活动为一整体，强调同进同出。她感觉十分不舒服，带着负面情绪与室友多次沟通，直白而强硬，寝室矛盾积累直到爆发，不善交际的她被寝室其他成员排斥、针对与孤立，负面言论的传播封死了她换寝的出路，家里人坚决反对她校外住宿，在这种处境之下，她想到寻求辅导员的帮助。

在我的陪伴下，她回到寝室，并与其室友开展交流。“每个人都是独立的个体，有自己的想法和安排，有缘相聚一个寝室，应以求同存异的观念对待每一位室友，一个团结的寝室氛围对大家的成长也是有帮助的……”该生自己也表示以后只在晚上睡觉时才回寝室，以减少与室友的接触与冲突，缓和矛盾。此后，我经常与她开展谈心谈话，特别是在她情绪波动时，调节情绪、开解心结。

二、陷入困局，挣扎求生

早上起来，我习惯性点开她的微信：“导员，我能来找你吗？”开头一大段文字涌现出来,瞬间霸占整屏,“她们让我受不了就早点滚出这个寝室”,这样的字眼让我感受到她的无助,同时内心带有崩溃的无力感。我立马赶到她的寝室,在她求助的目光中,我的调解只换来长时间的沉默。我与其室友约定,如有矛盾,先向辅导员反馈,一起面对面解决问题。我随即邀请她在校园漫步谈心,以朋友角色从平等角度重新复盘最近在寝室发生的冲突,分析前因后果,最后我们一致认为:低情商的无效沟通是激化寝室矛盾的症结。我提议她可以利用包括喜马拉雅在内的课程平台相关知识,多学习在交流中的共情及与他人沟通的语言技巧,通过与朋友对练谈感受、进行自我言行的复盘修正等一系列手段提升有效沟通与缓解冲突矛盾的能力。根据过往的经历,她感觉逃避与对抗不能有效解决问题,愿意付出努力破局。

三、探寻根源,逆境突围

在此后的一年半里,我陪伴她经历了寝室矛盾冲突、“双标事件”的调解过程,她沟通技巧的提升对于防范寝室冲突暴发收效甚微,她逐渐持续陷入焦虑状态,整天以泪洗面、精神萎靡。我深入了解双方反馈信息,发现她在交流沟通中不清楚自己应在何种场合面向什么样的聊天对象用什么样的心态说什么样的话,同龄人的共同话题与喜好也知之甚少,插入话题往往是以终止聊天为代价,单纯的沟通语言技巧提升成为无根之木,难以立足。

我在查阅相关资料后,发现人际交往所涉及的语言技巧及情商都是建立在特定社会文化背景之下,懂得特定群体的人性喜好才能有针对性地制定沟通策略,提高沟通效率,消除矛盾误会。借着即将到来的暑假,我将卡耐基《人性的弱点》一书赠予她,只要求假期结束前读完后对比自己入学后的经历撰写一篇读后感,以自我认同的方式从心态与价值观上提升自己沟通交流的效果,避免原则性错误。

暑假结束开学后,我如期收到她的读后感,随同发来一句:“谢谢导员,在我最无助的时候给予我的帮助,虽然再也回不到过去,但亡羊补牢未尝晚矣。”之后她再也未主动来找过我反馈寝室问题,偶尔电话聊到,也只是说大家现在各自繁忙、相安无事。

这些年在带班时,入学教育谈到寝室相处,我总是把这本《人性的弱点》及她的读后感作为课外读物推荐给新生们,遇到亲子关系紧张的家长们也是以此为例优先推荐。这在无形之中也缓解了部分特殊关注学生因恶劣心境带来的心理压力,在一定程度上消除了安全隐患。

抓住事物演变的底层逻辑,引领学生驱动内心需求,找到问题本质及解决思路,才能真正解决问题。这是我这些年学生工作的最大感悟,也是向着人生导师和知心朋友的方向前进的“风向标”。

甘做一颗永不生锈的“螺丝钉”

工程建设学院　徐玉东

伟大出自平凡,平凡造就伟大,辅导员是平凡的职业,更是伟大的职业。怀着对这份职业的热爱,我如愿进入南昌大学成为一名辅导员,从刚入校与学生的初相识到现如今成为学生们的“徐老师”“徐导”“徐哥”,我的一言一行、性格品质都在逐渐影响着我的学生们。学生丢失了物品,第一时间联系我;学生遇见了困难,第一时间想到我。在近两年的辅导员工作中,我已经成为他们在南昌大学值得相信的人,而修贤三栋业已成为我第二个“家”。在这里,我既是辅导员,又是网格员,我用扎根楼栋的实际行动履行好网格员的工作职责,用心用情用力守护好学生的生命健康,用实际行动做学校一颗永不生锈的螺丝钉。

一、做好螺丝钉,需要用心用情,不忘育人初心

“老师,您在吗?宿舍有同学突然昏迷并伴有抽搐,口吐白沫,您快来吧!”2023 年 2 月 28 日 13 点 55 分,班长兼四级网格员在电话里清晰快速地说道。我接到电话后,立即从一楼办公室赶往六楼该生宿舍。

到达宿舍后,我发现该生躺在床上,停止抽搐但状态萎靡、两眼无神,同时嘴角伴有血迹,并表示自己很难受。观察到上述情况后,我初步判断该生为突发性癫痫症状,为防止该生因为癫痫进一步发作而咬伤舌头、伤害自己,我立即上床,时刻关注该生状况,不断安抚该生恐惧情绪,并安排学生干部迅速拨打校医院急救热线。与此同时,我立刻将该生状况与学院副书记进行汇报。

在等待救护车到达期间,我和学生干部一直在其周边观察情况,为该生穿好衣服,整理相关证件,持续安抚该生惊恐情绪。14 点 08 分左右,校医院救护车到达,我和两位学生干部一同搀扶该生坐上救护车前往医院。在转运途中,我观察到该生情况有所好转,便与该生父亲取得联系,希望尽快前往医院,同时告知学生状况有所好转,不用过于担心,注意安全。14 点 25 分,该生被送往急救门诊,医生告知该生为突发性癫痫,但症状较为轻微。14 点 37 分,该生父亲到达医院,同时该生状况已有很大好转。我在与该生父亲的交谈中得知,该生并无遗传学疾病,由于小时候头部受到过外力重击导致目前有突发性癫痫症状,截至目前已发病 3—4 次，每次发病间隔时间 3—4 年，且多在午休期间发病，在上大学期间也走访过较多大型医院，并未有确定性的诊疗结论，表示今年暑假带学生前往北京治疗。

当天晚上，我再次与该生母亲联系，得知该生情况正常，并叮嘱该生在家持续休养，等情况良好后再与我联系返校学习。

二、做好螺丝钉，需要举一反三，总结育人规律

校园安全危机事件往往具有难预测性、突发性和复杂性等特点。以本次突发事件为例，学生能较快地从发病到成功转运至医院并得到及时治疗，彰显了校园网格化管理和学生网格员制度的必要性和重要性。

持续完善网格员培训体系，要多处发力。一方面，要将更多有责任心的学生纳入网格员体系中来，不断扩大学生网格员队伍，及时发现校园危机事件苗头，提高辅导员乃至全校学工干部的应急处置灵敏度。另一方面，要及时更新网格员培训内容，除了网格员小程序的使用方法等基本培训外，还可以增加诸如大学生常见急救知识、反诈骗知识的宣传等内容，提高大学生网格员遭遇校园突发事件的心理素质能力和基本处理水平。

从目前来看，“寝室长—辅导员—学院—学校”四级网格化管理模式在向广大师生及时发布信息、利用互联网精准排摸、资源整合配置等方面持续发挥了作用，一旦发现问题，就能及时传递到指挥系统，第一时间反馈给相应的职能部门，实现了管理空间和管理时间的无缝连接。可以看出，通过建立网格化管理机制、制定网格化管理制度、划分网格单元、配置网格管理人员，提升了高校学生安全管理工作的针对性和实效性，进一步筑牢了校园安全防火墙。

高校辅导员面对校园安全突发危机事件，需要比其他人更镇定、更富有处理经验。在本次突发事件中，面对该生癫痫症状，室友们都是第一次遇见，情绪较为恐慌，一时间手足无措。辅导员到达寝室后，一方面平静其他学生的情绪，组织其他学生拨打校园 120 急救电话，整理该生相关证件，为转运做好准备；另一方面根据平时学习到的关于癫痫症状时基本的抢救知识，通过持续安抚发病学生情绪，去除周围尖锐物品，让学生松开衣领、平躺床上保持呼吸畅通等方式开展基本的急救。

三、做好螺丝钉，需要克己勤勉，强化育人能力

辅导员工作是一个从认知到实践，从而提高认知再指导实践的过程。提高辅导员应急处突综合能力，一方面要增加应急知识储备，作为学工干部，要增强处理突发危机事件的意识，认识到应急处突知识的重要性和紧迫性，通过不断学习获取应急保护和应急处置相关知识，从而做好应对突发事件的准备，努力将突发事件的负面影响降到最低。另一方面要加大系统化、专业化培训力度，通过专项培训提升应急管理的理论知识水平、现场指挥能力和抗压能力，拓展辅导员在危机环境中的整体视野，从而提高辅导员整体的综合应急能力。

在本次突发事件发生期间，学院学工干部始终与学生家长保持沟通。事件发生前，通过云家园平台、家校沟通平台了解到该学生的家长住在学校附近，从而在事件发生后能够及时通知学生家长赶到现场了解情况。事件发生时，在妥善处理突发事件的前提下，与家长沟通，进一步了解学生的情况，并安抚家长情绪，沟通下一步的应对措施。从以上措施可以看出，当出现危机事件时，及时与家长沟通，告知家长应对突发事件的情况，消除家长的顾虑、缓解家长的焦虑，以此争取学生家长对学校工作的支持、信任和理解，最终达到共同配合，积极应对学生突发危机事件。

在本次突发事件的处置过程中，各级网格员发挥了至关重要的作用。为了进一步提高网格化管理综合治理效能，一是要加强网格员梯队建设，实现网格员队伍的多元化，弥补突发危机事件中获取学生个性化信息的延迟性和盲目性，增强管理服务的全面性、精准性和信息反馈的准确性、及时性。二是提高网格员队伍的专业水平，网格员是高校安全管理工作运行的核心，决定着网格下沉管理工作的实效。三是要制定工作监督制度，监督各级网格运行情况，建立问题反馈机制，搭建网格化协同工作平台，及时调整和解决网格管理过程中产生的实际问题，真正提高网格化管理综合治理效能。

正如雷锋同志所说："螺丝钉虽小，其作用是不可估量的。"今天，在学校全面开启新征程之际，让我们继续脚踏实地做好本职工作，不忘育人初心使命，以新的担当作为，在南昌大学做好一颗螺丝钉，让自己永不生锈！

叮咚，小讯息，“大损失”

——“被骗”3700 元背后的那个下午

旅游学院　曹　根

每一次诈骗犹如暗夜中的陷阱，时刻潜伏在每一位学生的生活中，随时可能骗走他们的信任与财产。教育学生，就像星星守护月亮一样，既要精心看护，也要耐心等待。辅导员需要细心观察，及时发现学生在网络安全中的薄弱点，给予他们防范诈骗的指导和支持，让他们在跌跌撞撞中学会保护自己，最终成为能够应对挑战的坚强个体。

一、独自退货遇陷阱，轻信他人陷骗局

《红楼梦》中有言：“世事洞明皆学问，人情练达即文章。”这句话启示我们，只有对社会的深刻了解和对人情世故的敏锐洞察，才能有效识别和防范诈骗。而我院 2020 级学生小胡，却因为缺乏防范意识而遭遇网络诈骗。

小胡，女，性格内向，不善言辞，来自江西赣州的一个县城，经常通过网络购买生活用品，和室友关系融洽，经常讨论如何在网上团购等，因此把自己常用的银行卡绑定平台账户。

2022 年 11 月某天，小胡在网上看中一件羽绒服，和室友讨论后就下单付款购买了。两天后收到取件通知，她独自一人在快递站看完货物后不满意选择了直接退货。办完退货邮寄手续回宿舍的过程中——叮咚，小胡突然接到一条短信，自称是刚退货的商家售后客服人员，需要就退货原因进行一个问卷调查（短信附网站链接），声称简短的问卷后会赠送店铺满减优惠券。起初小胡持怀疑态度，但是想到短信来的时间非常巧，而对方又准确地说出了她的账号以及在哪家店铺购买的货物名称和价格，同时还有满减优惠券，小胡于是放松了戒备，边走边填问卷。

小胡点开该链接并填写了姓名、注册信息、手机号等信息，后续还需要填写身份证号、银行卡号等。小胡心里有疑惑，联系对方后对方表示因为涉及店铺满减优惠券，需要身份证号核实是否为本人。小胡考虑到在注册平台账号时已经填了这些信息，再次复核应该问题不大，在填完后提交时收到了验证码，填完验证码后便回到了宿舍。

回到寝室,小胡随即和室友提到了这件事,室友问及为什么问卷调查要银行卡信息时,小胡意识到不对劲,在室友陪同下立即去自动取款机查询余额。当看到活期余额由3700余元变成0元时,小胡崩溃了,这时对方还在不断用不同的网络电话联系小胡下一步操作事宜,并言语激烈,小胡随即打电话报警并在室友陪同下来到我办公室。

二、心理安抚暖人心,辅导措施解困境

在办公室,小胡边哭边将遭遇过程说给我听,我第一反应是小胡遭遇了典型的因网购引起的金融诈骗,追查难度大,靠简单的报案挽回损失概率小。了解小胡的整个操作过程后,根据自身银行工作经验和对方还在继续联系小胡下一步操作的事实,以及以往处理该类事件的经验,我主要从以下几方面入手。

1. 安抚解惑,联系银行客服

由于小胡情绪比较激动,在前期和室友协同安抚好小胡的同时,我根据自身银行工作经验和既有事实,提醒小胡钱可能还在她自己的账上,不要太担心。同时,我第一时间联系银行客服,表明学生和辅导员身份,了解小胡卡内活期刚刚授权办理了一项零存整取业务。我顿时用眼神告知小胡钱应该还在,需要小胡在工作日持身份证到银行柜台办理相关业务,并建议她尽快将此卡注销,更换新卡和密码。

2. 求助警方,完成信息采集

因小胡已经拨打了报警电话,我在安抚好后驱车陪同小胡到派出所做了笔录,报告了事情的整体经过,希望借助警方及时冻结骗子的网络账户和银行账户,防止其他类似的情况和更恶劣的后果发生。

3. 家校联动,报送相关情况

我在安抚学生情绪并对事情真实情况正确处理后及时和其家长联系,叮嘱家长这段时间要多关注孩子情绪,不要责备。同时,形成平安香樟半月谈案例,与同仁共同探讨后续同类型事件处理方案。

4. 投诉维权,寻求淘宝帮助

我们把在平台购物过程中店铺泄露购物信息的情况反映给平台官方,平台客服当即表示会协助我们调查这件事。同时致电平台店铺,表明自身遭遇和已采取的维权措施。

最终,小胡到银行柜台办理相关业务并办理了新卡,卡上金额已全部保全。目前该生已顺利完成既有学业并已签约心仪企业。

三、育人解惑促成长,警钟长鸣保平安

“爱心是师德的灵魂,责任是师德的体现。”这句话道出了教育工作的核心。此次事件不仅让学生了解了防范诈骗的重要性，更让我深刻体会到作为辅导员的责任与担当。

小胡在此次事件中学会了许多宝贵的防诈骗知识，也增强了自我保护意识。她明白了在网络世界中保持警惕的重要性，并学会了如何甄别真假信息。此次事件后，她积极参加学校组织的网络安全讲座，并向同学们分享自己的经历和心得，提醒大家时刻保持警惕，避免落入骗局。她在班级中的影响力逐渐增强，从一个性格内向、不善言辞的女孩成长为一个勇于表达、乐于助人的学生。

作为辅导员，这次经历让我更加认识到自己的角色不仅仅是学业上的指导者，更是学生生活中的守护者。在处理这件事情的过程中，我学会了如何更好地与学生沟通，如何在危急时刻给予他们最有效的支持和帮助。这次事件让我更加注重学生的心理健康和日常生活中的细节，积极组织防诈骗、安全教育等主题活动，提升学生们的防范意识和自救能力。

在未来的教育工作中，我将继续关注每一位学生的安全和成长，时刻保持警觉，为他们的大学生活保驾护航。正如月亮在星星的守护下经历阴晴圆缺，学生们在教育的过程中也需要不断成长和历练。我愿成为那守护他们的星星，与他们一起迎接光明的未来。每一个学生都是一轮月亮，他们需要的不仅仅是知识的灌输，更是心理的关怀和生活的指引。只有在爱的氛围中，学生才能真正成长为一位有责任、有担当、有作为的栋梁之材。

共绘青春画卷

软件学院　陈　欣

在时光的长河中,每一位辅导员都是学生心灵航程中的灯塔,用温暖的光芒照亮他们前行的道路。我,作为这众多灯塔中的一员,有幸见证了无数青春的成长与蜕变。其中,小隋的故事,如同一幅细腻动人的画卷,缓缓展开在我的记忆深处。

初遇:陌生城市的一抹温柔

那是九月的初秋,阳光透过树叶的缝隙,斑驳地洒在校园的每一个角落。小隋,一个来自吉林农村的青年,带着对未知世界的憧憬与忐忑,踏入了这所远离家乡的大学。他的眼神中既有对新鲜事物的好奇,也有对未知挑战的畏惧。作为他的辅导员,我在迎新的人群中一眼就注意到了这个略显内向的身影。那一刻,我便暗下决心,要成为他大学生活中的一抹温柔,引导他顺利度过这段人生的转折点。

迎新活动结束后,我主动找小隋谈心,从家乡的风土人情聊到大学的学习生活,试图以这样的方式拉近我们之间的距离。我了解到,他对食堂的饭菜不太适应,对城市的交通也感到陌生。于是,我利用周末的时间,带着他熟悉了校园周边的超市、医院和公交站,让他感受到这座城市的温暖与便捷。这些看似微不足道的日常关怀,却在小隋心中种下了信任与依赖的种子。

学业:从迷茫到坚定的跨越

学业,是大学生活的重中之重。小隋初入大学时,面对全新的学习环境和更加复杂的课程体系,显得有些力不从心。他的成绩一度在班级中处于下游,自信心也受到了打击。我深知,如果此时不加以引导,他可能会陷入自我怀疑的泥潭。于是,我联合班委为他量身定制了一份学习计划,并鼓励他积极参加学术讲座和社团活动,拓宽视野,激发学习兴趣。

在我和其他同学们的共同努力下,小隋逐渐找到了适合自己的学习方法,成绩也有了显著提升。每当看到他因为解出一道难题而露出的笑容,我都感到无比欣慰。更重要的是,他学会了如何面对困难和挑战,如何在挫折中不断成长。这份坚韧与自信,将成为他未来人生道路上最宝贵的财富。

人际:从孤独到友情的拥抱

除了学业上的挑战,小隋在人际交往方面也遇到了不少困难。由于他来自农村,性格内向,不太善于与同学沟通,常常感到孤独和无助。为了帮助他克服这一问题,我特意在班级团建活动中安排他担任小组长,鼓励他主动与组员交流。起初,他显得有些拘谨和紧张,但在我的鼓励和同学们的帮助下,他逐渐敞开了心扉,开始与同学们建立起深厚的友谊。

那次团建活动后,小隋的性格发生了微妙的变化。他变得更加开朗和自信,经常和朋友们一起吃饭、逛街、聊天。他告诉我,是这次经历让他感受到了友情的温暖和力量,让他学会了如何与人相处、如何表达自己的情感和想法。这份成长与蜕变,让我深感欣慰和自豪。

实践:从青涩到成熟的蜕变

除了学业和人际交往外,我还特别注重培养小隋的综合素质。我鼓励他积极参加各种社会实践活动和志愿服务活动,如暑期"三下乡"、社区服务等。在这些活动中,他不仅锻炼了自己的能力和品质,还提升了沟通交流能力。特别是在一次志愿服务活动中,他担任了领队的职务。虽然初次担任这一职务让他倍感压力,但他凭借着自己的努力和团队的支持,圆满完成了任务,得到了同学们的一致好评。

这次经历对小隋来说是一次重要的成长契机。他意识到自己的潜力和价值所在,也更加坚定了自己未来的发展方向。他告诉我,他要努力学习专业知识,将来为社会作出更大的贡献。这份决心和信念让我看到了他未来的无限可能。

离别:感恩与祝福的交织

时光荏苒,转眼间小隋即将毕业。在即将离开校园的临别时刻,他来到我的办公室向我表达了他的感激之情。他说:"老师,是您在我迷茫和困难时给予了我最大的支持和帮助,让我能够坚定地走完这段人生旅程。您永远是我心中最敬爱的辅导员老师。"听到这些话,我的心里充满了感动和满足。我深知自己的付出得到了回报,也看到了自己的价值所在。

我告诉小隋:"未来的路还很长,你需要继续努力和奋斗。我相信你一定会在未来的道路上继续坚定前行,实现自己的人生价值和梦想。"同时我也向他表达了我的祝福和期望,希望他能够保持初心、勇往直前为社会贡献自己的力量。

反思与展望:育人之路的永恒追求

小隋的成长故事让我深刻感受到了辅导员工作的意义和价值所在。我意识到,作为辅导员,我们的一言一行都可能对学生产生深远的影响。因此,我们需要时刻保持高度的责任心和使命感关注学生的成长和发展,为他们提供更多的关怀和帮助。回首与小隋共同成长的岁月,我深感欣慰和自豪,这段经历让我更加坚定了从事辅导员工作的信念。

辅导员与学生共绘的青春画卷,是一幅色彩斑斓、充满希望的图景。在这幅画卷上,辅导员以关爱为笔、以智慧为墨,引导学生探索未知、勇敢追梦。学生们则以青春的热情和努力,描绘着属于自己的精彩篇章。师生携手,共同经历了成长的喜悦与挑战,见证了彼此从青涩到成熟的蜕变。这幅画卷,不仅记录了青春的足迹,更蕴含了教育的力量与温暖,成为了彼此心中最宝贵的记忆。

几年后，我成为了你　又几年，你变成了我

生命科学学院　金陆乔

“小时候，我以为你很美丽，领着一群小鸟飞来飞去；小时候，我以为你很神气，说上一句话也惊天动地。长大后我就成了你，才知道那间教室，放飞的是希望，守巢的总是你。”听着听着，我才恍然发现，听懂的时候早已成为守巢人。

2016 年，我来到了南昌大学，走入资源环境与化工学院（如今的资源与环境学院），认识的第一位老师是我的辅导员。2020 年，我成为一名“1+3”辅导员，走入生命科学学院，我的学生认识的第一位老师，是我。2021 年，我带的第一届毕业班顺利毕业，有的学生留校成为辅导员，那时他跟我说，他也有了学生，他的学生认识的第一位老师，是他这位新入职的辅导员。四年的辅导员工作旅程，恍然回首，几句话萦绕耳畔。

一、“老师好”

自读书以来，平日里说得最多的，便是“老师好”三个字。2019 年 10 月，我顺利通过了思政专项考核，获得了保送资格，进入了学工处管理科，开始了为期一年的实习。我第一次拥有了办公室，第一次获得了和大家一起上下班的体验，最难忘的是第一次有人对我说：“老师好。”那一刻便有一丝恍惚，心中不免怀疑，他叫的是我吗？我稍有不自信地回答道：“嗨，你好！”其实今天回想起来，那时我的内心对这句话其实并不迟疑，只是我需要一个支点，来寄托我全部的思绪。那一刻，我突然意识到，我成了小时候最崇拜的人，成了一名老师，突然有一种感动来源于我自己的生活，来源于我所熟悉的那些人和那些事，来源于年少种下的梦想和如今奔跑的现实。

二、“老师也是第一次”

2020 年秋天，我召开了第一次年级班会。这是我第一次召开主题班会，同时作为生命科学学院 2017 级学生的第三任辅导员，心中更是多了几分忐忑。于是，那一次的班会，我比学生还紧张。我对学生说的第一句话，就是“大家好，我也是第一次做辅导员”。几件事情说完，班会很快就结束了。会后，五六个学生围到讲台前，七嘴八舌地问起了各种问题，事关保研、毕业、就业等，慢慢地从提问变成了闲聊，我们在那间教室里聊到了很晚。我慢

慢地放松了下来,我突然发现,我这位理工科出身的学长能够为我的学生排忧解难,我开始相信,我能够成为一名合格的辅导员老师。未来的一年中,我第一次过教师节,第一次走上讲台给学生讲课,第一次带领学生开展班级活动,无数个第一次充满了我的回忆。2021 年夏天,我送走了我的第一届毕业生,我们在校门外拍毕业合影,那一刻有不舍、有感动,更多的是一种成就感。我突然明白了为人师表的意义,突然明白了老师这个职业的神圣,也突然感受到了"老师"这两个字背后蕴含的无限力量。

三、"老师,怎么办"

2021 年秋天,我迎来了我的第一届新生。这又是一次新的体验,刚走出高中校园的学生初次进入大学,如同一张白纸,等待着书写新的美好生活。听到最多的一句话就是"老师,怎么办",我成了一名在线客服,24 小时答疑解惑。办公室 2 栋 119 室成了学生解决日常生活问题、职业发展问题、心理困惑焦虑的疏导地,慢慢地,也被大家流传成为"金点子"小屋。甚至有的同学还会拿着《大学化学》《生物化学》等教材走入我的办公室,"老师,这道题怎么做,您会吗?"我热爱我所学的化学工程与技术专业,但从没想到在我的辅导员工作生涯中,还会成为学生的课业辅导老师。直到现在还有毕业生开玩笑地说,"那一年,我的化学是辅导员教会的"。这一刻,多了一丝幽默,也成为我拉近和学生距离的"秘密武器"。

四、"老师,谢谢你"

日日夜夜的辛勤耕耘,换来的是学生的茁壮成长。几年的时间里,我除了做好辅导员的日常工作,还成了团委负责人,也曾做过团支部书记。最值得骄傲的,便是培养了一批又一批优秀的学生,有进入北京大学、中国科学技术大学等顶尖院校不断深造的学霸,有能够独当一面的优秀学生干部。我不再只面对自己名下的 200 多位学生,更多的是全院参与到学生工作中来的学生干部,乃至全院的优秀青年。一对情侣学生毕业后,提前半年便邀请我出席他们的婚礼。2017 级和 2018 级的两位优秀学生干部,同在青岛攻读博士和硕士学位,多次与我分享在青岛的点点滴滴,告诉我他们如今成长的美妙旅程。2018 级学生会主席和 2019 级学生团委副书记,奔赴了各自的工作岗位和科研岗位,时不时还会发来一条微信,"金哥,我又被评为优秀学生了""金哥,我想念学校了",让我感受到他们对母校的依恋,这来自学校的培养,来自百余位老师的教导,或许也是对我工作的一种肯定。如今,我指导多位在校学生荣获多项省部级以上奖励,耳边经常听到的,便是"老师,谢谢你"。

五、"老师,我想成为你"

接近四年的工作时间即将结束,最令我动容的是培养的学生中有的已经在南昌大学成为一名辅导员或青年教师，和我并肩战斗，甚至对我的工作予以大力支持和帮助；也有经常和我说想在毕业后成为辅导员老师的。每当有学生和我说起这句话的时候，我都想起了当年我选择成为一名兼职辅导员的那一段记忆。那时的我何尝不是对我的辅导员老师的工作充满了向往，希望能够有朝一日站在三尺讲台，成为学生工作队伍的一员呢？这，便是传承，也是最高的赞颂。

几年后，我成为了你，我敬爱的辅导员老师。

又几年，你变成了我，我亲爱的学生。

“你们乘风好去，长空万里，我们原路返回，不问归期。”这是一场与学生共同进退的人生旅程，一届又一届，一年又一年。这段奋斗的道路往往不是一帆风顺，总是荆棘丛生，但师生携手同行的过往，成为激励我立足岗位发光发热的不竭动力，成为我践行“长大后，我成为了你，你变成了我”勇敢誓言的永恒印记。

看见每一个学生

新闻与传播学院　陆　坤

一、相知相伴:做离学生最近的人

高考结束的那个暑假,父亲问我要不要考虑去报师范,我不假思索地回答:“不要,我不想误人子弟。”填报高考志愿时,我毅然决然地报了新闻与传播专业,期盼未来可以成为领先于时尚的“弄潮儿”。但在大学里的一个个选择中,我不知不觉地向着“辅导员”这个职业靠拢。直到我真的站在了这扇门的前面,我不断地质疑自己,我到底是否有勇气去推开这扇门,是否有资格担起沉甸甸的“育人”二字。

我不喜欢打无准备之仗,尤其是做这个选择还不止关乎我一人的未来,我还将引导数百名学生同我一起成长。最终,在那张研究生专业申请表上,我写下了“思想政治教育”几个字,鼓足了勇气推开了门,来到了一个崭新的世界。

2023 年 9 月于我而言,是特别的日子。从此刻开始,我有幸与 183 名来自天南海北的学生结缘,在繁杂的学生工作中,得以获见新时代青年群体的成长维度和每个个体发展的脚步。

回想起这半年来,无数片段涌入我的脑海,但这些回忆都是由一个个鲜活的个体组成,我努力去认识他们每一个人。在新生入校前,我会利用学校云家园信息去熟悉每个人的基本资料,开学后制作班级同学备忘录,记录每位同学的性格、特长、爱好。因为我自己就是从学生身份转变过来的,所以我深知渴望“被看见”是每一个个体最基本的心灵需求,也是获得公平机会的前提。因此,我至今仍然高频率地走访寝室,走到学生身边去真正了解他们。除了日常谈心谈话、下寝走访之外,我还采用“运动谈心”方法,邀请近期重点关注的学生一起夜跑、打羽毛球、游泳,在运动的过程中进行深入的聊天,将谈心谈话场所远离办公室、宿舍这类常规场所,让学生更能敞开心扉地与我交谈,既能收获健康,又可以达到育人实效。

二、滋润心田：做学生身后的支持者

杨同学是我做辅导员以来，给我感触最大的学生。刚开始注意到她的时候，是因为她的成绩是班上的倒数第一，平日见面也十分拘谨。在同学们的眼中，杨同学也是一位非常“怪诞”的少女。作为辅导员，我深知每个学生都有自己的故事，而背后的故事往往隐藏着他们内心的渴望和期待。于是我决定走近杨同学，去探寻她的内心世界。

我开始关注杨同学的日常表现，每周让学习委员向我汇报她的上课表现。我了解到杨同学的家庭也比较特殊，父母均不识字，还有一个只大她一岁的姐姐以及还在上中学的弟弟。在成长过程中，作为家中排行老二的杨同学逐渐形成了内向的性格，害怕与人交流。但在日常下寝、谈心谈话中，我发现她虽然不善于言辞，却是一个非常温暖、有趣的女孩。她的桌面上贴了很多可爱的卡片，寝室永远整洁干净。我意识到，这是一个需要被支持和关爱的灵魂。于是我常常到她寝室，鼓励她要享受生活，做一些喜欢的事情，我告诉她：“每个人都有自己的成长历程，而你的经历只是其中一部分。我相信，只要你愿意敞开心扉，你会发现周围有很多人愿意陪伴你、支持你。”

后来，她说她想尝试一下。她开始变得爱笑，有时候会在商业街碰到她和室友一起有说有笑，我对她的变化发自内心地感到开心。

有一次，她们班级学习委员和我反映，杨同学有些畏惧“出镜报道”这门专业核心课程，一方面是她不愿意在人群面前发言，另外就是她金黄色的头发在教室中格格不入，为此她专门买了一顶黑色的假发去上课。我了解到这个情况后，和她的专任教师沟通，简要说明了一下她的情况以及我的看法。我认为当前杨同学仍处于心理敏感期，需要对她进行鼓励和肯定，帮助她走出封闭的内心，专任教师也同意我的观点。后来学习委员告诉我，在第二周的课堂上，专任教师在课上告诉杨同学她的发型非常有特色，她是一个非常漂亮的女孩子。在专任教师与我的通力合作下，杨同学已不再畏惧这堂课，她坦然地去面对每次的出镜作业，顺利通过了考试。

三、因材施教：做学生前行路上的引导者

作为一名辅导员，我深知自己的责任和使命。我要用爱心和耐心去关注每一个学生，发现他们的光芒，引导他们照亮自己的人生道路。

除了特殊关爱学生群体，我还积极探索港澳台侨学生的育人之道。经过调研，我发现这类学生个性分明且各有所长，发展较为全面，兴趣爱好广泛，如果加以正确引导，会成为校园活动的积极分子。

考虑到我的年龄与学生差异并不大，所以我采用“朋辈”引导法，和学生做朋友，以前

辈的身份去引导学生的日常行为。比如,上半学期举行的新生篮球赛,我积极鼓励有此项特长的港澳台侨学生参与,最终我院上场的5位选手中有2位是港澳台侨学生。

从事辅导员工作以来虽有棘手无奈之时,但一路收藏的感动与快乐更弥足珍贵。在将来的工作中,我会努力去看见更多的同学,引导更多的同学在这片赣鄱大地上绽放出属于自己的光彩。

亲和化冰，同行相知

先进制造学院　陈　逮

时光如白驹过隙，一回首，已是担任辅导员工作的第十四年，经历了四届学生，共计1128人，我也从一个意气风发的青年逐渐到了不惑之年。看着自己的学生遍布祖国大地，并取得一些成绩，我由衷地感到骄傲和自豪！

亲和化冰

第一届学生中，有一位来自东北的男生，新生报到当天我去走访寝室时与其初相识。当晚家长离开后，他便给我打来电话，因为他感觉十分孤独，又不太好意思跟其他同学交流，情绪迷茫消极，带有哭腔。我很珍视他的这份信任，我先问他："看来你家庭关系很融洽，也有不少中学好友，现在他们没在身边所以你觉得心里不舒服吧，那能跟我谈谈他们吗？"在分享他高中生活和家庭生活的过程中，他的情绪慢慢放松了。之后我再通过分享自己的大学经历，让他认识到大学生活的特点就是学会自我管理，并鼓励其树立信心，结交新好友。因之前谈话中了解到他有担任学生干部的经验，我便让该生作为班级临时负责人，在军训期间该生工作认真，班级同学反响不错，后担任班级班长，得到老师和同学们的高度认可。

或许不少人担任辅导员时首先给自己的定位是老师，要树立一个有威严感和距离感的传统老师的形象。来自五湖四海的学生们面对陌生的环境本就充满了问题和迷茫，甚至有打退堂鼓的想法，如果还是以严肃的态度与学生进行日常交流，很可能会放大学生的孤独感，也会增加师生距离。尝试放低姿态，采取有亲和力的方式，从相对平等、类似朋友的角度与学生进行交流，从学生的角度思考问题，让学生感觉到家庭般的温暖，能更容易地拉近师生距离，让学生更快地提升对辅导员的信任感。

当然，这不是说威严感对于辅导员就不重要。亲和力也是有边界的，对于校纪校规等原则性问题，辅导员必须做到严守底线，说话做事掷地有声，让学生知道辅导员是一个有原则、有底线的人，否则学生对辅导员提出的工作要求可能不够重视，甚至会觉得无足轻重。

如何在树立威信的同时又不减亲和力,一直是辅导员工作中需要探讨的课题之一。

同行相知

在辅导员的日常工作中,我的重点之一就是从一些细节中找到学生的兴趣爱好,例如有练吉他、写书法、拼装模型的,有看电影、览时政、棋牌娱乐的,以及其他的兴趣爱好。

在我的第二届学生中,也有一位来自北方的学生。他的性格很活跃,工作能力也较强,从大一年级开始担任班长和辅导员助理,还在院自强社和学生会有工作职务。在走访寝室的过程中我发现他经常看电影和综艺,于是我说:“爱看什么题材的电影啊?哪天一起去看一部怎么样?”他的脸上写满了惊喜,一口答应了。自那之后,我也会时不时邀请他和其他的“影迷”学生共同观影,闲话观后感,通过这种方式潜移默化地开展三观教育。我也偶尔与他和其他“麦霸”学生们组织外出一展歌喉,或是三两组队去游泳馆运动舒缓心情。在这四年中,我与这些学生的关系都挺好,既是师生,也是朋友。即使现在他们毕业了,他们在回校探访或线上聊天时还经常聊起当时的种种,甚至有时候我自己都不太记得细节。

从学生的兴趣爱好出发打开话匣子,让学生感觉辅导员老师没有印象里的“老师”那么死板,能关注他们也在乎的时下热点。尽量做到与学生同行,可以有效减少代沟产生的距离感,拉近与学生的距离,对辅导员的管理和教育工作有很大的辅助作用。学生们更愿意听辅导员的意见建议,往往还能增进他们与辅导员的主动交流,对班级工作和各项活动的开展也大有助益。

在时代的浪潮中,每一届学生跟之前的相比都会有自己的特色。所以,当代的辅导员工作唯经验论是完全不可行的。前一届学生们的生活习惯和热爱的事物往往无法套用到后一届学生们身上,即使是都爱唱歌,那曲目也是不同时代的了。要做到与学生同行,首先就要求辅导员也是一个“弄潮儿”,时刻了解当今时事、年轻人的兴趣爱好和他们关注的内容,增加交流时的共同话题。同时,要做到与时俱进,根据实际情况对自己的工作方式作出调整。

亲和与同行是我开展辅导员工作的两大基础。辅导员的工作要点之一就是让学生愿意主动向自己敞开心扉,越快速地拉近和学生的距离,就越容易了解学生的喜怒哀乐,甚至可能提早发现相关情况并作出反应和处理。但是随着时代的发展,多年从事辅导员工作的同仁们需要摆脱经验主义,多方面培养自己的兴趣爱好,多花心思去发现年轻学生的特点,有针对性地开展相关工作。

寝室矛盾的融冰之旅

人文学院　张志豪

在大学的“象牙塔”里，寝室不仅是休息与学习的小天地，更是青春与梦想交织的起点。然而，正如四季更迭中难免遭遇寒流，寝室的温馨空间有时也会因性格差异、生活习惯的碰撞而泛起涟漪，甚至凝结成冰。但正是这些挑战，促使同学们学会沟通与理解，共同踏上了一场融冰之旅。

一、初冬的寒意

新学期伊始，来自五湖四海的同学们因缘分相聚于同一间寝室。起初，新鲜感让同学们忽略了彼此间的不同，但随着时间的推移，那些细微的差异逐渐显露。我所带的一个女生寝室，小李的早起晨跑与小王的晚睡夜读，小张的整洁有序与小赵的随性不羁，这些看似微不足道的习惯差异，却像初冬的寒风，不经意间让寝室的氛围变得有些微妙。

一天，小李鼓起勇气找到了我，她声音中带着几分忐忑：“老师，我觉得我们寝室的关系越来越紧张了，我不知道该怎么办。”面对这一问题，我先是对小李的行为表示肯定，这是学生信任我的表现，也是了解并解决问题的关键一步。我接着向小李详细了解情况，并表示会持续关注，寻找合适的契机予以解决。

自此之后，我便着重关注着这一寝室，通过日常走访和与学生的个别谈话了解到寝室内部因生活习惯和性格差异产生了矛盾。

二、冰封的隔阂

一次偶然的机会，小李因早起时不小心弄响了桌椅，惊扰了小王的美梦，两人因此发生了争执。这本是一桩小事，却因双方未能及时沟通，加之长期积累的不满，导致寝室内的氛围急转直下。原本无话不谈的室友们，开始变得沉默寡言，甚至刻意避免在寝室中交流，彼此间仿佛隔了一层看不见的“冰墙”。

事情发生后，我首先邀请小李到办公室，耐心地倾听她的诉说。在了解完情况后，我没有立即给出解决方案，而是引导小李思考：“你觉得问题的根源在哪里？你希望寝室的氛围是怎样的？”小李在思考后，逐渐意识到自己的行为可能给他人带来了困扰，同时也表达了对和谐寝室的渴望。

随后,我又分别找来了小王、小张和小赵,以同样的方式倾听她们的心声。在掌握了全面情况后,我意识到,这场矛盾并非不可调和,关键在于找到一个平衡点,让每个人都能得到尊重和理解。

三、寻找融冰的火种

为了化解寝室矛盾,我决定组织一次寝室协调会,让每个人都有机会说出自己的心声。在会上,我首先强调了寝室和谐的重要性,并鼓励大家敞开心扉、坦诚相待。接着,我引导每个人说出自己的感受和期望,同时倾听他人的意见和建议,大家开始逐渐放下防备、畅所欲言。小李主动承认了自己的不足,并承诺会注意自己的行为,避免影响他人;小王也表示愿意调整作息,以减少冲突;小张和小赵则提出了共同维护寝室整洁和尊重个人空间的建议。大家你一言我一语,原本紧张的气氛逐渐变得轻松起来。

我还分享了自己过去处理类似矛盾的真实案例:有寝室因为卫生问题闹得不可开交,但通过一次深入的沟通和分工合作,最终找到了解决之道。“每个人都有自己的习惯和难处,但只要我们愿意站在对方的角度去思考问题,就没有什么解决不了的矛盾。”这些真实案例给了寝室成员很大的启发,她们开始尝试换位思考,理解彼此的难处和需求。在共同的努力下,寝室的冰封逐渐融化,取而代之的是更加融洽和谐的氛围。

四、携手共赴春日

经过这次深入的沟通和理解,寝室的“冰墙”开始融化。大家开始更加关注彼此的感受和需求,学会了相互尊重和包容。小李和小王甚至开始尝试调整自己的作息习惯,以更好地适应寝室的整体氛围;小张和小赵也变得更加默契,共同维护着寝室的整洁与和谐。

随着时间的推移,寝室内的关系越来越融洽。大家不再因为小事而争执不休,而是学会了用更加成熟和理性的方式去解决问题,她们一起度过了无数个日夜,共同经历了成长的喜悦与烦恼。在这个小小的空间里,她们不仅收获了知识和友谊,更学会了如何与人相处、如何理解和包容他人。

如今,寝室已经成为她们共同的家。每当夜幕降临,她们便围坐在一起分享彼此的故事和梦想,每当遇到困难和挑战时,她们便携手并肩共同面对。在这个充满爱与温暖的小天地里,她们感受到了前所未有的幸福和满足。

我也时常关注着这个寝室的动态,欣慰地看到学生们在矛盾中成长、在理解中前行。寝室矛盾的融冰之旅虽然充满了挑战和困难,但正是这些经历让她们更加珍惜彼此之间的友谊。经过此事,她们知道了无论未来道路如何坎坷,只要彼此相伴就没有什么能够阻挡她们前进的脚步,而这段宝贵的经历也将成为她们人生旅途中最为闪耀的篇章之一。

时间之果

先进制造学院　邓素瑶

“谁说英雄皆寂寞？我们的英雄就是欢乐的!”

我的2005:命运齿轮开始转动

2005年,我命运的齿轮开始转动。这一年,我留校任辅导员。掐指一算,至今已有19年,所带学生人数近1500人。千人千面,1500个学生,给我带来了1500种人生想象,也带来了1500倍巨大财富;激发了我1500倍巨大能量,也给我制造了1500种不同程度和类型的人生挑战;更让我产生了比“我居然这么行”还强1500倍的自信！有学生来自贫困家庭,父母或务农或打零散工,家庭经济条件十分困难;有学生转专业到本专业,在转专业学习的过程中面临着诸多挑战;有学生学业期间发生重大疾病,需要八方伸出援手;有学生情感受挫,醉倒哭卧街头……对我来说,这都是事,但也都不是事。我想,处理人和事的关系,用上“细心、耐心、爱心、信心、责任心”总不会错;处理人和人的关系,能够“善意、真诚、包容、尊重、理解”大体上就会很好。

大学生是最鲜活的群体,身处其中我也不会老。如今,我的学生们也成了博导、技术专家、企业高管等,成了平凡生活中兢兢业业的不平凡的奋斗者们。我想,与其说学生需要我,不如坦言承认,我更需要他们;与其说我和学生彼此成就、共同成长,倒不如说是学生助我成长成才。这是时间之功。

我的2008:用知识的光辉照耀每一位学生

2008年,我正式登台授课。至今陆续讲授过人文教化与品德塑造、伦理学与生活、西方流行音乐简史、思想道德与法治、文学经典赏析、大学生职业发展与就业指导、职业心理学等课程,授课学生人数已有1万余人。

记得所开设的西方流行音乐简史课程上,我从人类学、社会学、历史学多个维度讲解国内外摇滚音乐。在这门课程中,曾有一位来自宁夏大学民族音乐学的交换生对我印象深刻。她认为,虽然研究的音乐类别不同,但我凭着自己的人文社科知识体系帮助她更好地理解了民族音乐学概论。并且,她自己对音乐的理解从没试过这样的角度,但听了我的课后,知道了从人类学、社会学、历史学视角对民族音乐进行分析,让她对音乐有了不同的人文感受。

十多年前,几名医学院的女生因课程和我成为好友,后来其中一位女生进入瑞典隆德大学深造,我们时常联络,她与我分享外面的世界,我与她交流日常的感悟。与其当一位说教的人生导师,我更愿意以诚相待、将心比心,这样才会如春风化雨般走进学生心里,与他们一起感受生命的美好。

“用生命碰撞生命,用人格树立人格,用个性塑造个性,用情操陶冶情操。”每年的工作述职报告上我都会写这段话。唯有真诚与真情,正直与鲜活才能真正抵达人的心灵。我希望自己始终是以良师益友的身份与学生对话,用知识的光辉照耀每一个人。有人称赞我的人格有魅力,但其实是知识有魅力,是我这个肉身借了知识的光。这是知识之功。

我的2019:用阅读开启思政育人之窗

2019年,这一年是我大思政育人故事的重要节点,是我创作的文学作品出版量井喷之年。我自幼喜欢读书,家中个人藏书万册有余;少时起爱好文学创作,主要从事文学评论、文艺评论及小说、诗歌写作。我曾以“荒原困兽”“ironbeast”“何怀素”等不同笔名刊发文学作品于《书城》《上海文化》《艺术世界》《重型音乐》《私家地理》《读者》等诸多期刊,相关作品被人民网、网易等主流网络媒体平台转载。自2019年起,已陆续出版《这不是故事》《我我我之歌》《困兽之诗》等文学作品,目前还有四本书正待出版。

习近平总书记在致首届全民阅读大会的贺信中指出:希望全社会都参与到阅读中来,形成爱读书、读好书、善读书的浓厚氛围。胡先骕老先生曾说“大学教育,既贵专精,尤贵宏通”。作为大学老师,爱读书、多读书、善读书、要写书,似乎是一种必要和必然。于我而言,多读、多写,更是一件顺其自然、自然而然的事。我从中受益匪浅,学生也自然获益。这是阅读之功。

我的2021:用一朵云推动另一朵云

2021年,这一年是中国共产党成立100周年,我校喜迎百年校庆。我很荣幸能身兼“三职”——在带班和授课的同时,作为学校校庆专班人员为校庆工作服务,并最终获得学校嘉奖。作为校友,我为庆贺校庆、报答母校母院的教育之恩,以个人版税和稿费设立了奖助学金,取名“抱朴”,希望南大学子不忘自己的初心。目前,获得过这项奖助学金的学弟学妹们也已有了人生的另一番精彩。“鼓励年轻有趣的灵魂”是我的初衷,让年轻人在自己的世界展现无限的创造力,迸发出自我的热望,这是一件可贵而美好的事。

我是一个党龄近二十年的老党员了,坚信“真、善、美”的价值观,也愿意自己践行“知行合一”的理想主义的人生观和价值观。我相信我真，有信仰之真、知识之真、情怀之真；我相信我善，有言行之善、目的之善、人格之善；我相信我美，有语言之美，也能审美和创造美。我也敢肯定自己必定青春无悔。人的一生到底能走向多么宽广而深邃的道路，可能需要的是“但行好事，莫问前程”的勇气和锐气。一如我愿，砥砺前行，不负韶华。这是党性之功。

我的 2024：育人者必先育己

2024 年，就是今年。年初，我作为南昌大学思政课兼职教师代表，被江西省教育厅评为“江西省高校思政课优秀兼职教师”，成为江西省思政课专家库成员。习近平总书记在重要文章《思政课是落实立德树人根本任务的关键课程》中提到：经师易求，人师难得。他在文章中明确思政课教师应该具备这六点要求：政治要强、情怀要深、思维要新、视野要广、自律要严、人格要正。我想，我正是这样要求自己的。这是师德之功。

我的 2025：用时间和真情继续守候

2025 年，就在明年。我在南昌大学辅导员岗位上工作满二十年了。我不能简单地说我很喜欢当辅导员，而应该说，干了二十年，我才发现这个岗位简直是为我量身定做。我自诩从小到大博览群书，懂所谓诸多人生道理，最终在这个岗位上找到了落地之处；我喜欢写作，现成的百态人生、多样人性，像不同的窗口、不同的风景，让我产生诸多人生和生活感悟。我不喜欢用“苦、累、压力大、没发展前途”来形容“辅导员”这个岗位。换句话说，我不喜欢用任何一个糟糕的词来形容我待着多年没走的地方。我个性颇有些烂漫天真，总以英雄主义情怀自持，显得有些格格不入，但这又保护了我的心灵。我喜欢武侠小说家古龙先生写的这样一句：“谁说英雄皆寂寞？我们的英雄就是欢乐的！”是的，我要做欢乐的英雄，一个欢乐的辅导员，一个真诚的思政教育工作者，一个走上了职业化和专业化道路的人生引路人，每天被学生关心爱护，一如我关心爱护他们；有时惊心动魄，有时振奋人心，这有何不可呢。人生如激流也好，如缓舟也好，一切终将归于人的初心与原点。如果说，如今我也算桃李满天下的话，我想，那也并不算得我的功劳。这是真情之功。

这一切的美好硕果，都是时间之果，是我在人间的值得和幸福。

严慈并济，用爱护航

信息工程学院　蒋　品

严慈相济，润物无声。作为一名教师、一名辅导员，我所面对的不仅仅是班级里的孩子，还有他们背后的家庭。这是一份工作，更是一份责任。

教育是责任——在患难中帮扶

责任是辅导员第一重要的事情，我们的手机保持24小时都是开机的状态，让学生可以在第一时间就能找到我们处理相关的问题。我记得那是某年12月的一个清晨，通信工程专业的一个女生梁同学突然感觉头痛、发热并伴有腹泻症状。寝室同学发现其全身发烫、高烧不退，按照平时班会布置的要求，紧急给我打电话汇报情况。我立刻起床（当时我住该生同宿舍楼的一楼，学生住八楼）赶到学生寝室，观察梁同学的情况后，立刻让几个同学陪同我一起将梁同学送到校医院急诊。大夫进行了简单的处理后，让该生留院注射吊针观察。随后我跟学生家长进行了联系。该生家住九江，家长几个小时就赶到学校，并和我沟通了详细情况。上午九点上班后，我向学院分管学生工作的副书记进行了详细汇报，领导指示全力做好学生治疗期间的配合工作。诊断治疗两天后，该生仍高烧不退，情况已经变得十分严重，我组织学生干部并会同学生家长将该生转院至南昌大学第二附属医院。次日下午，梁同学转入ICU，生命垂危。除了病情的恶化，随之而来的是另外一个让人头疼的问题——每天一万多元的治疗费用。梁同学的父母是下岗工人，家庭经济十分拮据。对于这样的贫寒学子来说，高额的医药费无疑是一个横在梁同学生命路上的巨大障碍。

我在向学院领导汇报情况后，积极主动将病人家庭及病人有关情况向医院主治医生反映，争取院方理解和大力支持。然后积极联系学校学工处的相关部门，为梁同学紧急借款四万多元垫付相关费用，然而面对特殊的病情，这点帮助还只是杯水车薪。在和学生干部商量后，我首先在班级、学校进行募捐活动，后来又主动与报社、电视媒体联络，呼吁社会爱心人士伸出援助之手。梁同学的病情，南昌大学校领导非常重视，更时刻牵动着广大师生的心，也引发了社会多家主流媒体的广泛关注，社会反响强烈。校内校外爱心人士踊跃捐款，为梁同学伸出援助之手。在送院治疗后的十多天里，梁同学一直处于昏迷状态，我每天从学校坐公交车往返医院，不断地劝说学生家长，安抚其情绪，让学生家长相信学生的背后是南昌大学这个坚强的后盾，还有无数好心人的牵挂和支持。二十多天后，梁同学的病情终于开始稳定，逐步从昏迷中苏醒，病情也一天天好转起来。三个月后，梁同学恢复正常学习生活。出院的梁同学在经过短暂的休息后，马上返回了班级参加正常的学习，并比以往更加刻苦，如今梁同学已经研究生毕业并找到了一份不错的工作。

教育是严格——在工作中执着

对学生要爱护，也要严厉，都说“慈母多败儿”，对学生也是一样，在全心全意地关心学生的同时也要严格要求。对学生的严格要求是建立在爱的基础上的，是一种严格的爱，促进学生养成良好的行为习惯。物流管理专业的郑同学，他是 2010 年从外国语学院转到信息工程学院就读的学生。开学伊始，我就发现该同学经常不在寝室住宿，也不去上课，多次找该生谈话，强调学校的纪律，注意自身的安全，每一次谈话之后他都会改好，但一段时间后又会故错重犯。在第四次谈话后，他连电话也不接了，我找不到他人，又担心他的人身安全，于是决定给其家长打电话，但是发现该生留下的电话不是空号就是没人接电话。没有办法，我只有通过查看该生家的地址，一级级地给其家乡的行政部门打电话，最后通过他们村委书记找到他家的电话，向他家长反映该生在校的问题，要求其家长到校面谈。最终该生在校遵守纪律，顺利毕业离校。该生在离校的时候说：“从没有碰过对我这么负责的老师！”对学生的严格要求是老师对事业负责的表现，也是对学生成长的负责，也是另一种爱的表现。在对学生的严格要求中，也要让学生感受到老师的爱心，让学生在严格中得到提高，在爱心中得到成长，这种伴随着爱的严格才是有利于学生发展的真正严格。

教育是关爱——在生活中奉献

电气信息Ⅱ类有一男生童某，他个性内向，不太能主动表达自己的想法，其他课程都没有问题，只有英语较差。在和他聊天的过程中，我了解到他内向是因为有个强势的奶奶和爸爸，总是不问他意愿就帮他做了决定，厌恶英语是在高中时期受到了不良影响。通过了解他的家庭情况和成长情况，我主动找他聊天，在沟通过程中以他为主，倾听他的想法，让他主动表达意见，另外在生活中也让他积极参与班级活动，鼓励他的进步。其次，我多次和其家长通电话做家长的工作，让其家长要对孩子有信心，多给孩子自己做主的机会。最后，我根据他的英语学习情况，给他安排辅导，帮他找出英语需要加强的地方并进行训练强化。之后该同学的心态有了明显变化，也愿意主动和人交流沟通了，家长对此非常感动。

一线辅导员工作担子重、责任大，带学生的过程中有着种种困难要克服、种种情况要注意。在感到身心疲惫的时候想想学生那些美好的情景犹如电影片段一样蜂拥而至，这些感情是通过日常的接触而不知不觉地积累起来，无论你喜欢与否、接受与否。这就如同母亲伴随孩子成长一般，每当收到学生发的任何一个问候短信的时候，我就觉得所有的付出都是值得的，选择辅导员这个职业无怨无悔。

以爱之名，共筑心灵绿洲

护理学院　白洋松

在美丽的前湖之畔，学校的每一个角落都弥漫着成长的气息，正如那初升的太阳，温暖而充满希望。为积极响应学院关于加强学生心理健康教育的号召，我们班——一个充满活力与梦想的集体，悄然间编织起一张细腻的心灵呵护网，让每一位同学都能在成长的道路上不仅拥有强健的体魄，更拥有坚韧不拔的心智。

心灵的绿洲：心理辅导的温柔启航

在人生的长河中，大一，这个由青涩迈向成熟的转折点，往往伴随着无数次的自我挑战与重塑。学生们如同初绽的花朵，既渴望阳光雨露的滋养，也不免遭遇风雨的洗礼。正是这份复杂与多变，让心理辅导显得尤为重要。我们深知，一个健康的学生，其定义远不止于生理上的健全，更在于心灵的丰盈与强大。因此，在班级这片沃土上，我们精心培育着一块名为"心灵绿洲"的园地，旨在为有心理困扰的同学提供一片可以倾诉、疗愈的空间。

小胡的故事如同秋日里的一片落叶，虽历经风霜，却也蕴含着生命的坚韧。他来自一个漂泊不定的家庭，从小便学会了独立与坚强，但这份坚强背后，却也藏着不为人知的脆弱。父母的忙碌、家庭的变故，如同一块块巨石，压在他尚显稚嫩的肩膀上。面对全新的学习环境，他有过迷茫、有过挣扎，甚至一度陷入了自我怀疑的深渊。然而，幸运的是，在这片"心灵绿洲"中，他找到了属于自己的光亮。

我，作为他成长路上的引路人，尝试着用各种方式去靠近他、理解他。得知他热爱篮球，我便以此为桥梁，组织一场场院际间的友谊赛。在汗水与欢笑中，我看到了他眼中的光芒逐渐亮了起来。每当他在赛场上展现出自己的风采时，我都会第一时间给予最热烈的掌声和鼓励，并将这些珍贵的瞬间录制下来，分享给他的家人。这份来自集体的温暖，如同春风化雨，慢慢融化了他心中的冰霜。如今，小胡已不再是那个孤独的身影，他积极参与各项体育活动，与家人保持着密切的联系，他的笑容，成为班级中最温暖的风景线。

细微之处见真情：宿舍里的心灵对话

如果说班级是心灵的港湾，那么宿舍便是学生最私密、最真实的情感空间。我深知，要真正走进学生的内心，就必须深入到他们生活的每一个角落。于是，我时常穿梭于宿舍楼之间，用一双敏锐的眼睛去发现，用一颗温柔的心去倾听。

一个初来乍到便显得有些落寞的身影引起了我的注意。小罗，没有携带被褥，只有一张凉席。通过深入了解，我得知他家庭贫困，父母在外打工，无暇顾及他的生活。于是，我迅速行动起来，为他申请了助梦飞翔大礼包，让他在南昌大学大家庭中也能感受到家的温暖。

不仅如此，我还利用班会这个平台，鼓励他进行读书分享，让他在交流中逐渐打开心扉，性格也变得更加开朗。每一次的分享，都是一次心灵的触碰，让他在知识的海洋中找到了自信与力量。如今，小罗已不再是那个沉默寡言的孩子，他的笑容里充满了对未来的憧憬与希望。

感恩、惜时、好习惯：主题班会的智慧启迪

除了个别辅导与关怀，我还深知，集体的力量同样不可小觑。因此，我精心策划了一系列主题班会，旨在通过丰富多彩的活动形式，引导学生学会感恩、珍惜时间、养成良好的行为习惯和生活作风。

在“感恩之心”主题班会上，我邀请学生分享自己成长过程中的点滴感动，无论是父母的辛勤付出，还是老师的谆谆教诲，都成为他们心中最宝贵的财富。这份感恩之情，如同春雨般滋润着他们的心田，让他们学会了珍惜与回报。

“惜时如金”的主题班会则让学生深刻体会到时间的宝贵与不可逆。通过时间管理的小游戏和讨论，他们学会了如何合理规划自己的时间，让每一分每一秒都充满意义。

而“好习惯伴我行”的主题班会则是一场关于自我提升的对照与反思。从日常的学习习惯到生活习惯，我一一进行剖析与引导，让学生在潜移默化中养成了良好的行为习惯和生活作风。

结语

在这片充满爱与希望的土地上，我用心呵护着每一颗年轻的心灵。心理辅导活动如同一盏明灯，照亮了学生们前行的道路；宿舍里的细微关怀则如同春雨般润物无声；而形式多样的主题班会则如同智慧的种子，在学生心中生根发芽。我相信，只要用心去做，每一分努力都将化作学生成长路上最坚实的基石。在未来的日子里，我们将继续携手并进，共同守护这片心灵的绿洲，让爱与希望永远伴随着每一位学生的成长之路。

因材施教，让生命之花绽放绚烂光彩

先进制造学院　查振华

在我的求学时光中，我曾经读过《论语》，其中孔子教书的故事让我至今难以忘怀。故事中，子路和冉有两位学生向孔子请教同一个问题，却得到了截然不同的回答。学生公西华不解，面对公西华的疑惑，孔子耐心地解释了其中的原因。这一典故生动地诠释了“因材施教”的深刻内涵。孔子因人而施教、因材而定法，使学生各得其所，成长为各自所能达到的最佳状态。在2021年9月，我成为南昌大学辅导员队伍的一员，和自己的学生已共同度过近三年的时光，这段时光，我收获颇丰，感慨颇多，对“因材施教”的见解也更加深刻。

人生就是一场相逢

2021年高考结束后，来自全国各地的190余名学生汇聚在南昌大学，组成了2021级车辆工程专业和能源与动力工程专业的大家庭。每一位同学都是风格迥异的个体，他们拥有不同的背景、性格和梦想。如何因材施教，展现他们的独特性，发挥他们的长处，发展他们的兴趣爱好，成为我不断思考的问题。开学时，我和每位同学交谈的时候问过一个问题：大学四年，你想成为一个怎样的人，你要做什么去成为你想成为的人？这是我从他们大一开始每年都会询问的问题。面对这些青春洋溢的面孔，我深知，他们每一个人都是一朵含苞待放的花朵，需要细心呵护和引导。

每一位学生都是不同的花朵

如何因材施教？首先，要全方位、多维度去了解他们。开学前一个月，我为每一位同学都建立了一份电子档案。档案中不仅有他们的基本信息，还有他们的兴趣爱好、家庭背景、学习情况等详细记录。开学后三个月，我多次下他们的宿舍，让他们认识我，也让我能够将每位同学的脸庞与名字对应起来。在不断完善他们的基本信息的同时，我与他们进行深入的交流，甚至与他们的父母沟通，努力构建出一个立体的学生形象。

鼓励与肯定是浇灌成长的养分

如何因材施教？其次，要鼓励地、肯定地、“要求”地发展他们的长处和兴趣。每位学生都有自己的长处和兴趣，作为辅导员，我的责任就是帮助他们发现和发展这些优势。有一位小周同学，在一次交谈中向我展示了她对心理学的浓厚兴趣。她告诉我，她正在自学相关知识，并希望能够深入学习。我鼓励她参加学院的舒怀心理工作室，申请学校心理健康教育中心的学生助理，甚至辅修心理学第二专业。小周同学也正如我建议的那样坚定不移地走下去，她不仅在心理学方面取得成绩，还能帮助同学们缓解情绪的问题。

还有一位小王同学，热爱写作，尤其是写小说和散文。在疫情期间，我鼓励他把这段特殊的经历写成故事。他采纳了我的建议，创作了一篇短篇小说，最终在小说大赛中获得了一等奖。看到他们因我的鼓励而取得的成就，我感到无比欣慰。

支持和陪伴是滋养成长的阳光

如何因材施教？最重要的是要成为学生成长的同行者和依靠者。在学生的培养中，专业学习固然重要，但人生引领和精神世界的建立更为重要。每一位学生都是独立的个体，拥有多重身份，他们需要一个倾听者和支持者。

有一天，小沈同学找到我，向我倾诉他想要逃离家庭的烦恼。我邀请他坐下来，递给他一杯水，温柔地说："如果你愿意倾诉，我愿意倾听，这话仅限于这间办公室。"他开始诉说，从他的回忆到现在的困惑，我静静地倾听，感受着他的委屈与无奈。等他讲完后，我轻轻拍了拍他的肩膀，告诉他："如果以后再遇到委屈，可以来找我，这里永远有一杯热水等着你。"

还有一位小于同学，在暑假期间给我分享了她的梦境。她梦见在宿舍被绑架，想起我曾说过的遇到危险要先找我，于是她拼命跑去找别人借电话联系我。她醒来后，第一时间告诉我这个梦。我调侃道："我这是被你们召唤来救你们了。"这样的交流让我感受到学生对我的信任，也让我在他们的成长中找到了自己的价值。

最美的相逢是携手同行

在辅导员的岗位上，虽然时常感到无奈，但我清楚，这条路并不是我一个人的旅程。与我的学生们携手同行，目睹他们自信地迈出步伐，努力追求自强，绽放出属于他们的人生之花，我也在这个过程中悄然成长。彼此的双向奔赴，让我们在精神的高地上相互依靠，共同追寻价值的意义。

我们的使命是"立德树人"，这条道路蜿蜒曲折，难免会有怀疑与迷惘，但我相信，人生的意义不在于结果的显赫，而在于过程中的修行与成长。作为辅导员，我不求轰轰烈烈，而是希望能在细微之处，润物无声地塑造每一位同学，让他们在学习中有所成就，超越自我。

在这条路上，我也曾遇到过不少挑战。有些学生出于家庭的原因，性格内向，难以与人交流；还有些学生因学业压力，情绪低落，甚至萌生轻生的念头。面对这样的情况，我总是尽力伸出援手，给予他们心理上的支持与必要的帮助。记得有一次，一个叫小张的同学，因考试失利而情绪低落，甚至想要放弃学业。我与他进行了多次深入的交流，了解他的困境，帮助他分析问题的根源，鼓励他重振信心。最终，他不仅重新找回了自我，还在后来的考试中取得了优异的成绩。

辅导员的工作虽琐碎，却充满了意义与价值。每当看到学生们在我的引导下逐渐成长，绽放出属于他们的光芒，我的内心便充满了成就感与满足感。我深知，每一个学生都是独特的个体，他们拥有不同的成长背景与人生经历。作为辅导员，我的职责便是发现他们的潜力，帮助他们找到属于自己的道路，绽放出人生的绚丽之花。

未来的路还很长，我将继续坚定地走下去，用心去关爱每一个学生，以行动践行“因材施教”的理念。无论前方有多少挑战与困难，我都会迎难而上，与我的学生们一起，共同成长、共同进步。在这条路上，我坚信，只要我们心怀梦想、坚定信念，未来一定会更加美好。

用心浇灌，开出绚烂之花

信息工程学院　赵　卉

初次见他，是在2023年某个盛夏的午后。

我站在讲台上，底下是一群怯生生的孩子们，其实说实话，当时我的内心也是怯生生的。做了十几年的学生，那是我第一次以老师的身份站在讲台上。望着台下一双双刚经历过高考洗礼却尚未经历过社会捶打的清澈稚嫩的眼睛，我心里在想：我如何能成为他们的辅导员，我究竟能教给他们什么呢？

那是一场班委竞选。我在讲台上与大家简单交代了两句后，便由各班的临时负责人开始组织竞选。在漫长的近三个小时的竞选中，大多是千篇一律的简单陈述，只有他很不一样，当他在黑板上写下自己名字的时候，我心里便一惊：原来是他呀。别误会，我之所以会在百来号学生中特别记得他的名字，可不是由于什么好印象。

早在开学前，这位特别的林同学就曾与我在微信上有过不少交流，其中大多数交流都不太愉快。我到现在都记得他一上来问我的那句："小赵，你是研究生学历？"在我的理解里，小赵这种称呼应该是长辈称呼晚辈才会用到的，作为一个初入职场、亟须树立威信的年轻女老师，我的尊严和面子在那一刻被击碎了。

我想要让他认识到他这么称呼我是不对的，于是我试图通过批评他的方式让他道歉，但我发现我越跟他发火，反而越收效甚微。为什么会这样呢？于是我冷静下来想了想，我之所以会因为一个称呼而发火，难道真的只是由于自尊心受损而想要得到他的道歉吗？是，也不全是。其实我的内心更多的还是为他担忧，担心他日后会由于他的"不讲礼貌"而吃更大的亏。明明出发点是为他好，为什么话到嘴边却成了批评？想到这里我便意识到，我的方法用错了。

初到大学的新生，他们在自己前18年的人生中只有一个特别明确的目标，那就是考上一所好大学，而至于如何为人处世、如何与人交流、如何接触社会，这并不是每一个埋头苦学的学子都有机会锻炼到的。我们要做的，首先就是放平心态，要平等地看待每一个学生。千万不要戴着"有色眼镜"去嫌一个操着一口家乡话的学生太土，也不要先入为主、片面地将学生的“不会表达”视为没礼貌甚至是挑衅。要去学会接受学生的不完美，他的“不礼貌”也许只是不会表达，他的“不表达”也许还是不会表达。

想明白了以上这些，我的心情便平复了许多，于是我开始尝试心平气和地跟他沟通。我构思了很久，给他发了好长好长的一段话，就是想教会他一个特别简单的道理：与人交流，须注意方式方法才能高效省力地获得想要的答复。例如，他问我是不是研究生学历，其实他的目的是想咨询我关于读研方面的疑惑，但他的问话方式却让人听来很像是在质疑我的资历，这真是一个天大的误会。

这长长的一段话发过去之后，我其实内心还有点忐忑。就是这么一个“不讲礼貌”，平时提问又是天马行空、横冲直撞的学生，真的值得我花这么大力气跟他在这讲道理吗？我会不会自作多情了呢？然而，接下来几天他的变化却让我有些吃惊，我发现短短几天他不仅学会了使用敬语，还开始用一些可爱的表情来缓和语气，每次我在系群里发了什么通知，他都会第一个回复收到，跟之前的他判若两人。

林同学说当时看到我给他写了这么长的一段话他非常感动，他感受到了我的真诚与善意，也意识到了自己在语言表达方面存在不足的问题。过了几天，他跑回来跟我说，他这两天用我教给他的方法再去向学长学姐们请教问题感觉容易多了，再也不像之前一样到处碰壁了。听到他这么说，我也是真心地为他高兴。

从那天以后，他依旧会经常来找我咨询问题，聊生活、聊科研，也聊他对学校管理模式的一些看法，有的时候甚至能聊到深夜。我能感受到他是一个很有想法的学生，也是一个对自己有特别要求的人。有一天他跟我说他以后想趁着人工智能的时代浪潮自己创业，目前做的一些科研项目也是在为未来读博想做的前沿技术打基础。了解到他有此志向，我就把他推荐去给院长的实验室帮忙，希望他能在那里学到自己想学的东西。我一直都知道他学习特别刻苦，经常半夜还在楼道学习，不过当我拿到他大一学年的成绩单时，我还是再一次被他的努力震惊到了。他大一学年的平均绩点居然高达 3.97！以将近满绩的成绩稳居年级第一，这在工科专业简直就是神话。我再次感叹人不可貌相，当初那个说话磕磕绊绊、看起来甚至有些笨拙的林同学，居然拥有这么强大的学习能力和心理素质。至此，他也从当初军训时那个由于语言表达不清而经常被同学打趣的小男孩，变成如今令同学们刮目相看、众星捧月的“学习大神”。这一路他究竟付出了多少努力，只有他自己知道。

再回想起一年前初次见他的场景，他为了竞选学习委员的岗位，手里捏着一张皱皱巴巴的竞选稿站在讲台上头都不敢抬。一年后，当他再次站在讲台上竞选学习委员的岗位，他甚至都不需要开口就已经赢了。这一年他已经用自己漂亮的成绩和磊落的为人彻底征服了同学们,大家都很信任他。

当然,学霸也不是这么好当的,毕竟"高处不胜寒"。他心里有关学习的那根弦一直绷得很紧很紧,我经常听他说他其实内心非常焦虑,生怕哪门功课稍有懈怠,成绩就掉下来了。为此我也经常劝他,别把自己绷得太紧,该适当放松一下的时候也要多出去走走看看。后来,我听说他养成了每天长跑的好习惯,这也不失为一种释放压力的好方法。

关于林同学的故事就讲到这里,当然,他的故事未完待续,他的故事也只是我带的 127 个孩子中的一个。未来,我也会与这群孩子们书写更多故事。

用心育人，用爱关怀

第二临床医学院　陆　超

时间如白驹过隙，转眼间，我作为一名辅导员已经走过了数个春秋。这些年里，我与学生们一起经历了很多，他们的故事如同一部丰富多彩的长卷，在我的记忆中徐徐展开。2020 年，我负责三百余名学生的日常生活和学习指导，他们来自不同的地方，有着不同的梦想和追求。

一、初识 2020 级新生与新挑战

2020 年 9 月，在 2015 级学生毕业之后，我开始担任 2020 级新生辅导员。这一届新生与往届不同，除了临床、麻醉、影像等传统专业外，还新增了智能医学工程专业，这对辅导员来说也是一项新的挑战。新专业的设立意味着我们需要改变以往的培养模式和思维，为学生答疑解惑，提供新的指导。

每个学生都是一个独特的个体。随着时间的推移，我逐渐发现，有的学生渴望得到更多的关注和认可，有的则需要更多的自由和空间。如何平衡这些不同的需求，成为我作为辅导员需要不断思考和探索的问题。

二、个性化育人与综合素质培养

在这个过程中，我开始尝试采用更加个性化和多样化的育人方式。对于那些缺乏自信心的学生，我会鼓励他们参加各种实践活动和社团活动，让他们在实践中锻炼自己的能力，提升自信心。对于那些有明确职业规划的学生，我会帮助他们了解行业趋势和就业市场，提供职业规划和就业指导。

除了专业的培养，我也注重学生综合素质的提升。鼓励他们多读书、多思考、多交流，不断提升自己的知识水平和思维能力。我还注重培养学生的团队协作能力和领导力，让他们在未来的工作和生活中能够更好地适应和融入团队。在平凡的辅导员岗位上，我认真勤奋、脚踏实地地做好本职工作，履行好一名共产党员的责任与义务，不断学习与思考，努力推动本职工作的发展。

学习是大学生在校期间的主要任务，但在实际工作中，很多同学在学习中出现了各种

问题。为了使他们能适应大学的学习生活、养成良好的学习习惯、掌握科学的学习方法,我组织高年级的学长学姐给他们讲授学习经验。此外,由于智能医学工程专业的医工融合特性,我还邀请人工智能学院的教授为学生答疑解惑,帮助他们理解前沿科学问题。

三、面临人生选择的支持与关怀

岁月如流,匆匆而过,仿佛昨天还是初见,这届智能医学工程班已经到了大四,即将面临人生的重大选择——升学或者就业。这些年里,我与学生们一起经历了很多,许多同学已经提前来咨询相关问题。对此,我对不同需求的学生提供不同的建议。对于有升学需求的同学,我建议他们早开始、早备考,并且要做到十分专注,学院会给予最大的支持;对于有就业倾向的学生,我会时常分享就业招聘信息,并对时事作出一些解读,为学生就业提供帮助。

在2023年结束之时,我对智能医学工程班学生的整体情况作了大致统计,全班32位同学中,考研考公人数超过八成,学生对未来有较为明确的规划。在备考期间,我和主要学生干部为全班同学准备了考研大礼包,这或许没有特别昂贵的东西,但这份慰问既是学院对学生的关爱和支持,也足以为枯燥的备考生活带来一点色彩。在考前,我反复叮嘱同学们注意考风考纪,并以乐观的心态迎接考试。功夫不负有心人,最终以保研、考研或留学等方式升学深造的学生有16位。

在未来的日子里,我将继续以满腔的热情和坚定的信念投身于育人事业。我会不断学习并提升自己的专业素养,以更好地服务学生、引导学生健康成长。我相信,只要我们用心育人、用爱关怀,就一定能够培养出更多优秀的人才,为社会的进步和发展贡献自己的力量。

愿我们如蝴蝶一样敢于蜕变重生

公共政策与管理学院　赵伊濛

一、人生每一次蜕变，都有挑战和磨难

小陈是一位大一女生，性格开朗，能歌善舞。在开学之初被推荐为班级临时负责人，军训期间由于表现突出被评为“优秀学员”。军训结束后，班级成立班委会，在激烈的竞选中她以一票之差落选，但给了同学们一个甜甜的微笑。她的这个微笑充满了朝气、活泼和坚强，像一只阳光下翩翩飞舞的蝴蝶闪耀着光彩，深深地感染了大家。对于这个竞选“失败者”，大家给予了最热烈的掌声。

好景不长，在接下来的学习和生活中，她渐渐变了：抽烟喝酒，性格偏激易怒暴躁，独来独往，上课经常迟到旷课，时常和室友发生争吵，去网吧、酒吧成了课余生活的全部。这些变化引起了我的注意，作为辅导员，我专门找到她了解其具体情况，通过谈话得知了发生变化的根本原因——其外校男友提出分手。她自己坦言说，自从与男友分手后，她与同学关系开始变得紧张，心理自卑、颓废，甚至有轻生的念头。

二、没有破蛹的勇气，哪来飞舞的美丽

为了让小陈从失恋的痛苦中解脱出来，重新树立对学习、生活的信心，找回自我，我能从哪些方面支持他呢？

第一，采取应急措施，稳定小陈同学的情绪。为尽量让她在最短的时间内冷静下来，我多次以喝下午茶的方式约她，依她的喜好尽量选择能让她放松的地方进行谈心谈话，逐渐让她信任我，愿意打开内心与我进行深度交流。在这个过程中，我成了她很信任的好朋友，接纳了我对她的正向引导，保证不会继续自暴自弃，同时她也答应接受老师和同学的帮助。

第二，启动班级帮扶机制，请任课老师、班导、班委和室友持续关注小陈的言行，发现异常情况及时汇报，保证其安全。我多次与其室友交谈，组织她们通过微信、QQ 等途径给她发送“最想说的话”，给予她关心、理解与支持，让她感受到身边人对她的关爱与帮助。我还指派学生干部密切关注该同学的日常变化，在学习、生活中及时给予她帮助，让她感受到

集体的温暖，产生归属感。最后，取得任课教师的支持，当她取得成绩时给予应有的表扬和鼓励；发现情绪不稳定时，送去及时的安慰和耐心的开导。

第三，采用心理疗法。在工作之余，我结合小陈的实际情况，查阅了相关的资料，咨询了心理老师，帮助她转移、宣泄情绪，减轻她的痛苦。一方面，我鼓励她在周末或节假日和同学、朋友多出去走走，有时我也会约她出去逛一逛，多感受外界，多和不同的好朋友在一起聊聊天，逐渐忘掉不快。另一方面，不断地发现她的兴趣、爱好和特长。在我的多次鼓励下，她参加了艺术团和歌唱比赛，并取得了优异成绩。同时，我还教她学会适度宣泄自己的情绪，通过诉说、哭泣等方式获得安慰，发泄悲愤情绪，以达到心理平衡。

第四，召开主题班会开展挫折教育和生命教育。我在主题班会上带领全班同学一起观看励志短片，通过自立自强的典型事迹来引导同学们正确对待挫折，珍惜生命，树立正确的人生观、恋爱观。同时，我也告诉每一位同学：生活在世界上就有责任，不能因为一点挫折和困难而冲动行事，遇事要冷静分析，对自己的行为负责，对身边的人负责，对得起父母的养育之恩，将责任心、感恩心放在首位。

第五，加强与家长的沟通和交流，取得了家长的支持与配合。为了使小陈从失恋的痛苦中解脱出来，我多次与其家长电话沟通。首先，了解小陈的家庭成长环境和教育方式。通过谈话，我了解到小陈生长在一个典型的严父慈母的家庭环境之中，平时父亲对小陈要求比较严格，反对早恋。为此，我请求小陈母亲替小陈保守这个秘密，并多关心一下她在学校的生活。其次，我及时与小陈母亲沟通小陈在校的情况。在此过程中，全面掌握小陈的心理动态，及时化解其心中的不快，使她尽快走出失恋的阴影。

三、每个破蛹成蝶的瞬间，都值得被歌颂

通过这次事件，我深深体会到处在青春期的大学生虽然生理已经成熟，但他们的心理成熟度远远滞后于生理，无论是学习还是生活中的很多问题他们还不能应对自如，当遇到困难或挫折时不能坦然面对。如果这些烦恼和痛苦长期得不到解决，将影响他们的身心健康。而作为辅导员，在工作中一定要认真学习、勤于思考，不断积累经验，练就快速准确地应对各种突发事件的能力与本领。我认为应该做到以下几点。

一是加强大学生思想政治教育工作的力度，全面深入了解每一个学生，防患于未然，工作中要不断引导大学生树立正确的人生观和恋爱观。

二是开展青春期的生理和心理健康教育，使大学生了解自己的生理和心理特点，教会学生自我调节，逐渐提高心理素质，以此保证大学生身心健康发展。同时，要重视发挥心理健康教育的重要作用，对个别因恋爱问题引发行为异常、心理疾病和心理障碍的学生进行单独辅导，帮助他们恢复信心，避免恶性事件的发生。

三是从爱的角度出发，用真心关爱学生，用真情体贴学生，获取学生的认同。学生工作非常琐碎，但样样牵涉到学生的切身利益，样样关系到学生的成长成才，样样需要老师恪尽职守、细致入微。特别是对一些特殊学生，要尽心尽责地引导他们，不抛弃任何一名学生，不放弃任何一次教育的机会和可能，逐步建立良好的师生关系，成为学生信任的老师。

四是养成良好的学习习惯，不断提高自身综合素质，增强分析问题、解决问题的能力，为学生的健康成长保驾护航。辅导员的工作对象是人，人与人之间存在较大的差异，因此，工作中不能用机械的“一刀切”管理模式，凡事要因人而异、因事而异。这就要求我们平时要养成良好的学习习惯，树立终身学习的理念，在掌握管理学、教育学方面的知识的同时还要掌握社会学、心理学等方面的知识，不断拓宽知识视野，不断更新知识结构，以提高工作效率。

五是搭建良好的社会支持系统和工作平台，及时、全面地掌握学生的动态，将问题消灭在萌芽状态。完善班级心理联络员制度，健全心理危机排查网络，一旦发现有异常情况，在第一时间报告老师；建立方便、快捷的网络交流平台，加强与家长的联系，同时通过微信、微博、QQ 等工具关注学生的思想动态；建立良好的班风学风与和谐的人际关系，让每位同学学有所长、学有所用，获得尊重、信任和支持。

在老师、同学和家长的共同努力下，小陈逐渐恢复了原来的状态，能够积极面对挫折，乐观地看待生活，脸上又露出了往日的笑容。往日那只闪耀的蝴蝶终于挣脱了束缚它的层层枷锁，重铸飘逸的自我，一如尼采所说“永远从你自己飞出”。

在青春的季节中成长

际銮书院　牛　旭

四季更迭,星辰变换。学生时代的风穿过四季,从春的万物萌芽与生机勃勃开始,经由夏的热烈奔放与活泼自由,到秋的丰收喜悦与成长成熟,最后感受冬的静谧沉静与平稳淡泊。青春的脚步迈向一个个阶段,季节的更替也见证着我们的进步与改变。在接近三年的短暂时间里,我守护着学生,也把共同的记忆写进故事里。

一、初春萌芽,关系悄然变化

作为一名心理学专业的兼职辅导员,刚开始接触学生工作,于我而言既是新奇也是挑战。彼此不了解的我和学生们,在一次次接触的过程中打开心扉,我学会了如何引导和帮助学生,而学生也逐渐信任和依赖我。

“这些事情你有跟辅导员说吗?”心理健康教育中心的老师在新生心理问题谈话过程中询问了徐同学关于她提到高中有过自伤行为的事情,而她摇了摇头。经反馈,我了解到该同学有过自杀倾向、严重自伤行为,存在心理问题,需要重点关注。

距离感是需要花时间慢慢消磨的,不断坚持找到突破口总有效果。起初我借着新生谈话机会跟她聊天、了解情况,但明显感觉到她眼神里的“抗拒”。持续半年的时间内,她对我始终保持一种“勿扰勿近”的态度,很难挖掘出她的想法,只能通过短暂的交流获取信息。2022 年 3 月,受疫情影响,楼栋封闭管理,需要学生排长发挥作用。我利用同寝室助理为排长的关系,让她协助工作,通过工作建立沟通的桥梁,在加深了解的同时也能够消除“隔阂”。

我们的关系真正发生变化是在 2022 年 11 月。因为情绪波动过大,她出现自伤行为,无助地找到了我,我在安抚宽慰她的同时主动陪她就医。可能因为我的陪伴与坚持,在医院她主动开始跟我说她家庭的情况以及对于未来的担忧,医生也确诊她存在双相情感障碍问题。从那之后,她开始逐渐信任我,在我的引导下也一点点讲出她内心的感受,我也了解到原生家庭给她带来的伤害以及她对于“亲密关系”的担心,我也知道在她身上的“难”,帮助她慢慢敞开心扉。

这大半年的时间里,我们会在微信问候,也会在线下探讨,从我找她的“被动抗拒”到可以“主动交流”,而我也在逐渐了解她的过程中找到了更适合的交流方法。于她而言,同老师做朋友很难,但是又想建立密切联系,所以我通过制定“暗号”帮助她打破自己的阻碍,让我可以同她交心。对比第一次我见到她的样子,现在的她已经可以很自然地直接找我聊天,拿出本子针对她近期一条条出现的情况和问题与我分享。不同的是,在过程中我们会聊到生活日常,夹杂玩笑,我也不吝啬对她的夸奖。她对我说:“我会习惯性地否定自己,但我感觉到我在变好,谢谢牛姐一直鼓励我。”在未来,我还会持续守护她,也相信“一切都会变好”。

二、盛夏奔放,待觉醒后成长

青春的叛逆,是一场与自我的对话,我们每个人都有“叛逆期”,或许也会做出许多让自己后悔的事,但从发现错误到自我成长更为重要,在挑战中不断成长,在成长中寻找自我。

2024年年初,罗同学主动在QQ上发信息询问我是否有空可以过来聊天,我欣然同意。这次她说:“牛姐,最近我在备考教资,我发现心理学与教育学的内容对我很有用,我也逐渐理解您了,我之前确实有做得很不对的事情,对不起,我也知道老师们的不容易了。”看到她眼里的光芒、笃定的眼神,也让我真切感受到学生工作的魅力与意义,能帮助引导学生形成积极的认识、正向的影响,是一个辅导员工作的重要成果。

说起我和罗同学的故事,其实很简单。在我的印象里,她是个乖巧懂事的女孩子,父母都是老师,但却在疫情时在网上发布了一大段抱怨声强烈且非常难听的话语,在我与她谈话的过程中也偷偷拿手机录音,对我教育她的话是半点听不进去。但可能因为我主动关心教育,后续她反而因为学业、请假、情绪问题、睡眠问题等情况多次找我聊天,在话题中也会询问我一些关于个人发展、专业知识的问题,慢慢地我也发现她也没有了当初的“叛逆”,也能从“听不进”到“有思考”。

这次我再听她跟我侃侃而谈,说着在学习教育心理学理论的过程中能结合我在班会、谈话中的内容,并且能联系实际情况。她还表达了对我的感谢,也充分认识了自己当时不懂事的错误。作为老师,我很开心见到她的成长,也对她作为学生在积累知识的途中不仅仅将知识用于考试,也逐渐懂得提升个人认识的重要性感到欣慰。我也鼓励她结合专业与兴趣可以考虑未来发展方向,在探索的过程中发挥个人价值。

三、秋日怡然,感受收获与成熟

陪伴学生成长的过程也是我作为辅导员自我成熟的重要阶段。自2021年开始工作以来,我也慢慢体会"在做中学,在学中做"的含义。在体会身份角色转变的同时,我也不断在思考作为一名年轻辅导员可以为我的学生带来什么不一样的改变。

记得第一次与2021级全体实验班学生开班会时,我提前准备了很久,思考如何让他们在大学四年时间里面既感受到哪些是珍贵且重要的,又明白如何更好地规划与收获。当天面对教室里刚刚高中毕业且带着青涩单纯的一张张笑脸,我知道接下来的每一场班会、每一次交流都是我们彼此成长的碰撞机会。第一次班会上,我叮嘱道:作为书院学子要"讲规矩、懂尊重、有格局",希望在大学四年的时间里可以做到"学有所长、做有所得、行有所感、终有所悟"。如今他们已经进入大三的结尾,离毕业不过一年多的时间,回看我的学生们,我觉得他们有用实际行动在诠释我对他们的叮嘱。目前,2021级的249名学生整体上都在努力、拼搏,在社会实践、志愿服务方面有闪光的身影,在学科竞赛、科研项目方面硕果颇丰,在综合素质、创新进步方面持续发展。

时间过得很快,不知不觉间我已陪伴他们度过了青春时代的第三个季节。从初春的青涩、夏夜的活泼到秋日的成熟,我相信在毕业时分,他们都能"坚持所爱、不忘初心",在下一篇章里继续描绘人生新画卷。

梦想的经纬线

际銮书院　刘　越

梦想的经纬线，交织着希望与奋斗的轨迹，这条线上的每颗星都代表着一位学生，而梦想则引领着他们前行的方向。在这条经纬线上，奋斗是那根坚韧不拔的经线，它穿越时间的洪流，连接着过去与未来，让我们在回望中汲取力量，在展望中满怀憧憬。而我的这些星星中，还有一根由学生助理团队组成的纬线，我们的合作、默契和互助关系共同编织出了这3年多来的美好回忆。

一、初遇，点亮心灯

2020年刚入职成为一名大学辅导员的我来到了学术氛围浓厚的际銮书院，上岗前院长和副书记向我介绍了南昌大学拔尖创新人才的培养历程以及书院的建院史，这让我意识到我的工作并不简单，我将要教育引导和服务的对象是一群智商很高、富有个性的学生。在这个充满挑战与机遇的岗位上，我的助理团队成为我得力的伙伴。3年多的时间里，我们建立了浓厚的师生情，助理间也建立了深厚的同学情，团队中的每一个成员间无需言语的铺陈，只需一个眼神、一个微笑，便足以传递出深深的理解和无言的支持。在团队的协作中，我们彼此依赖、相互成就。

然而，这一切并非一帆风顺，而是一段充满矛盾、冲突与合作的旅程。正如我开篇所说，我所管理的班级学生，他们的专业背景各异且学习能力很强，初始时，我们团队中的个体差异明显，各自的工作方式也有所不同。这带来了一些矛盾，但我们意识到，正是这些差异让我们更具创造性。在团队中，我们始终秉持着开放、包容、尊重和信任的原则。我们鼓励成员之间坦诚交流，勇于表达自己的想法和意见。我们尊重每个人的差异和独特性，相信每个人都有自己独特的价值。这种信任和尊重让我们的团队更加紧密、更加有凝聚力。

二、挑战，共克时艰

在求学的这条路上，学生们时常会感到孤独与迷茫，但正是这些纬线的交错与支撑，让大家学会了坚持与勇敢，在跌倒后能够重新站起、继续前行。我的助理团队共有8人，其中小肖同学将所有实验班的课表统计出来，再根据课余时间给我“布置”好每个会议时间；小王同学则负责整理每次会议的议题和材料,留存好会议纪要并跟进各班班委落实各项工作要求;小李同学负责维护和更新系统数据;小邱同学负责协助我做好学生党员发展工作……正是在这种紧密的协作中,我们逐渐形成了一种互相关心的氛围。午后,当大多数人都沉浸在午休的宁静中时,我和助理们还在忙碌着。我们需要整理学生提交上来的材料、准备晚上的会议材料、回复学生的消息或答疑……每一项工作都需要大家的细心处理,不容有丝毫马虎。虽然我们的眼神中透露出疲惫,但更多的是坚定与责任。在工作中,我们不仅互相支持,更时刻留意着彼此的需求。这种关心并非限于工作,更是在生活中相互扶持,形成了真挚的友谊。

三、成长,蜕变之路

校园里不仅有知识的海洋,更有情感的暖流在我与学生之间缓缓流淌。我以一位大朋友的身份,走进了学生们的校园生活,无论是学习上的压力、人际关系的困扰,还是对未来的不确定感,我都需要耐心倾听,用心去理解,再用自己的经历和智慧为学生们提供建议和支持,帮助他们找到解决问题的方法,教会他们如何面对生活的挑战。处理学生矛盾,是我们工作中不可避免的一部分。尤其是在处理学生问题时,不同的观点和立场经常会产生摩擦。记得有一次,一位学生因为选修课程的安排冲突,情绪激动地在网络上宣泄自己的不满,我的助理小刘,一个温柔的男生,他主动找到该同学沟通,并认真地记录好学生反映的问题,联系教务负责老师解决问题并将处理结果向我汇报。这个过程中,我并没有直接告诉小刘"你要怎么做",而是鼓励他从学生的立场上出发,设身处地地去为同学们考虑问题。同时,面对同学激动的情绪,我教育小刘如何正确地对待和克服不良情绪,如何利用有效沟通来解决实质性的问题。

冲突,也是我们在工作中经常遇到的问题。尤其是在处理突发事件时,如何在短时间内作出正确的决策,是对我们能力的极大考验。有一次,一位学生从宿舍的床上摔下,全身不得动弹。当时是清晨,接到寝室长电话后,我和学生助理小王立刻前往事发寝室,帮助寝室长准备必需品,等待救护车的到来。受伤学生送医后,她立刻联系保安要了一张折叠床,搬到学生寝室,并转告受伤学生不用担心爬床困难的问题,养伤期间可以睡在下面的折叠床上。这次事件的处理,尤其是事后的跟踪服务,不仅展现了小王的应急能力,也让我认识到助理们在潜移默化中学到了很多、成长了很多,我们的工作也变得越来越有温度。

四、感恩,心语相传

我与学生之间的故事,不仅仅是会上的交流和谈心辅导,更多的是课外的陪伴和共度时光。无论是组织丰富多彩的校园文化活动,还是一起带领学生参与社会实践和志愿服务，我们一起笑过、哭过，努力过、奋斗过，这些共同度过的时光成为彼此心中最宝贵的回忆。大到活动策划、小到每次晚查寝，无论是深夜里的紧急事件，还是日常工作中的琐碎事务，我们总是能够默契配合、迅速行动，作为一个共同体而团结协作。我们相互鼓励，相互学习，相互启发，共同提升。

回首这些年的工作历程，我深感幸运和自豪。因为有这样一群助理团队成员，他们不仅在工作中给予了我巨大的帮助和支持，更在与学生的互动中展现了深厚的关爱和责任心。他们是我育人故事中最美的音符，也是我工作中最宝贵的财富。

在未来的日子里，我将继续与我的助理团队携手共进，共同谱写更多美好的育人篇章。我相信，在我们的共同努力下，我们一定能够培养出更多优秀的人才，为社会的进步和发展作出更大的贡献。

与爱同行，向阳生长

建筑与设计学院　张　婷

以心为犁，以爱为种，精耕细作，培根铸魂，启智润心。作为一名辅导员，以立德树人为本，以三全育人为要，做思政工作的主攻手、学生成长的引路人，这是辅导员的宗旨，也是辅导员的使命。

一、守护心灵，照亮前行之路

时光荏苒，转眼间，我已站在辅导员的岗位上四载有余，“辅导员”的身份，赋予了我一份责任与使命。这段旅程追溯至本科时光，我有幸提前涉足辅导员的工作领域，这段宝贵的经历如同灯塔照亮了我前行的道路，引领我坚定地踏上了思政工作的征途，决心深入探索并实践这一神圣职业，成为学生心灵的守护者与引路人。

2020 年 11 月，我妥善处理了一起紧急的学生事件。一名 2019 级的女生在夜幕降临时分突遭精神困扰，在寝室内举止异常，情况危急。我即刻采取行动，迅速与其家长取得联系，并亲自陪同她前往医院。然而，疫情的不期而至为治疗之路增设了重重障碍，住院手续难以及时办理。面对此况，我两天一夜一刻不离地守在她的身边，直至她的家人到来。新学期的晨曦中，她与父母一同重返校园，彼时的她，已重拾往日的笑容与活力。她步至我面前，眼神中满含感激，轻声言道：“婷姐，我想抱抱你。”随即，我被一个温暖的拥抱紧紧环绕，那一刻的拥抱，不仅是温暖的传递，更是对我选择的无悔与肯定，让我更加坚信我所选择的道路，虽充满挑战，却意义非凡。从此，我更加坚定了作为辅导员的信念，愿做学生心灵的守护者，为他们筑起一道坚实的防线。

二、携手并进，共绘青春画卷

2021 年的金秋，我迎来了新一届的学子，他们如同初升的太阳，充满活力与希望。三年时光，我们共同经历了无数个日日夜夜，从陌生到熟悉，从青涩到成熟，每一步都留下了我们共同的足迹，一件又一件的小事陪伴着我们彼此成长。

记得有一位同学，她积极上进，有明确目标，努力争取奖学金，但出于个人原因错过了计算机考试的缓考，与奖学金失之交臂。对于一贯成绩优异的她，那次奖学金评定的失利无疑是一记沉重的打击。在那段日子里，她的世界仿佛被阴霾笼罩，情绪低落至谷底，食欲不振、夜不能寐，甚至健康也亮起了红灯。更为严重的是，她内心那份因未获奖学金而生出的自责与自卑，让她在消费上也变得小心翼翼，几近吝啬，仿佛失去了往日的自信与风采。她的父母得知此事后，心急如焚，频频尝试以温暖的话语抚平她心中的创伤，却未能立竿见影。得知这一情况后，我深感责任重大，于是频繁地与她促膝长谈，倾听她的心声，走进她的内心世界。我深入她的寝室，细致观察她的日常状态，用行动诠释着关怀与理解。在我的耐心引导下，她逐渐从自我否定的迷雾中走出，重新找回了前行的方向。我鼓励她正视挫折，将其视为成长的磨砺石，不破不立，以此次经历为动力，更加坚定地迈向未来，誓要在明年的奖学金评选中获评，甚至向更高荣誉发起挑战。

随着时间的推移，她的变化显而易见。学习上，她重拾热情，动力满满；生活中，她恢复了往日的活力与笑容，整个人焕然一新。她的家长特地发来短信，字里行间洋溢着感激之情，他们惊喜地发现，孩子与我交流之后，不仅心情大好，身体也迅速恢复了健康与活力。那一刻，我的心中充满了前所未有的满足与自豪。

她的转变，让我深刻体会到辅导员的价值所在——在学生的成长路上，我们不仅要是陪伴者，更要成为学生心灵的灯塔，照亮他们前行的道路，在他们迷茫与困顿时伸出援手，引领他们走向更加辉煌的明天。

三、同舟共济，共赴成长盛宴

在育人的道路上，我收获的不仅仅是学生的成长与进步，更是自我价值的实现与提升。在与学生们朝夕相处的过程中，我见证了他们从懵懂无知到独当一面的蜕变。我带的九个班级，班长群体在大二时实现了学习上的飞跃，成绩均跃居班级前三名，更有四位佼佼者跻身年级前十，这份成绩见证了我们共同的努力与坚持。除了学术上的精进，我亦不遗余力地激发学生们的主观能动性，鼓励他们投身社会实践，参与志愿服务，勇攀科研竞赛的高峰。我鼓励他们探索自我，明确目标，规划未来，让每一位学生都能在适合自己的舞台上熠熠生辉，绽放出独一无二的光芒。

同时，我也在不断地学习、成长与反思。我学会了如何更加敏锐地发现问题、更加有效地解决问题；我学会了如何以更加宽广的眼界看待世界、以更加积极乐观的态度面对人生。这段经历让我深刻体会到，辅导员与学生之间的关系远非单向的照顾与管理，而是一种相互温暖、相互成就的美妙联结。学生们以他们的纯真与热情温暖着我，用他们的成长与进步浸润着我,也让我在成长的道路上越走越远、越走越坚定。

回望过去几年的辅导员生涯,我深感荣幸与自豪。我深知作为辅导员的责任重大而神圣。在未来的日子里,我将继续秉持立德树人的初心与使命,以更加饱满的热情和更加坚定的步伐走在育人的道路上。我希望自己能够像一束光一样照亮学生的前行之路,同时也在不断的磨砺与成长中逐梦前行,真正做到守初心行稳致远,担使命进而有为。

只要不放弃自己，就还有机会

人文学院　徐国林

高校辅导员是大学生的知心人、热心人、引路人，是大学生的知心朋友和人生导师，对大学生的成长成才起着重要的作用，而我就是高校辅导员中的一员。

小吕同学是我所带班级中的一员，也是一名毕业年级学生。四年来，我们打过不少交道，我也一步步看着他从一名胆小怯懦、自卑自闭、懵懵懂懂的学生成长为一名阳光开朗、积极有为、努力向上的青年学子。这一路，我和小吕同学有着太多的故事。

一、胜人者力，自胜者强

小吕同学是一个安静低调的高个子男生，大一入学军训时，他总是喜欢一个人站在一边，不怎么与别人说话，在新同学中显得那么格格不入。我注意到了这个情况，在走访新生寝室的时候，我特意认识了一下这个男孩子，并开始尝试与小吕同学进行沟通。

小吕同学第一次来到办公室的时候显得特别紧张，甚至有一些口吃，我问他为什么会这样紧张，小吕同学说："老师，从小到大我都没有被人关注过，也很少有老师会这样直接找我聊天。"我给他倒了一杯水，让孩子不用这么紧张，问道："小吕，你对你的未来有什么规划呀？"小吕很紧张地说："老师，我觉得我能力不行，也不太会与他人沟通，希望能够顺利毕业，然后再去找一份简简单单的工作。"

通过小吕自己的表述，我能够感受到孩子目前缺乏与人沟通交流的能力与机会，于是鼓励道："小吕同学，我们进入大学的第一步是需要更深入了解自己一些，你可以多试试去加入我们的学生会或者学生社团，去试试自己能不能变得更好，等你知道自己需要什么或者擅长什么，我们就朝着这个方向去努力！"小吕同学说："老师，我没试过加入社团，我可以有这个机会吗？"我安慰道："只要我们自己不去放弃自己，那就一定是有机会的！有道是'胜人者力，自胜者强'，我们需要做的就是努力做到最好的自己！"小吕点了点头，隔天便去参加了学生会的面试，成为院学生会的一名工作人员，他一脸兴奋地来给我说他入选的消息。我也倍感欣慰，作为一名辅导员老师，能够帮助学生走出自闭自卑的阴霾，是我们的育人使命之一,也是我们这份职业成就感的所在。

二、不求近功,不自菲薄

2022年,小吕同学已经大二了,此时正在院学生会担任部门负责人之一。经过学生会的工作锻炼,他相较于大一时期的内向自闭已经有了很大的改变,开始经常与同学们沟通交流,并且和我也成了很好的朋友,会经常来我办公室和我沟通最近的心理状况。

在5月的一天,小吕同学来我办公室,和我聊起了学生会的一些工作,虽然我并不涉及团委和学生会的工作,但我也很愿意与学生进行沟通交流。他挺不好意思地和我说:"老师,我有一个不成熟的小想法,不知道能不能听听老师的建议?"在我表示同意之后,小吕同学表示:"我……我想在这一次学生会换届的时候尝试竞选一下我们学院的学生会主席,不知道有没有戏。"我说:"你有这个想法当然是好事情呀,但是这其实就像以后找工作一样,你同时也要具备相应的知识和技能,比如公文写作、与人沟通等,这样才能去胜任这样一个岗位。"小吕同学说:"老师,这些我在课堂上好像都没学过呀,我是不是只要在课堂上学得很认真就可以了呀?"我一脸严肃地告诉孩子:"课堂上的知识只是我们实力的一部分,更重要的是我们的综合素质,是使得我们比别人更有竞争力的一项能力,如果想成为一名合格的学生会主席,乃至做好以后的工作,一定要成为一名综合发展的青年。只要你不放弃自己,就还有机会。"

小吕同学很认真地吸收了我的建议,开始了解公文写作、脱稿演讲等多方面的知识与能力,从一开始的学习成绩好慢慢成为一名阳光外向、综合素质高的优秀学生。后来他在换届的时候成功当选为学院学生会主席,后续又被评为优秀共青团干部标兵。

三、志之所趋,无远弗届

转眼到了大四上学期,留给毕业生的选择一下多了起来。此时的小吕同学已经成长为一名品学兼优的好学生,有一次我问小吕:"你后面打算怎么规划自己的人生,是保研到外校,还是选择报考公务员,或者是去尝试一下选调生的道路呢?"小吕同学听了之后,一脸认真地告诉我:"老师,我哪里都不想去,我想选择担任兼职辅导员,我也想成为像您一样的辅导员。"我当时正在喝水,闻言便呛到了,因为没想到他会有这样一个回答。"你为什么想成为一名辅导员啊?""老师,是您在大一的时候指引了我,让我走出了自闭自卑的境地,成就了我不一样的人生道路,今后我也想像您一样,努力成为一名高校辅导员,为其他学生指引方向,只要学生自己不放弃自己,我就努力让他们变得更好!"

如今,小吕同学已经成为兼职辅导员的一员,他正不断充实自己,学习辅导员的知识技能，为努力成为一名光荣的辅导员而奋斗。

其作始也简，其将毕也必巨。作为一名辅导员，要始终将立德树人作为自己的工作首位，将育人工作贯穿在工作的方方面面，用心去关注每一个学生。我们的一言一行、一举一动都会在学生心中留下爱的种子与善的力量，并且鼓舞学生在接下来的学习和生活中踔厉奋发、勇毅前行，让每一位学生都能点亮属于自己的人生火炬。

相伴最美时光，幸福遇见花开

资源与环境学院　周凤娇

每个人的人生都有两条路:一条用心走,叫作梦想;一条用脚走,叫作现实。心走得太慢,现实会苍白;脚走得太慢,梦不会高飞。人生的精彩,总是心走得很美,且与脚步能合二为一。而我,捧着一颗初心而来,只为你梦想的脚步走得更加坚定有力。

美好遇见:勇做追梦人

那年秋季的阳光如金色丝绸般温柔地洒在校园,每一个转角都似乎隐藏着梦想的气息。当青涩而充满激情的新面孔涌入视线,我知道,这将是一次美好的遇见。作为高校辅导员,我与这群年轻的追梦人正式开启了我们的故事。

小张,一个来自偏远山区的孩子,眼中闪烁着对知识的渴望和对未来的憧憬。他告诉我,他的梦想是成为一名工程师,把家乡建设得更加美丽和富饶。我鼓励他,告诉他只要努力,梦想就能照进现实。

小李,一个活泼开朗的女孩,总是带着灿烂的笑容。她的梦想是成为一名老师,在三尺讲台上传递知识与力量。我支持她,告诉她讲台属于勇敢追梦的人。

每一个学生,都有他们独特的梦想和追求。作为辅导员,我们不仅是他们人生路上的引路人,更是他们追梦路上的同行者。我们共同经历了成长的困惑、挑战与失败,也分享了成功的喜悦与自豪。

肩负使命:甘做引路人

作为辅导员,我深知自己肩负着培养学生、引导他们走向正确人生道路的重要使命。这不仅仅是一份职业责任,更是一份对年轻生命的深深承诺。

我时常与学生们分享我的人生经历,告诉他们如何在人生的十字路口作出正确的选择。我倾听他们的心声,了解他们的需求与困惑,帮助他们建立正确的人生观和价值观。

当学生们面临困难时,我始终与他们站在一起,为他们提供支持和帮助。无论是学业上的困难还是生活上的挫折,我都尽我所能为他们提供指导和建议。

我坚信,每一个学生都有自己的潜力和价值。作为辅导员,我的使命就是激发他们的潜力，帮助他们成为更好的自己。

百花齐放：幸做见证人

在校园里，每一个学生都是一朵独特的花朵，他们各自绽放着不同的色彩和芬芳。作为辅导员，我有幸成为他们成长道路上的见证人，见证了他们从稚嫩到成熟的蜕变过程。

小王，一个曾经内向害羞的男孩，通过参加各种社团活动和志愿服务，逐渐变得自信开朗。他在一次演讲比赛中获得了优异的成绩，那一刻，我看到他眼中闪烁着自信的光芒。

小赵，一个曾经对学习毫无兴趣的女孩，在我和其他老师的鼓励下，逐渐找到了自己的兴趣所在和适合自己的学习方法。她开始努力学习，成绩也有了显著的提高。当她收到心仪大学的研究生录取通知书时，她紧紧抱住我，眼中充满了感激与喜悦。

这些学生们的变化和成长，让我深感欣慰和自豪。我见证了他们的努力和拼搏，也见证了他们的成功和辉煌。每一个学生的进步和成就，都是对我工作的最大肯定和鼓励。

加油青春：永做幸福人

青春是短暂的，也是宝贵的。作为辅导员，我始终坚信每一个学生都有自己的潜力和价值。我鼓励他们珍惜青春时光，努力追求自己的梦想和目标。

我时常为学生们加油打气，为他们提供支持和帮助。当他们在学业上取得好成绩时，我会与他们一起庆祝；当他们在生活中遇到困难时，我会尽力给予他们帮助和建议。

同时，我也深知自己的幸福来自学生们的成长和成功。当我看到他们一个个走出校园、成为社会的栋梁之材时，我感到无比欣慰和自豪。我相信，只要我们一直坚守初心、勇于担当，我们就能与学生们共同创造更多的美好回忆和辉煌成就。

在高校的校园里，辅导员与学生们的相遇是一种美好的缘分。我们有幸成为他们成长道路上的引路人和见证人，陪伴他们度过青春中最美好的时光。在未来的日子里，我将继续肩负起使命，为更多年轻的心灵引路照明。无论岁月如何流转，我都会珍视这段与学生们共同走过的美好时光。

第三编　春风化雨润心田

——心理随风润物

做一个擦星星的人

经济管理学院　盛智祺

在菁菁校园的一隅，作为高校辅导员，肩负着播种希望与培育未来的使命。在这片充满青春气息的天地间，学生们如同浩瀚夜空中闪烁的星星，各自怀揣着璀璨的梦想，却也偶尔被现实的阴霾所笼罩，经历着成长的困扰与挑战。

我所带的一位大一新生小明，在入学前与他的交流中，我感受到他如同晨曦中微露的阳光，虽柔和却略带羞涩。在这光芒背后，我却察觉到他内心深处隐藏的阴霾，那是一种难以言喻的心理困境，让他仿佛置身于茫茫迷雾之中，失去了前行的方向。每当与小明交谈，我都能感受到他字里行间流露出的自我质疑与否定，仿佛他站在世界的边缘，对周遭的一切既陌生又局促。他的眼神中，时而闪烁着迷茫，时而流露出对未知的恐惧。

新生报到正值疫情防控期间，小明的世界似乎依旧被一层无形的网所笼罩。新生群中的返校信息如潮水般涌来，而他却如同沉默的礁石，静静地躺在那里，未曾回应。问及他的报到计划，更是一片空白，我深知，这背后定有隐情。在沟通中得知，小明从未独自踏上过远行的路途，火车的轰鸣、人群的喧嚣对他而言都是那么遥远而陌生。更令我心疼的是，他甚至没有足够的资金去购买那张通往未来的车票。当我试图靠近他，想要为他撑起一片天空时，他却像是一只受惊的小鸟，对我伸出的援手充满了抵触。

这份抵触，让我对他多了几分心疼与好奇。我开始思考，究竟是怎样的经历，让这位本该在青春年华里肆意奔跑的少年，变得如此敏感而脆弱。我决定，要更加耐心地陪伴他，用我的温暖去驱散他心中的阴霾，让他重新找到前行的方向。在入学的第一堂主题班会课上，我的目光不由自主地被一位戴着口罩、蜷缩于角落的少年牵引。他仿佛是夜空中最孤独的星辰，拒绝着周遭的温暖，眼神中交织着迷茫与无助。未曾料想，开学的第一个周末，月光轻洒的周六夜晚，我的 QQ 界面跃动起他发来的消息，字里行间透露着青春的迷茫与沉重——“老师，我觉得我的人生毫无意义。”“人活着到底为了什么呢?”“我觉得什么都没意思，对什么都不感兴趣，也没有继续活下去的勇气和信心。”看到消息的我十分震惊，也很担忧，当即赶往学校。

那一夜，南昌大学的灯火与星光交织成一幅梦幻的背景，我们踏上了一场心灵的校园马拉松。作为新入职的引路人，我与这位初来乍到、内心迷惘的少年在校园的每一个角落留下了足迹，也留下了心灵的对话。我们穿梭于林荫小道，漫步于图书馆前的静谧，攀登至教学楼走廊眺望远方，每一处风景都成了我们探讨生命、分享故事的舞台。

在这场长达四小时的深度交流中，我首次领略了南昌大学的全貌，而更重要的是，我初次窥见了小明内心深处的风景。那些关于梦想、失落、探索与渴望的故事，如同涓涓细流，缓缓汇聚成一条宽广的河流，滋养着彼此的心田。那一刻，我深知，作为老师，我不仅是知识的传递者，更是学生心灵的灯塔，照亮他们前行的道路。

在那漫漫长夜的谈心中，我如同一位耐心的舵手，引领着小明的思绪穿越迷雾与荆棘。他的困惑与哀愁，如同秋夜细雨，轻轻洒落在我的心田，我细细倾听，试图捕捉那每一丝不易察觉的哀伤。在我的温柔引导与不懈鼓励下，小明的心扉渐渐敞开，如同初春的花朵在晨曦中缓缓绽放，展现出他独特而深邃的成长轨迹与内心世界。

当时间的沙漏悄然滑至凌晨的边际，小明的面庞上终于绽放出了一抹久违的轻松与释然。他告诉我这是他生命中最为温馨与自在的一刻，仿佛漂泊已久的灵魂终于找到了归宿。他未曾料到，竟有人能如此深刻地理解他，这份意外的温暖与安慰，如同冬日里的一缕阳光，温暖而明媚。

自那以后，每当我们的目光在校园的某个角落相遇，小明都会亲切地唤我一声“姐”，那简单的称呼中，蕴含着无尽的信任与感激。而我，也始终将这份情谊珍藏在心，时常通过电话或微信询问他的近况，关注他的生活点滴。我在他的朋友圈里默默点赞，分享他的喜悦与忧愁，努力成为他大学生活中的一抹亮色。

我主动跨越心与心的距离，用关爱与支持编织成一张温暖的网，让小明感受到家的温馨与安宁。他开始更加主动地向我敞开心扉，分享他的生活琐事、内心的困惑与梦想。而我，作为同行者，耐心倾听他的每一句话语，给予他最真挚的建议与指导。在这段相互陪伴的旅程中，我们共同见证了彼此的成长与蜕变。

在一次交谈中，我发现小明写着一手漂亮的毛笔字，仿佛穿越了千年的时光，一笔一画都承载着他对传统艺术的深情厚谊，我由衷地赞叹。2023 年教师节，小明以墨为礼，赠予我一幅亲手书写的作品，那不仅仅是纸张上的文字，更是他心中最真挚的情感流露。这份礼物，让我深切感受到了师生间那份不言而喻的情谊。在日复一日的交流与鼓励中，小明仿佛脱胎换骨，从那个羞涩内向的少年逐渐成长为一位开朗自信的青年。他开始主动拥抱世界，与朋友并肩同行，在健身的汗水中挥洒青春，在学习的海洋中遨游探索。他的世界因此而变得更加宽广,心灵之窗也悄然敞开。

大二的上学期,小明的心中萌发了一颗创业的种子。他毫不犹豫地向我敞开心扉,分享他的梦想与计划。我笑着打趣道:“你这小家伙,怎么什么都告诉我呢?”他眼神坚定地回答:“因为你是我最信任的人,也是我最需要的引路人。”那一刻,我的心被深深触动,仿佛看到了他心中那片浩瀚无垠的宇宙正闪烁着希望与梦想的光芒。我愈发理解了教育的真谛——它不仅仅是知识的传授,更是心灵的触碰与灵魂的共鸣。正如那句深刻的话语所言:“教育的本质是一棵树摇动另一棵树,一朵云推动另一朵云,一个灵魂唤醒另一个灵魂。”在与小明的相处中,我深刻体会到了这份心心相印的旅程所带来的美好与感动。我们彼此传递着爱与信任,共同成长、共同前行。

2024 年春节,当第一条来自小明的祝福短信跃然于手机屏幕之上时,我的心中涌动着难以言喻的欣慰与喜悦。他的变化让我更加坚信:只要我们用心去关爱每一个学生,用爱去滋养他们的心灵,他们定能在我们的陪伴下绽放出最耀眼的光芒。

小明仿佛是夜空中那颗被尘埃遮蔽的星辰,长久以来,在茫茫黑暗中徘徊,失去了自己的光芒。然而,正是我的耐心,如同细雨般温柔地滋润着他干涸的心田;我的细心,犹如微风轻拂,轻轻吹散了他心头的阴霾;而我的爱心,则如同璀璨的阳光,穿透云层,照亮了他内心的每一个角落。在这段旅程中,我陪伴着他,一点一滴地擦去了他内心的尘埃,让他的光芒重新绽放。

从此,我更加珍视与学生之间的每一次相遇、每一次对话,因为我知道,这些都是他们成长道路上不可或缺的风景。我相信,只要我们用心去倾听、去理解、去关爱每一个学生,他们都能在我们温暖的陪伴下勇敢地走出自己的路,让每颗星星都熠熠生辉。

成为那一束光 照亮他的心房

数学与计算机学院 黄紫筠

每个生命都是一个特别美好的存在,只是心中有一个隐秘的角落,隐藏着最脆弱的情感和最深的期盼。走近每一个生命,点亮每一个梦想,这是我们高校辅导员肩上的使命和重任,也是高校育人工作最体现人文关怀和人性光辉之处。不需要惊天动地的举动,我们用心传递出去的一个微笑、一句鼓励或是一份陪伴,都可以成为学生心中的那束光,照亮他们前行的道路。

一、遇见

2021 年,我迎来了辅导员生涯中的第二届新生,有数学专业也有物理专业的学生,一共 271 名。面对这么多学生,要做到全面了解并不容易,我制订了一个详细的计划,逐步走近每一个孩子,了解他们的烦恼和需求。这些谈话不仅让我更加了解他们,也让他们感受到来自辅导员的关心。

第一次和赵同学见面,他皮肤黝黑、个头不高。看着他一脸愁容、满脸疲惫的样子,我有点心疼,不知道他经历了什么。一开始,他话并不多,一直低着头,不敢看我的眼睛。跟他分享我的成长故事后,他才慢慢敞开心扉。

他说,爸爸是一名老师,妈妈在医院上班。从他小时候起,爸妈就吵架不断,两天一小吵、三天一大吵。爸妈一吵架,妈妈就会跟他和妹妹抱怨,所有的负面情绪全部由他和妹妹承接了。现在,爸爸妈妈离婚了,妈妈还是没有停歇,经常逼迫他去跟爸爸要生活费,没要到就不让他回家,把他骂到骨子里都难受。他流泪了,我看到一个孩子从小到大生活在动荡不安的家庭里,那个家于他而言没有温度。

后来,他还来了解寒假可不可以申请留校,因为在家待着太压抑、太难受了。我跟他爸妈分别沟通后,家长达成一致意见,由爸爸来接儿子回家过年。临走前,他问我寒假有什么事情可以做,他想把寒假生活过得充实些。我引导他多读书,从书中感受古人的智慧。同时,我把他推荐到空间研究院一名老师的科研团队。真没想到,他被老师选中了,他的科研生活就从那时候开始了。

过年回来，我们有过几次谈话，感觉他没有之前那么不开心。后来因为院系调整，我不再担任他的辅导员老师，但我跟他说，只要他有需要，随时可以来找我。

二、陪伴

2024 年 1 月的某天晚上十点钟，我看到他的 QQ 留言，于是立马联系他。电话那头，他一边哭一边喊："为什么要生下我？当时我快要没呼吸的时候，为什么要把我救下来？我来到这个世界就是受苦的。我活得好痛苦啊！妈妈的谩骂就像紧箍咒一样压得我喘不过气来。"一顿发泄后，他说到家里的事儿，原来是妈妈摔跤住院了，就因为照顾陪护的事儿，妈妈和姥姥起了争执。他要去做一个大人的角色，处理好家里的各种关系，一番努力之后，妈妈还不满意，对他一顿臭骂。他觉得活着没意思，不想活了。我就一直静静地陪着他，听他说，直到他的情绪稳定下来。

我看到一个特别努力、竭尽全力想去满足爸妈的孩子，一个过度负重、过早承担的孩子。我把我的感受告诉他，鼓励他道："你可以做自己的！"在一遍遍地确认后，我感受到他的情绪平稳了，随即跟分管学生工作的学院副书记留言，简单作了汇报，并确认他有没有回寝室。第二天，他跟我说："老师，谢谢你昨天听我说了这么多！没有你，我不知道自己能撑多久！"

三、成长

有一天，他开心地跑来告诉我一个特别大的好消息：他以第一作者身份在地学类刊物的顶尖杂志上发表了一篇论文。在为他取得成绩而开心的同时，我还关心他过得好不好。他说家里还是老样子，爸妈虽然离婚，但纠缠不断、吵闹不停，他和妹妹没有半点清静。我安慰他说："我们选择不了我们的父母，但我们可以选择我们自己要过的人生。所有过去走过的路、经历过的苦难，未来都会指引着我们走向幸福和光明。"

他也跟我分享了他的纠结，他之所以发这篇论文，是团队科研项目要出成果的需要，他自己并不是真的很喜欢空间物理这个研究方向，也不打算读研时继续攻读这个方向。而对于读研继续学习的方向，爸妈也有要求，要他攻读计算机专业，因为计算机专业有"钱"途。在他纠结、害怕做决定的时候，我坚定地告诉他："跟着你自己的心走吧！在一个自己都不是很感兴趣的专业你都可以干出一番成绩，还怕感兴趣的专业会学不好吗？我相信你可以的！"就这样，他带着一份信心，重新开始寻找自己的兴趣。

如今，他在准备保研，更重要的是选择了自己感兴趣的方向。看到他由原来的胆怯、自卑，成长为现在的自信、睿智，不仅专业知识很扎实，学术竞赛成绩很突出，很擅长自学，跟家人相处也日渐融洽，这是多么华丽的成长和蜕变。我由衷为他感到骄傲和开心！

作为一名辅导员,我愿意走近学生、了解学生,倾听他们的心声,用心去呵护每一位遇见的学生,成为他们温暖的港湾,一个可以让他们停下来歇一歇再轻装上阵的港湾！我想俯下身子、沉下心来,在他们迷茫无助的时候静静守护和陪伴,在他们陷入低谷的时候给予暖心帮助和鼓励,在他们取得进步的时候一起欢呼雀跃,用心去做一个温暖有爱的辅导员,成为学生心中的一道光,去照亮他的心房,给他温柔,陪伴他成长!

成长如诗

生命科学学院　李勋龙

作为大学辅导员，每当记忆里的笑声响起，我都能够深切感受到那些育人成长的温暖瞬间。在这拥挤的喧嚣尘世，我们相遇相知，才能不因为彼此渺小而感到孤独。

后来我给一位学生的生日贺卡上写道：谢谢你们，这个在陪伴你们长大的人，也因为你们的陪伴而不断成长。我的成长过程像一首回环叠咏的回文诗，在往复咏叹中书写真诚的育人故事。

一、业无高卑志当坚

在关于学风建设的班会上，我在台上说："希望同学们保持这学期的进步，将缓补考记录一条一条消掉。"下午我就接到2021级的缓补考名单：19条缓补考记录里，小陈一人独占三条。于是我把他叫到办公室谈话。

小陈人如其名，留着潮流的锡纸烫发型。当我问他为什么有这么多缓补考记录的时候，他掏着耳朵说："老师，我将来可是要做大事的人，就算现在做不成，以后也会做成的。"

我问他："那什么是做大事的人？"他说："不论做什么，只管够大，这就是做大事的人！"于是我说："以你现在的成绩，能不能做大事我不知道，挂大科肯定是跑不了的。"

他争辩说他们班同学太"卷"了，个个都是"卷王"，搞得他没有心情学。我说："你的专业是生态学不是心理学，竞争就是竞争，不要总怪别人'卷'你，'内卷'这个词不是这么用的。"

于是我开始给他科普"内卷"一词，从康德到黄宗智的演变，当讲到边际效益递减的时候被他打断，他说："行了行了，吹牛还是你们文科生厉害，我已经听不懂了。"

我叹气说："如果天赋'卷'不过别人，勤奋'卷'不过别人，家世、情商、记忆力都'卷'不过别人，那你以后怕是只能'卷'一样东西了。"

他凑过来，眨着眼睛问道："'卷'什么？"我说："卷铺盖。"

他哈哈大笑，说："老师你别吓我。"

然后，小陈开始讲他从老家赣南小村庄一路考进南昌大学的艰辛，他眉眼低垂着说：

“老师，我现在在图书馆看到同学翻书都觉得害怕，晚上睡觉前看见室友还在写实验报告，我就会焦虑到做噩梦。我就想混出点名堂回家乡，娶妻生子，光宗耀祖，怎么就这么难呢?”

我叹气说：“王小波说过：‘尘世嚣嚣，不管做什么都困难重重。’老师也是从乡下农村开始一路泥泞走到现在，完全理解你的失落和烦恼。毛主席年少出门求学的时候，对他父亲说：‘埋骨何须桑梓地，人生无处不青山。’既然你的目标是远方的山头，第一个一百米比后面所有的路都重要，绝不能因为害怕结果而不敢迈出第一步，因为我知道你不是那种甘愿输在起跑线上的人。不甘心，不灰心，才能逼我们跑得更快更远。”

小陈深深地看我一眼，然后重重地点头。那天他回去之后，很久都没再来办公室找过我。下学期的期末考试结果出来，小陈果然没有再挂科了。

二、明月何曾是两乡

琪琪来办公室的那天，是五月份的一个午后，她双眼通红，一字一顿地说：“我被她气到肠胃炎都犯了!”

我问她是不是跟室友吵闹矛盾了，她说不是，她今天跟自己最好的朋友大吵了一架，决定跟她就此决裂。

她说一想到这件事，以后再也不想跟她玩了。我问她那个朋友是谁，是否在学校。她咬牙说不是，她叫小兰，是与自己一起长大的好闺蜜，现在在山东读大学，她们的友情开始于小兰家有一只特别漂亮的萨摩耶。

我说：“原来还要怪那条罪魁祸‘狗’。”

她捂着嘴破涕为笑，眉眼弯弯地开始讲自己和小兰一起从小学读到高中的往事，到大学她们还每天保持电话通信，两个远隔千里的姑娘经常一起在线玩游戏。结果最近一个月小兰都不太理她，当她开始反思自己是不是做错了什么惹怒了小兰的时候，才从另一个高中同学那里得知：小兰在朋友圈公布了她的恋情，而这条朋友圈还屏蔽了自己。

“她恋爱就恋爱好了，为什么还要偷偷摸摸躲着我?”琪琪愤怒地说，“是害怕我吃醋，还是怕我抢她男朋友?有必要屏蔽我吗?那种胖子男生我瞧得上吗?”

我故意摸摸自己的肚子说：“你不要瞧不起胖子好不好，我们胖子也是有权利谈恋爱的。”

她擦擦眼泪说：“对不起老师，我没有瞧不起胖子，我只是想起来以前我对她那么好，现在她这样对我，让我感觉自己特别吃亏。”

我只能无奈地安慰她说：“吃亏是福，吃亏是福。”

她抬头瞪大眼睛，说：“老师，那我祝您福如东海。”

我们一起哈哈大笑。

后来我对她说："其实这个世上任何真诚的感情，爱情也好，友情也罢，都是需要珍惜、需要苦心经营的。像影视剧那样注定天生一对是不存在的，所有的一见钟情、一往而深，都建立在容貌、财富这些有限的外在基础之上，这都是有条件的感情。这种感情一旦外在条件发生了改变，一方变丑了，或者变穷了，就会立刻变质、贬值。所以真挚的感情，一定都是无条件的、不计较得失的……"

当我还没有说完，琪琪的手机响了，她掏出来一看，是远在青岛的小兰来电。琪琪有些尴尬地看向我，我说："没事，你出去接吧。"

她鞠躬说"谢谢老师今天的安慰和开导"，然后飞快地跑出了门。

暑假后的一个礼拜，我在朋友圈里看到了琪琪在西湖旅行的动态。照片里，两个姑娘穿着蓝色裙子坐在亭子里手牵手自拍，笑嘻嘻地对着镜头比剪刀手。

天朗气清，裙裾飘扬，仿佛连风都是蓝色的。

三、少年情怀总是诗

青涩的天空上，飘扬着忧郁的欢歌。

小白是偷偷溜进办公室的，他有些局促地搓手说："老师，我有个秘密在心里憋得难受，你能做我的树洞听我倾诉一下吗？"

这个身高一米八几的高大男生动作扭捏，有些好笑。我说："你快进来，我最喜欢到处散播别人的秘密了。"

他"啊"的一声，作势欲逃，被我笑着拉住，按在了沙发上。

小白嘴唇嗫嚅，缓缓开口，说："老师，我感觉……好像一下子，我的世界就离不开她了。"

我很震惊地比出大拇指，说："这句情诗很高级，好文采！"

"老师你快别开玩笑了"，他苦笑着搓搓脸，介绍起了隔壁学院的女生——小瑛。

他跟小瑛认识是因为上学期的校运会开幕式彩排，之后两个人经常在图书馆偶遇。当他鼓起勇气去加了联系方式之后，才发现自己没有剩下的勇气去跟她聊天。当他故意去图书馆逛的时候，却再也没有偶遇到她了。但是他现在一旦空闲下来，就会不由自主地想小瑛现在在做什么。

"我觉得我应该是喜欢上她了。"他搓着自己的脸说。

我问他："你是不是就因为看人家女孩子长得漂亮，才这么牵肠挂肚的。"

他连连摆手："不是不是，老师，我没那么肤浅，而且小瑛也不漂亮。"

随即他就意识到自己的话有问题,“啊,不对不对,小瑛是很漂亮……但是,不是那种漂亮,反正不是网上的那种漂亮,你知道吧,而是……反正那种漂亮……”

“是我喜欢的那种漂亮。”他最后红着脸说,“老师,你觉得我现在应该怎么办?”

“感情是勉强不来的,我觉得你应该先跟人家从普通朋友做起。”我拍着他的肩膀鼓励他说:“让她有更多的时间了解你,你也有更多的时间去思考对方是不是一个值得牵挂的人,这一段感情是否对你们双方都是有益的。”

“对我肯定是无益的。”他说,“我在自习室已经连书都看不下去了。”

“那你应该尽可能地去了解她。”

“我昨天就从隔壁学院的朋友那里打听了好多她的消息。”

我拍拍他的肩膀,说:“那你更应该主动坦露真诚,勇敢地……”

他突然打断我说:“但是我害怕。”

“怕什么?”我猛地站起身来对他说:“有什么好怕的? 正所谓:窈窕淑女,君子好逑……”

“我怕她男朋友打我。”他捂着脸痛苦地说。

我的手停在他肩膀上,最后只能说:“感情是勉强不来的,我觉得你应该跟人家做普通朋友。”

后来那天晚上我写了一首短诗发给小白:

炉火边,攒着生命的尘埃
掸不走岁月的,深深刻痕
每一首诗都会枯萎
每一句情话,都终将沉没
要留最美的歌声于
现在
不是未闻我名的
往昔
或是翘首以盼的
未来

小白发来一个咧嘴笑的狗狗表情包,说:“谢谢老师,祝晚安。”

忧郁的欢歌,飘扬在青涩的天空上。

浇花浇根，育人育心

先进制造学院　杨嘉妮

师者，浇花浇根，育人育心。根部是植物的生命之源，负责吸收水分和养分，支撑着植物的生长。浇花时，若只关注花朵和叶子的表面，而忽视根部的滋养，那么花朵很难长久地绽放。与浇花相似，教育人的过程中，仅仅关注表面的知识传授或技能培养是远远不够的。心灵是人的内在核心，它影响着人的思想、情感和行为。因此，教育的首要任务是培养人的心灵，包括品德、价值观、情感等内在素质。

一、做好角色转换，踏上辅导员岗位

2023 年秋天，那时的我正匆匆忙忙地将学生身份卸下，模仿着辅导员前辈们的身影努力成为一名合格的辅导员。快开学的前几天，我十分焦虑，看着手中 160 人的名单有些手足无措，不知道自己准备的开学主题班会是否干货满满，不知道开学时与学生家长该如何沟通，不知道学生见到我后是什么样的反应，就这样踌躇着、期待着、担心着，很快便到了开学的那一天。当与这群鲜活、可爱的“05 后”见面的那一刻，当我看到一张张对大学生活充满了憧憬、洋溢着笑容的脸庞时，之前的种种不安便烟消云散，随之而来的责任感和使命感贯穿全身。

万事开头难，“怎么为新生的大学生活开好头、起好步”，成为我工作中第一个需要去学习的课题。习近平总书记说过：“青少年阶段是人生的‘拔节孕穗期’，这一时期心智逐渐健全，思维进入最活跃状态，最需要精心引导和栽培。”这句话铭记在我的心中，我也常常在思考如何正确地引导学生成长成才，如何成为学生的知心朋友和人生导师，如何扣好学生人生的第一粒扣子。真正做一名辅导员时，我才发现，努力考上辅导员的过程才是这个工作最简单的一环。面对一名名学生，我通过谈心谈话、主题班会和走访寝室等方式，慢慢观察他们、了解他们、走近他们并且关心他们，我们之间的关系变得更加融洽。

二、及时发现问题，助学生乘风破浪

在与学生相处的过程之中，我发现一名学生一周只去了一次晚自习，又联想起班长之前提到这位同学主题班会请假,心中的警报器立马响起,心也跟着悬起来了。我在第一时间联系到了这个学生,把他邀请到办公室聊一聊,在谈话的过程中,学生讲述了自己在高中开始患有颈椎病,久坐会感觉身体不舒服,经常去学校周围的按摩店进行康复治疗。颈椎的不适导致他听课时注意力无法集中,作业不会写,然后为了完成作业,出现了抄袭或者不交等情况。在了解到学生的问题后,我与该生约定,在每周我会询问他作业是否按时完成,以及督促其每天锻炼。与此同时,心理测评的结果也下来了,名单上赫然出现了他的名字,我的心又打起了鼓,觉得此事不简单,这位同学的情况可能并不仅仅是身体问题。

心理健康教育中心的郑主任像及时雨一般联系到了我,与学生进行了约谈后,告知我需要重点关注该生,之后我又与该生进行了多次谈心谈话。在11月中旬,学生表示因为脊椎问题想要在下个学期休学,但不知如何与父母沟通,希望作为辅导员的我能够帮助他。当晚我联系上了家长,向家长讲述了该生的情况,在沟通的过程中,家长表示理解,也表达了自责。两天后,他们赶到南昌陪同学生到医院进行检查,心理医生认定学生患有躯体化障碍,学生听后情绪激动,在我与其父亲的安抚下,渐渐地,学生情绪趋于平静,并尝试按时吃药。此时也正是考试的前一个月,学生并不相信自己能够通过考试,我坚持每周问候、鼓励学生,在不断的交流中,学生也慢慢地相信了我。同时,我也联系了班级的三级网格员和同寝室的四级网格员,帮助我一起关心该生,从寝室到课堂,与他一对一结对,帮助他解决眼前的学业困难,该生也从不想学习到表示会尽可能去学习,从一定不会通过考试到应该不会挂科。值得祝贺的是,最终该生所有科目均一次性通过。通过了解,该生在寒假坚持锻炼,也逐渐放弃了休学的想法。经过假期的调整,他以良好的面貌开始了新学期的学习生活。

三、担当育人使命,用心浇灌学生

对于刚成为辅导员的我来说,工作的心态从紧张到从容应对,与学生的关系也从陌生到亲密,这件事让我深刻地认识到:浇花先浇根,育人先育心。每一个学生都像一朵花,需要我们用心、用情地去浇灌。

育人的根本在于立德。关注大学生,不仅关系到大学生学习和成长,而且关系到国家人才培养的总体质量。习近平总书记说过,“好老师应该懂得,选择当老师就选择了责任,就要尽到教书育人、立德树人的责任,并把这种责任体现到平凡、普通、细微的教学管理之中”。我深深地爱着高校辅导员这份职业,因为这份职业给我提供了帮助青年人成长的机会,只有不断地关心学生、发现问题,才能为学生全面发展提供坚实的支持,我深知还有更多的问题等待我去探寻和解决,但我将坚定不移地走在育人的道路上。

习近平总书记说过:“教育是提高人民综合素质、促进人的全面发展的重要途径,是民族振兴、社会进步的重要基石,是对中华民族伟大复兴具有决定性意义的事业。”我将在以中国式现代化全面推进中华民族伟大复兴的道路上,助力新时代青年学子们乘风破浪、奋勇前进!

老师，您是我遇见的最强的光！

先进制造学院　徐　翰

“老师,感谢您一直以来对我的帮助和照顾,一直有些话想跟您说,一个人如果一直以来遇到的都是黑暗的话,那他会记住所有的光明,您是我从有意识以来遇见的最强的光!”

小熊猫,2020级机械设计制造及其自动化专业学生,出生于2002年,来自江西省吉安市的农村家庭,父母只有小学学历,均在广东务工;有一位哥哥,在当地工作,已婚;一位姐姐,正在广东某高校攻读人文社科类硕士研究生。该生幼时有过留守经历,跟随着爷爷奶奶生活,小学时受过校园霸凌,高中时,考虑该生处在学习关键期,母亲在家全职陪读。

该生性格内向,少言,我在宿舍楼栋、食堂、教室遇见他时,他低头,眼神在躲避,于是我开始关注他。

2020年大一新生开学心理测评,他的结果不理想,我利用学院二级心理咨询站,与他进行谈心谈话,聊天的内容很宽泛,聊为人、聊家庭、聊学业也聊世界,想从各处信息入手,探索孩子的内心世界。交谈过程中,我发现,小熊猫在思考或者作答时,都会下意识皱眉,我从这些细节推测他的内心可能受过创伤。

慢慢地,在交谈中,小熊猫稍许打开了心门,将家庭中的关系简要地叙述了一些。小熊猫与父母关系极为不好,感觉父母什么都不懂,只会骂他、打他、道德绑架他,将他与村里的其他同龄人比较,一点不关心他的内心需求。在小熊猫的内心,父母已经是暴力与情感宣泄的代名词。渐渐地,小熊猫内心封闭了起来,话也少了。

小熊猫与哥哥关系好一些,说的话多一些,可随着时间的推移,哥哥结婚了、成家了,没有那么多时间与小熊猫闲聊了,这让小熊猫心里的依靠渐行渐远了。

我帮助小熊猫预约过几次学校心理健康教育中心的教师,每次谈话后,小熊猫的情况会好一些,心理健康教育中心的教师也反馈需要长期关注他的情况,未来可能会有风险。

至此,从大一刚入学的心理测试结果起,到现在大四即将毕业,小熊猫一直在我的特殊关爱行列中。这几年,我时不时地关心小熊猫,买蛋糕的时候给小熊猫带一点,买水果时给他带一点,约他出去吃饭,给他安排一些简单的工作,调整到学风很好的寝室,甚至买过书包、U 盘、学校文创产品等赠予他，就是想让他感受到有人在关心他、在乎他、帮助他、鼓励他并且看好他！

时光漫漫，来到了 2023 年 10 月的一天，近午时，小熊猫给我发了一大串文字，我一看就觉得不对，立马打去电话，询问他在哪里。当时他在图书馆备战考研，我担心他的压力太大、状态太差，对他的关注不敢松懈，将小熊猫带到值班房，让他更有安全感、亲密感和信任感。

小熊猫叙述，他正在纠结考研还是找工作，有备考的压力还有父母给的压力。他耳边经常有一个声音，强迫他做这个做那个，过得比过去还痛苦，不知道该干什么。

我安慰他："有什么事情及时地与老师说，要相信老师。"小熊猫反馈："老师，我信任你，所以才与你说出来，才会告诉你，不然自己早就……"我打断了他，从情感上去疏通他，从理性上去分析他现在的情况，并计划下一步的路：既然考研压力大，甚至考研后还要面临更多的压抑，不如索性放弃，选择就业，去拥抱大千世界。我再教他该怎么去应对父母、怎样与父母谈话等，尝试缓解他的心理压力。

慢慢地，看小熊猫情绪舒展开了，我就讲一些玩笑话，逗得他笑了起来。这时候我知道，他的心结暂时放下了，也相信了我说的话，放下了包袱，开始寻找工作，参加宣讲会。看着他忙碌起来的脚步，微信里询问企业的各种事宜，拿不准主意时来找老师帮忙，我的心也慢慢放下来了。

寒假过年期间，我询问过他的状况，答复虽然是"还行，应付父母，努力演戏"，但是感受到他的内心不再像 2023 年 10 月那么压抑。新学期、新面貌，返校后，我没有刻意找他谈话，让他敏感的内心得到放松。在宿舍楼里碰到他拿外卖，我们简单聊了两句，说了些玩笑话，他的表情云淡风轻，简单聊天时，没有皱眉，甚至因玩笑话而绽放了笑容，由此我知道他心情不错。心情不错，做啥事都会顺。在这里，我祝福他有一个阳光又美好的未来！

你笑起来真好看

第一临床医学院　黄晓娟

每个人都需要欣赏,每个人都渴望被欣赏,因为被欣赏是人们前进的动力。假设一个人能得到领导、同事、朋友或家人的肯定,都会让人从内心感到一种特有的成就感,也更鼓励着这个人把工作、学习和生活等各个方面做得更好。有一句古诗云:“横看成岭侧成峰,远近高低各不同。”写得很客观,也很真实。看物是这样,看人又何尝不是这样?

尤其是老师,每天面对着来自全国各地的学生,他们有来自城市的,也有来自农村的;有性格外向的,也有性格内向的;有家庭关系融洽的,也有家庭关系紧张的;有多才多艺的,也有没有特长的。假设我们能用赞美和欣赏的目光去对待每一个学生,特别是那些优点不够突出的普通学生,他们的闪光点也许就会不断出现,带给我们惊喜。如果这样能使他们变得更加自信、开朗,我们何乐而不为呢?有人曾经说过:“人的精神生命中最本质的要求就是渴望得到赏识。”训斥只会压抑心灵,只有欣赏才能开发人的潜能。

有一个女生刚进校的时候性格非常内向。她家庭困难,身材瘦小,也许是由于对自己非常不自信,做任何事情的时候总是非常胆怯,和我说话的时候眼神不敢直视,低着头,回答问题也总是支支吾吾。有一次,我在路上遇见了她,她手里拿着一个刚刚烤出来的大红薯。我能感觉到她的刻意回避,不想让我看见她,但是我主动走过去,并喊了她的名字。不得已,她用小猫一样的声音说了一句“黄老师好”,我笑着对她说:“这个是你的晚餐吗?闻起来真香,我也爱吃这个。”她瞬间脸上有了笑意,问道:“黄老师要不要吃一点?”我说:“我是很想吃,可是吃这个要在没人的地方,否则要吃成花猫脸!”她笑意更浓了,我说:“你快拿回寝室和同学一起分享,待会看谁更像大花猫。”此刻的她已经满脸笑容了,看我的眼神也似乎更专注了,点点头对我说了一句:“好的,谢谢老师!”就在我转身准备离去的那一刻,我突然发现她笑起来真好看:白白的牙齿,浅浅的酒窝,和她娇小的身材形成了恰到好处的搭配。于是,我转过身再次喊了她的名字,她回过头有点诧异地望向我,还没等她开口问什么事,我先回答了她的疑惑,我说:“你笑起来真好看!以后多笑笑,爱笑的女孩运气一定不会差！快回寝室吧。”当听到这话的时候，我看到了她的脸上洋溢着光彩，转身离去的马尾飞扬了起来，脚步也轻盈了。

不久，学院举办演讲比赛，报名的人数很多，她晚上 12 时许在 QQ 上给我留言：“老师，这次的演讲比赛我有点想参加，但是我从来没有过类似的经验，很害怕自己怯场，有什么办法让自己不那么怯场吗？”看到她的信息已经是快凌晨 1 点，但是我的直觉告诉我，她应该还在等着我的回复，于是我立刻回复她：“谁都会怯场，任何一场比赛或者是演出都需要精心的准备和无数次的排练，就像你小时候学会走路一样，无论是摔跤还是受伤都是不可避免的。但是我们没有一个人会因此而放弃学会走路。只要有足够的信心和顽强的毅力，任何事情做起来都没有想象中的那么难。”我一打完字发送出去，她就回复了：“老师，对不起，这么晚打扰您。您说得真好！”我鼓励她：“想做就去做，结果不重要，过程才重要，因为过程才能让你经历完整的事件，体验努力付出的快乐。”她听了我的话报名了，于是从确定演讲的主题到修改演讲稿，从演讲的语速到细微的表情，从演讲的妆容到服装，从上台到下台的每一个细节我们都一一讨论。反倒在最后上台前，我没有过多的语言，就是过去拥抱了她一下，对着她说了一句：“你笑起来真的很好看！”于是她就一直那样微笑着走向了演讲台，一直到演讲结束下台。比赛的结果是她获得了第二名的好成绩！

有了这次经历之后，她变成了另一个人，微笑像刻在了她的脸上和心上，性格也开朗活泼起来，让每一个人都愿意和她相处，因为她就像一个太阳花一样，走到哪里都会很温暖。她不再害怕与老师相处，不再缺乏自信，学习成绩也一路提升，参加的活动也越来越多，参与的竞赛还取得了国家级奖项，毕业的时候保送至北京协和医学院。我仅仅是赞美了一下她，帮她找到了被她自己忽略的美和自信，但正是因为这一点，让她重新审视了自己的优点，让她明白了自信会带来更大的收获，努力一定不会白费，爱笑一定会带来好运。

类似这样的例子很多，比如对学生说“这一次你比上次进步了”“今天你的表现非常好”“你的寒假生活非常有意义，甚至都让我羡慕”“你这个作品让我非常惊喜”“你的笔记做得很好，可以做示范了”。作为老师，一句赞美会让学生记在心里回味和思考很久，然后作出正确的选择。

生活中，每每提及教师，总会让人不由得想到“春蚕到死丝方尽，蜡炬成灰泪始干”的诗句，教师的工作无形中也会被拔高到“舍生忘死”的境界。我把学生从大一带到毕业，看到他们从青涩变得自信，从稚嫩变得博学。其间，我和学生们共同生活和成长，我发现潜心浇灌、静待花开是一件无比幸福的事情。

雅斯贝尔斯曾经说过:“教育就是一棵树摇动另一棵树,一朵云推动另一朵云,一个灵魂唤醒另一个灵魂。”能够在学生们成长的路上见证、参与、修正,享受静待花开的幸福,我想说当一名辅导员真好!在工作中快乐着,在快乐中工作着,这种快乐不在于回报,而在于教育本身所蕴含的无穷乐趣——桃李满天下,芬芳溢故园!

轻叩心扉三两声，春风化雨润无声

新闻与传播学院　曾庆萌

身为高校辅导员，我的工作不仅限于教授课程和管理学生，更重要的是要走进学生的内心，成为他们成长道路上的引导者和支持者。在我管理的众多学生中，小许同学的故事让我深刻地体会到了这一职责的重要性。

一、发现问题，倾听与理解

小许，一名思想激进、充满新闻理想与热情的学生，因为对某学院的做法不满，采取了激进的方式表达自己的情绪和态度。当我得知她的行为后，我立即联系她进行面对面的沟通。我找到小许时，她刚下课回到寝室，为了不让其他同学察觉到异常，我通过微信问她："小许，我们可以找个地方好好谈谈吗？"她出门看了我一眼，眼中闪过一丝惊讶，然后点了点头。我们来到润溪湖边并排坐下，我轻声问道："小许，你为什么选择用这种方式来表达自己的情绪呢？"她沉默了一会儿，然后缓缓开口："老师，我觉得那个学院的做法不公平，我想用这种方式来抗议。"我静静地听着她的诉说，没有打断她。当她倾诉完毕后，我轻轻地说道："小许，我理解你的初心和感受。但是，你知道吗？有时候，我们的情绪会让我们作出一些冲动的决定，虽然我们的行为出于正义感，但却可能给他人带来困扰和误解，我们需要学会用更理智的方式来表达自己的观点和情绪。"她看着我，眼中闪过一丝疑惑，然后问道："那我该怎么做呢？"我笑着说道："我们可以找老师聊聊这件事，或者尝试与学院进行沟通，表达我们的意见和建议……"在我的耐心引导下，小许逐渐冷静下来，也对自己的行为表示了歉意。

二、多措并举，引导与启发

我知道这只是一个开始，在接下来的日子里，我默默地关注着小许的成长。每个星期，我都会找她谈一次话，了解她的思想动态和生活状况。在谈话中，我不仅关注她的学习进展，还关心她的生活和情感需求。我通过分享自己的经验和观点，引导她认识到自己的行为可能给他人带来困扰和误解。我鼓励她多参加社团活动，拓宽自己的视野，培养团队合作精神。同时，我也提醒她要关注自己的心理健康，学会调整情绪，保持积极向上的心态，随时都可以和我分享自己的喜怒哀乐,并给予她建设性的意见和建议。通过多次谈话,我逐渐成了小许同学的信任对象,她愿意向我敞开心扉,分享自己的内心世界。

三、直击心底,陪伴与支持

一个月后的一个晚上,我得知小许同学的父亲去世的消息,我深知这对她来说无疑是一次沉重的打击。于是,我立即赶到她的宿舍,陪伴在她身边,安慰她、鼓励她。为了帮助她渡过这段艰难时光,我主动为她申请了生活补助,以减轻她的经济负担。同时,我还联系了学校的心理健康教育中心,为她安排了心理疏导。在接下来的日子里,我一直陪伴着小许同学,关心她的心理状况,鼓励她勇敢面对生活的挑战。同时,我也鼓励小许同学参与一些有意义的活动,比如一些志愿服务和公益活动,让她有机会帮助他人、回馈社会,这些活动让她感受到了生活的美好和自我的价值。

四、潜心改变,蜕变与成长

渐渐地,小许同学走出了阴霾,她的脸上重新露出了笑容,找回了生活的乐趣。在学习上,我主动与她的任课老师沟通,了解她的学习情况,并为她提供了针对性的辅导和建议。我还鼓励她参加学术竞赛和实践活动,提升自己的学术能力和综合素质。小许也变得更加积极主动,她不仅认真听讲,还积极参加课堂讨论,主动向老师请教问题,成绩有了明显的提高。看到她的进步和成长,我感到非常欣慰和自豪。生活上,小许同学的生活态度也变得积极向上。她开始主动帮助别人、与人为善,喜欢和人打交道。她的这些变化让我更加坚信自己的育人理念和方法是正确的。

著名教育家范梅南曾经说过:“一位好老师,并不是碰巧去教数学或诗歌而已,他本身就体现着数学或诗歌。好老师和他们所教授的知识已融为一体。”对于我来说,教育本身并不仅仅是一项工作,更多的是知识的传授、温暖的陪伴和精心的呵护,让每一个孩子都能够表现出自己的闪光点,追逐梦想,未来可期。回顾这段育人历程,我深深地体会到作为辅导员的责任和使命。我们需要时刻关注学生的成长和发展,用心去倾听他们的声音,用爱去温暖他们的心灵。同时,我们还需要不断探索和创新育人方法,以适应不同学生的需求和特点。只有这样,我们才能真正成为学生成长道路上的引路人和守护者。

润物无声　静待花开

公共卫生学院　姜文彬

我于2022年成为一名专职辅导员，在育人岗位上已有两年。每当看着自己所带的学生一点点成长与进步、越来越懂得感恩时，心底便会豁然开朗。

我经常听到一句话：现在的孩子越来越以自我为中心，越来越难管。虽然从事辅导员工作的时间不算长，但这句话我也算是深有体会。自从2022年开始带新生，我对辅导员工作又有了新的认知。我的生活里充满了各种声音，某某宿舍查到违规物品、某某同学旷课、某某宿舍闹矛盾了、某某同学不合群……作为辅导员，面对这些情况再正常不过，但有这样一个学生，让周围的人觉得"很头疼，不合群"，甚至性格非常暴躁，人际关系很紧张，大家都非常怕他，室友也反映他有些"抑郁"的感觉。

他叫小许，是个眉清目秀、高高大大的男生，其实刚入校我对他没有什么太大的印象。但是从大一第一学期开始，我关注到有一个男生在宿舍经常因为不叠被子、桌面有垃圾等被扣分，也经常和室友、同学有矛盾，在学生会工作的时候，虽然平时也兢兢业业，但还是会被同学"排挤"。因此，我以了解情况为由，找到他开展谈心谈话。

在对话中，我了解到该生晚上经常失眠，白天起不来，不能按时上课，就算是上课了也是趴在桌子上睡觉。考虑到他的情况，我认为不能急于批评他，最好先找出问题的本质，再针对性地给他做疏导。该生表示，晚上怎么睡都睡不着，只能吃安眠药，但是一吃药白天就会睡不醒。后来，有任课老师也开始向我反映有个学生经常迟到甚至旷课，一听到这个名字，我就给他打电话，把他叫到了办公室。但是我觉得这并不是问题的根源。于是，我借口说有事情需要他帮忙，降低他的心理防备。来到办公室后，我和他一起整理办公室，与他聊了很久，起初只是探讨人际交往方面的问题，其次是宿舍卫生相关的问题，慢慢地转化为引导他认真对待大学生活，做有意义的事情。

经过此次沟通我才知道，原来第一个学期的种种反常现象，是因为他的父亲在高考前出车祸去世了，只剩下母子二人相依为命，加之家庭的经济状况也不是很好，影响到了当时他的高考。父亲去世后，都是母亲在照顾他，所以他非常心疼关心母亲。从他的话语中我感受到他是一个很孝顺、很懂事的男生,父亲离世后,因为自己没有能力替家人分忧而变得焦虑和自卑。我安抚他的情绪,让他明白只有努力学习才能更好地扛起母亲的重担,并告诉他没有什么困难是解决不了的,老师和家人都是他最坚强的后盾。

突然,我看见他的手上有一道不知道什么时候留下的伤痕,于是在办公室里找到了碘酒和棉签,帮他处理伤口,还送了创可贴给他,这一举动使他深受感动。接着,我说:"老师会陪伴你好好走完这大学阶段,有事随时来找老师。"后面,我带他去吃了午饭,说是感谢他帮忙。临走的时候,他说:"老师,很多话我没有跟别人说过,我只说与你听,因为我信任你。"

10月的某一天正好是他的生日,我组织他的几个好朋友一起为他庆生,这个阳光大男孩慢慢地湿润了眼眶。我试着去安慰他、鼓励他,他的情绪慢慢平复过来,开始向我们倾诉,那天我们聊了很久。或许就是那一次谈话,让我感受到每一个同学都有自己的故事,这也让我更加坚信了辅导员工作的意义。

在后面的谈话中,他的态度变得很诚恳,并且非常严肃地表态说:"老师,我保证以后绝对不会出现这种问题,没有下次!"我会经常找他谈心和聊天,在生活上也会以男生的方式潜移默化地关爱他。小许变得比之前开朗了许多,也渐渐地学会了与他人相处,并且经常会主动发信息给我汇报近期情况。"老师,我今天起得很早,并且打扫了卫生,被子也叠好了,请您放心。""老师,我现在和同学相处得很好,我在未来有从军的想法。"我很高兴他找到了自己未来的方向,虽然他偶尔还会犯错,但我始终相信他会慢慢变得越来越好,并且愿意继续相信他一定会越来越好。

辅导员工作并不是简单地完成事务性工作,更应着眼于学生的精神赋能,这种精神赋能不只是循循善诱,还来自安静的聆听、宽容的接纳和身教的引导。特别是学生出现反常情况之时,我坚信在找不到确定性结论之前,关爱和帮扶相较于单纯的语言更有必要,也更有力量。

在辅导员工作生涯中,这样的学生或许很常见,也许他们的路不如其他同学那般平坦,但我始终坚信,每个学生都有属于自己的舞台。育人工作需要用心去体悟学生的人生经历,用爱去抚慰学生的伤痛,通过倾听、引导、鼓励,发掘学生的闪光点,捧一颗爱心,守一株花开。我坚信,守住我们的初心就是对学生最好的回馈!

双向奔赴，彼此照亮

外国语学院　沈祥羽

古往今来有太多太多的文字，在描写着各种各样的遇见。“蒹葭苍苍，白露为霜，所谓伊人，在水一方”，这是撩动心弦的遇见；“这位妹妹，我曾经见过”，这是宝玉和黛玉之间初次见面时欢喜的遇见；“小羽姐，我可以和你聊聊吗”，这是我和木兰的遇见。遇见仿佛是一种神奇的安排，它是一切的开始。

——题记

一、初遇·是谁在惶恐不安？

说来有些不好意思，在那悠长而平凡的日子里，我与木兰的邂逅，仿佛是命运精心编排的一场温柔戏码，而我，却在这幕剧中不经意间扮演了那个心怀忐忑的配角。那是一个被日常琐碎轻抚的午后，阳光懒散地洒在办公桌上，我正沉浸在新入职的忙碌与憧憬中，电话铃声突兀地响起，屏幕闪烁的名字——木兰，如同一阵不期而遇的风，轻轻吹皱了我心中的湖面。

木兰，那个在班级里总是以坚毅姿态引领众人的班长，她的声音以往总是带着不容置疑的力量，而今，却透过电话线传来一抹不易察觉的脆弱与迟疑。“小羽姐，你有空吗，我可以和你聊聊吗？”这句话，简单却沉重，我从未听到她用这样低沉的语气寻求帮助，作为一名新入职的“菜鸟”辅导员，接到这样的电话，霎时间，脑子里全都是：“她要和我聊些什么？”“她怎么了？”“怎么我提前一点问题都没有发现？”“如果问了我解决不了的问题我该怎么办？”那一刻，我的心仿佛被一只无形的手紧紧攥住，各种猜测与忧虑如潮水般涌来。我匆忙间整理好思绪，如同准备迎接一场未知的战役，买了两杯还冒着热气的饮品，试图用这份温暖驱散内心的寒意。办公室被我细心布置得温馨而有序，只待木兰的到来。

二、走近·让我们放下焦虑戒备

木兰敲门走了进来，戴着帽子，比起上次见她时憔悴了许多。“小羽姐，我真的不想打扰你，但是我真的有点顶不住了，我不知道我怎么了。”那一刻，我仿佛看到了她内心的防线在慢慢瓦解，而我则成了她唯一的避风港。

我递上纸巾，用尽可能温柔的声音鼓励她倾诉。随着话语的流淌，木兰的焦虑与无助如同决堤的洪水，汹涌而出。她讲述着那些无人知晓的夜晚，独自坐在楼道的角落里，泪水无声地滑落；她诉说着面对论文的无力感，键盘上的每一个键都显得那么沉重，仿佛无法承载她的思绪。那一刻，我感受到了前所未有的责任与使命，因为我知道，我不仅是她的辅导员，更是她此刻最需要的依靠。这是我第一次以辅导员的身份看到一位同学在我面前如此真诚地袒露自己的情绪。我轻轻拥抱着她，试图给她传递我的力量与温暖。而木兰则在我的肩头反复道歉，生怕自己的脆弱给我带来了负担。但在我心中，那份真诚与信任，远比任何言语都要珍贵。我告诉她："没有，没有。要感谢的人是我，谢谢你愿意向我敞开心扉，谢谢你选择相信我这样一个新手辅导员。"木兰永远也不会知道的是，此时，趴在她肩头的我也红了眼眶。当木兰摘下帽子，露出那个曾经长发飘飘如今却以寸头示人的自己时，我的心被深深地震撼了。那一刻，我仿佛看到了她为了战胜内心的恶魔所付出的努力与勇气。我暗自懊悔，如果我能更早地发现她的异常，如果我能给予她更多的关注与陪伴，或许她就不必承受如此多的痛苦。但我也明白，正是这些经历，让我们之间的关系更加深厚，让我们成为彼此生命中不可或缺的存在。就这样，那天下午，我们畅聊了三个小时，又哭又笑。

三、触心 · 半师半友半知己

半个老师，半个朋友，半个知己。经过此次深入的交流，我们持续着在线上或是线下互相陪伴。她会告诉我开题报告怎么也写不出来，我会将自己写论文的经验分享给她；她会像朋友一般问我哪里好玩好吃，我会在地图上一一勾画出来；我会跟她分享我给自己安排的充实的一天，分享我今天游泳速度又提升了，她会热情地回应我："今天哈尔滨的雪很大，你什么时候来玩？""今天妈妈做的猪肉炖粉条好吃极了。"

木兰现在在妈妈的陪伴下正在积极地接受相关治疗，我知道她一定会好起来。我会一直陪伴着她的成长，同样，她也在陪伴着我从一名"菜鸟"慢慢走向"职场老手"。

之所以给她化名木兰，是因为我们俩说过，我们都要像木兰一样，斩尽遇见的一切困难，要双向奔赴，彼此照亮，都活得像太阳。

桃李春风，以爱相伴

第一临床医学院　刘华瑞

岁月不居，时节如流。距 1999 年我第一次担任学生辅导员，已是第 25 年。在时间无声的流逝中，我越发明晰培根铸魂、启智润心、为人师表和善为善思的真正内涵，以爱国敬业的坚定信念、情系学生的师德素养、育人育才的素质要求、严谨高效的工作作风以及奉献务实的工作态度，扎实地、有条不紊地践行着辅导员队伍在高校思想政治工作领域的任务要求。

每每晨曦初照，或日沉西山，望着匆匆往来的同学们，我的心中总是涌动着难以言喻的自豪与期待。他们如初春，如朝日，是国家未来的栋梁，是生命的守护者，如百卉之萌动，在和风暖阳中抽枝绽放。而我，有幸成为他们成长道路上的暖暖灯芒，成为滋润花蕾生长绽放的滴滴细雨，唯有用春蚕尽丝的真心实意化作脉脉春风，化作一捧春泥，温柔和煦，呵护同学们心中每一处的青翠欲滴。

一、以爱育心，爱化春风拂新叶

25 年前初任辅导员，我怀揣着对医学教育事业的热情和期望，渴望能够启迪学生心智，引领他们走向光明的未来。然而，现实远比想象中复杂。心灵是灵魂的港湾，心理健康是人类思想的关键，如何调节同学们的心理问题也成为我辅导员工作中重要的一部分。面对来自五湖四海、性格迥异的学子们，我逐渐意识到，教育不仅仅是知识的传授，更是心灵的沟通与塑造。

在 2022 年秋季开学初，我成为第一临床医学院 2022 级新生同学们的辅导员。彼时新冠疫情严峻，许多骤然离家的同学们还未适应大学的新生活，又恰逢中秋佳节，一些同学的心中升起了浓浓的思乡之情，却碍于疫情与遥远的路途无法实现回家团聚的愿望。在发现同学们的失落情绪后，我马上带着学校派发的月饼前往同学们的寝室进行关心和慰问，细心询问每个同学的情况：有些同学离家千里，乍到盛夏酷热的南昌水土不服；有些同学首次住校，还不习惯和室友的相处。针对这些问题，我耐心地倾听他们的烦恼并提出建议，抚慰他们略有低落的心情。此后，无论是学期初末返离校前后的黄昏，或是平日里某个寻常的下午，我常常会来到寝室与同学们面对面地聊天，了解他们近日的学习与生活以及心理状况，倾听他们遇到的趣事或烦恼。我与同学们的感情也在这样轻松愉悦的氛围中不断加深，我也越发深刻地认识到心理育人对学生成长的重要性。

二、以爱筑心，爱如细雨润琼苞

作为年级辅导员，我始终重视并坚持努力优化制度措施来保证同学们的心理健康发展，组织各种心理活动，力求形式丰富多样，能最大限度地调动学生们的积极性。

学医无疑是辛苦的，每到期末月许多同学都因繁重的复习任务而紧张。这时，我与一些焦虑的同学聊天帮助缓解压力，同时询问其目标，以我的经验和见解为他们提出建议。对于学习成绩稍落后的同学，我单独向其询问可能存在困难的原因并积极鼓励，找到班级其他同学为他们提供帮助。同时，我还会叮嘱班委与各寝室长留意同学们的心理状态，在这样的举措下，我通过与同学们的密切关注和联系来保证大家期末的良好心情。

不仅仅是学习方面，我还十分注重同学们自信与能力的培养。每个学生都是一本未完成的书。作为辅导员，我要做的不仅是生活上的关怀，更重要的是引导他们发现自己的潜能，帮助他们建立自信，让他们在未来的人生旅途中能够勇敢地走下去。我积极了解同学们的特长，在遇到能够锻炼与展示的机会时鼓励同学们参加。一些腼腆的同学因此鼓起勇气得到了锻炼自己的机会，也在这个过程中变得更加自信。

在学期初，一位通过班级竞选投票想要担任班长的同学找到我，直言自己性格内向且过去没有当班长的经验，不确定自己能否做好。我马上鼓励他勇敢尝试并提出了工作上的建议。虽然开始时他常常出错，但我并没有严厉地批评，而是带着鼓励地细心指导，他也逐渐明确了职责所在，在一次次的锻炼与进步中逐渐成为一位合格的、让同学们满意的班长，带领班级同学实现了共同进步。

三、以爱盈心，爱似明灯引前路

在这个过程中，我也不断成长，并更加深刻地认识到，教育是一项长期而艰巨的任务，它需要无尽的耐心和不懈的努力。每当看到学生们因为我的帮助而取得进步，我的心中就充满了满足感。他们的成功和成长，就是对我工作最好的肯定，也是激励我继续前行的动力。

回首过去，我深深地感到，作为一名医学院的辅导员，我所肩负的不仅仅是教书育人的职责，更是一份沉甸甸的使命。这份使命让我明白，教育不仅要传授知识，更要培养品德，要让他们学会如何做一名合格的医务工作者、如何面对未来可能遇到的无比艰难的挑战、如何承担生活给予我们权利的同时带来的那份沉甸甸的责任。

在未来的日子里，我将继续在这条育人之路上坚定地走下去。我相信，只要我用心去倾听、用爱去引导，就能点亮更多学生的心灵之灯，让他们在医学的海洋中乘风破浪；就能举起那盏足以点亮孩子们前途的火炬，让更多学生们坚定脚步、继续前行，直到山花烂漫、春风拂槛。我坚信，用心培育必有成果，以爱相伴必有所获。

桃李累累枝繁茂，春风化雨润无声。

提灯引路，育梦成光

化学化工学院　李昊宇

师者,所以传道受业解惑也。我深感辅导员的职责不仅是做好日常管理和事务性工作,更要将立德树人的根本任务落实到日常思政教育工作的方方面面。我坚信,每个学生都是一颗独特的种子,都值得用心去打磨、去培育,让他们绽放出属于自己的光彩。这是一种信念,也是一种责任。我深知,每个学生的心中都有一团火,燃烧着对进步的渴望和对未来的希冀。而我作为他们的引路人,需要用我的热情去燃烧这团火,用我的知识去引导他们前进。

在我作为化学化工学院2019级本科生辅导员的匆匆数载里,有一位名叫小谢的同学,她的成长和变化让我深受触动,也让我坚定了帮助更广大学生成长成才的信念。在此,我希望通过分享我与小谢的故事,来表达我对育人事业的热爱和一点感悟。

小谢,应用化学专业2019级学生,江西赣州人。在我最初的印象中,她是那种普普通通的学生,成绩不算很好,性格温和内向,日常规规矩矩,生活"两点一线",没有什么惊喜、成就,也没有什么坎坷。直到大四上学期选择毕业论文导师的时候,她迟迟未确定毕业论文导师和论文选题,在学院和老师多次提醒后也仍犹豫不决,似乎是在害怕什么。注意到这一情况后,我借着走访寝室的机会找到小谢谈心谈话,察觉她情绪低落、发言消极且神情黯然,仿佛生活失去了色彩。在多次动之以情的谈话后,小谢告诉我她家里遇到了一些麻烦的事情,她的家庭关系存在裂痕,她自己对未来感到深深的困惑和迷茫,不知道以后要做什么工作,也对学业严重缺乏信心,觉得自己无法继续学业,因此产生了休学的想法,想要放弃毕业论文。当我了解到她的困境时,我心中满是惋惜和心疼,但同时也充满了决心和力量,我需要尽我所能去帮助她走出阴霾、走向阳光。

倾听和理解,是真正走近学生、达成双向奔赴的第一步。我悉心倾听她的诉说,并没有立即给出解决问题的办法,也没有说应该怎么做,而是结合我自己的经历和经验,告诉她我完全了解你的困扰,能够共情你的痛苦,深切理解你的感受。我告诉她,我会一直在这里,提供所有力所能及的支持和帮助。我希望她能感受到,无论何时,学校都会是她的坚强后盾。学生每一个困境的背后，都需要学校、老师、家长各方面长期的努力去突破。

我建议小谢寻求专业的心理服务，去学校心理健康教育中心咨询和医院的心身科就诊，积极配合心理咨询师和医生治疗。同时，我和小谢一起制订了一个短期和长期结合的行动计划，将毕业相关要求拆解为一个又一个小目标，时间规划上精确到每周事务，以期帮助她减轻对学业的畏难情绪和迷茫躁郁。毕业季将至，我询问小谢能否成为我的辅导员助理，帮助处理一些事务，她欣然应允。我带着小谢参加各类专场招聘会、求职讲座和应聘讲座等，帮助她建立正确的择业观和就业观，加深对就业市场和未来岗位的认识。我肯定了她作为辅导员助理在和同学沟通、和企业对接、和老师交流等方面所取得的进步，帮助其树立起面对困难的勇气和未来发展的信心，同时鼓励她积极参与社会志愿服务与班集体活动，在与学校师生及社会的良性互动中找到自己的价值，并且建议她养成良好的生活习惯，在严于律己的同时做到劳逸结合。我鼓励她勇敢表达自己的感受，让她知道她的感受是被理解和接受的，她的困难是可以克服的。

经过多方帮扶和长期的正向激励，我看到小谢不再消沉，而是充满了活力和信心，逐渐变得积极乐观，开始有了信心和勇气去面对生活和学习的困难。后来，她努力完成了学业课程及毕业论文，顺利毕业，并成功入职了一家心仪的化工制造企业。更让我欣慰的是，她在毕业后也和我保持着联系，有时和我分享一些她近期所取得的小成就、克服的小问题、遇到的小趣事以及偶尔的小欣喜。看着她走出困境、重振信心，以及拥有了直面困境、笑对艰难的能力，我也有骄傲感与满足感，同时也深感责任重大、使命光荣。

永远年轻，永远热泪盈眶，永远在路上。立德树人是一项充满挑战但又充满希望的事业，每一个学生都是独一无二的，他们都有自己的困难、挑战和希望。作为辅导员，我的任务就是提起一盏盏温暖而明亮的灯，照亮前行的坦途与坎坷，引领更多的学生走出困境，收获笑容、自信与成长，找到属于自己的光明，成为对自己、对家庭、对社会和对国家有用的人才。从事辅导员纵有棘手之时，但一路上收藏的感动与快乐也是我不断前行的不竭动力，我会继续带着这份理想信念，做好学生温情的“辅”助者、有益的指“导”师、贴心的领航“员”。

微光

际銮书院　徐若愚

在教育的广袤星空中，每一位教师都是点亮夜空的星火使者，他们用专业知识、工作经验和无私的爱引领着一群又一群孩子们披荆斩棘、破浪前行。其中，辅导员尤为独特，他们不仅是指引方向的明灯，更是心灵的守护者。我也是其中一员，在我的职业生涯中也有着这样的故事。在校学工处和院领导的悉心指导下，我用集体智慧、细致耐心和满满爱心，为一位因家境贫困、家庭重组和隔代抚养而陷入黑暗的学生点亮了希望之光。

一、乌云蔽月

拔尖创新人才实验班的学生都是经过层层选拔的精英。在这群耀眼的学生中，有一个名叫小梦的孩子，她的内心却如同被厚重的乌云笼罩的月亮，暗淡无光。小梦来自一个较为特殊的家庭，父亲是一个普普通通的保安，收入微薄，母亲因嫌弃父亲没本事赚钱，早年就离家出走，至今没有音讯。本应跟随父亲生活的她，却因父亲重组家庭，导致她从小就只能跟着爷爷奶奶一起生活。这种缺爱的生活状况让小梦背负了沉重的心理负担，她变得自卑、内向、敏感和多疑，心灵逐渐变得脆弱不堪，甚至有过自伤自残行为。

二、拨云退翳

在政策的支持下，利用资助中心组织的暑期入户调研的契机，我前往小梦家里，真实了解家庭情况，同时送去学校的关爱。她家在一栋“老破旧”楼里，至少30年楼龄了，屋里最值钱的就是一台42英寸的电视机，爷爷陪着奶奶在院子门口的马路边摆摊。经过简单交谈，我了解到小梦与父亲及继母组成的新家庭几乎没有往来，从小到大没有花过他们一分钱，没有父爱母爱，只与年迈的爷爷奶奶相依为命。

除了送爱上门的支持，我还注重在学校为小梦创造一个良好的学习环境和生活条件。我鼓励小梦积极参加学校组织的“剪纸”“插花”等心理辅导活动；定期主动找心理健康教育中心的老师做咨询，进行深入的交流和沟通；引导她在不适的情况下及时前往医院身心康复科就医；同时推荐她在院学生工作办公室担任学生助理，配合老师们做一些简单的行政工作，适当发放勤工助学补贴，贴补生活。其他领导老师和我的家人知道这个情况后，也会时不时地给予她一些生活上的帮助。在多方努力下，小梦逐渐学会了如何调整自己的情绪和心态，勇敢地面对生活的困境和挑战。

此外，疫情防控期间，我还鼓励她担任志愿者，为同学们服务，增强她的自信心和责任感，找到自己的价值和意义。我还引导她加入兴趣小组，让她有机会与同学们一起合作、学习和成长。在活动中，小梦逐渐找回了自信和快乐，开始主动与他人交流和分享自己的想法和感受，心灵也逐渐变得阳光和开朗。小梦毕业时成绩优秀，表现优异，保研去了一线城市深造。

三、月照流云

教育的工作永远不会停止，对于小梦这样的孩子，需要长期的关注和支持。我不定期与小梦保持联系，了解小梦当前的心理状况和学习情况，继续鼓励小梦参加各种课外活动和比赛，让她有机会展示自己的才华和实力。她研究生阶段的辅导员也和我有过联系，我们也多次共同探讨过如何给予她更好的帮助。随着时间的推移，小梦的心灵逐渐得到了疗愈和成长，这一切的改变都离不开包括辅导员老师在内所有教育工作者的辛勤付出和无私奉献。

育人，不仅仅是传授知识，更是关爱心灵、照亮未来的过程。每个学生都是一颗独特的种子，需要我们去用心浇灌和呵护，用智慧、耐心和爱心为这些种子提供充足的阳光和雨露，让它们茁壮成长、开花结果。只有这样，才能真正实现教育的目标——让每一个学生都能在未来的道路上绽放出属于自己的光芒，成为社会的栋梁之材。

我的“弟弟”

物理与材料学院　王　珅

确切地说我有共计188个“弟弟”，如果以“江湖”称号“珅哥”来计，恐怕我的“弟弟”会有上千人。“弟弟”们来自全国各地，操着不同的口音，说着不同的故事，焕发着不一样的“风采”。

“弟弟”中有一个来自海南，他的一举一动、一言一行着实让我牵挂和闹心。我承认，我一开始并不怎么喜欢他，甚至会有点“嫌弃”他。

2019年9月开学季，正当我还在忙碌于迎新事宜时，这位帅气的“弟弟”开始进入我的视野。他并没有海南人的特点，年纪轻轻的他喜欢穿一件纯白色长袖衬衫和套双非常非常大的运动鞋。他进入我的视野的方式比较特别，不是因为他那双“昂贵”的运动鞋，而是他军训期间由于“先天性粉尘过敏”无法坚持参训，经常找我请假。

一、人生的扣子从一开始就要扣好

他的纯白色衬衫上面的两粒扣子是永远不会扣好的，这或许也暗示了他一定要在“挂科”“上课迟到”“熬夜吃鸡”“谈情说爱”上“大显身手”。“弟弟”在大一上学期由于没能按照正常手续转入体育保健班，体质不好的他终究是难逃体育课挂科的命运；“弟弟”由于“睡眠质量不太好”常常睡到上课前几分钟，经常端着一杯咖啡迟迟地进入课堂，给人印象懒散的他终究是迈入了“循环挂科”的轮回……不知怎的，他就是那么我行我素，看起来一副若无其事的样子，拿到年级倒数第一的学分绩点也不当一回事，依旧在自己擅长的领域“大展宏图”。

习近平总书记在2014年五四青年节之际考察北京大学时嘱托同学们“人生的扣子从一开始就要扣好”。我想如果有些孩子一时扣不好这个“扣子”，我还是要耐心地去帮他扣一下的，一如这个让我“厌烦”的“弟弟”。为了不让他在体育课上吃亏，我跑遍学校数个部门带他办理转入保健班的手续；为了能够让他勤于自主学习，我经常去寝室看望督促他自习……现在他的纯白色衬衫上面的两粒扣子依旧敞开着，但是我能够从他见我时发自内心地喊我“珅哥”中觉察到，他人生的“扣子”正在慢慢地系准、系紧、系牢。

二、年轻人要“自找苦吃”

给人印象懒散的“弟弟”其实并不懒，甚至是很能“吃苦”的，这得从一次偶然的深夜相遇说起。有一晚凌晨1点多钟我碰到了坐在楼梯上“熬夜吃鸡”的“弟弟”，顿时火冒三丈的我克制住自己的情绪问他为何不睡觉。据了解，“弟弟”是熬夜等快递公司分拣夜班兼职，要凌晨3点骑电动车去10余公里以外的地方赚150元钱。家境不算殷实的他不惜举债购置了一辆电动车方便自己接送女朋友上下课，这是他去兼职的直接原因。那晚我并没有骂他，因为他的出发点是好的，况且此等吃苦精神是需要有意志力和坚韧性的，对他而言，不管是如何吃苦、吃哪种苦都是有百利而无一害的，只是他“捡了芝麻丢了西瓜”罢了。深夜偷偷出去兼职，无论出于何种目的，这都是绝对不允许的，我随即给“弟弟”转了300块钱，并叮嘱晚上不能出去兼职。

习近平总书记曾多次鼓励青年学子要“自找苦吃”。我想，作为当代的大学生，不仅仅要吃专业学习上的苦，也要吃生活的苦和身体的苦。为了能让他“吃苦”，我要求他下个月把钱“还”我，并且每周一把电脑交给我，周日领回去玩2个小时……

与我有过数面之缘的“三爱教授”王雨院长说“做科研要多一点点情怀”，他也曾叮嘱我“要在学生中引领大气坦荡、勤奋好学的风尚”。我想，“一点点情怀”运用到学生思想政治工作当中大概就是对照“有理想信念、有道德情操、有扎实学识、有仁爱之心”的“四有”好老师的标准来传承“爱生如子、爱岗敬业、爱校如家”的精神，给学生扣好人生的扣子、给学生多吃点“苦头”。

可以肯定的是，“一点点情怀”不论运用到哪个领域，都是爱国主义情怀的体现。爱国主义是大情怀，“一点点情怀”是小情怀，小情怀聚拢起来就是大情怀。怀揣“一点点情怀”的我乐此不疲！

用心育人的守望者

际銮书院　王俊友

在成为一名辅导员后的悠长而温暖的岁月里,我踏着晨曦的微光,步入了一片充满无限可能与梦想的青春田野。在这里,每一颗年轻的心都如同初升的太阳,熠熠生辉,他们是国家未来的脉动,是民族复兴的星火,更是推动社会巨轮滚滚向前的不竭动力。作为这片田野上的守望者,我深知肩上那份沉甸甸的责任与使命,它不仅仅关乎生活琐碎的管理与陪伴,更在于心灵的触碰、价值的塑造与梦想的点燃。

在这幅五彩斑斓的画卷中,每位学生都是独一无二的风景,他们带着各自的色彩与纹理,汇聚成一幅生动而复杂的青春图谱。我尝试着,以一颗细腻而敏锐的心,去倾听每一颗心灵的低语,去感知每一段成长的轨迹。于是,我学会了差异化的交流与引导,如同园丁精心修剪每一株幼苗,让它们在最适合的土壤中茁壮成长。

然而,成长的路上从不缺少风雨与挑战。一个名叫小青的孩子,曾一度让我心急如焚。他的沉默与孤僻,像是一层厚重的雾霭,遮蔽了本该灿烂的笑容与梦想的光芒。当我尝试走进他的内心、体会成长经历时,方才得知他内心的挣扎与绝望。我意识到,每一个看似平淡冷静的外表下,可能藏着一颗亟待温暖与救赎的心,家庭割裂、心境抑郁、成绩落后和社交恐惧甚至所产生的轻生念头都是他的重担,像一座座大山,压得他无法喘息。

在一个阳光明媚的周末,我们踏上了登山的旅程。山巅之上,风景如画,我们并肩而坐,让心灵在自然的怀抱中缓缓展开。我尝试着用温柔的话语,拂去他心中的阴霾,告诉他:“人生如登山,虽有坎坷,但每一步都铺就了通往顶峰的路。学会放下,方能拥抱更广阔的天空。”在那一刻,我仿佛看到了他眼中闪烁的星光,那是希望重生的光芒。

随后的日子里,我们共同制订了成长计划,从心理疏导到学业提升,从社交技能到人生规划,每一步都走得坚实而有力。我看着他逐渐走出阴霾,重拾自信,不仅在学业上取得了进步,更在人际交往中展现出了前所未有的成熟与稳重。那一刻,我深知所有的努力与付出都是值得的。

这段经历,如同一面镜子,让我更加清晰地看到了自己作为辅导员的角色与价值。我意识到，辅导员不仅是知识的传授者，更是心灵的引路人。我们需要用心去感受学生的每一个细微变化，用爱去温暖他们孤独的心灵，用智慧去照亮他们迷茫的未来。

展望未来，我满怀期待与信心。我愿继续在这条充满挑战与希望的道路上坚定前行，与学生们共同成长，共同书写属于我们的青春篇章。我相信，只要我们心怀梦想、脚踏实地，就一定能够创造出更加美好的校园生活，让每一颗年轻的心都在阳光下自由飞翔。

心灯相传

——我与学生的双向照耀

经济管理学院　张小敏

在大学的校园里，每一次相遇都不是偶然。作为辅导员，我们既是师者，又是友伴。岁月流转，我陪伴了五届学子的成长，见证了他们从青涩到成熟的蜕变。在这漫长的育人路上，我始终秉持着不抛弃、不放弃的信念，努力成为他们人生旅途中的一盏指路明灯。

一、播种

心灵的种子，需要细心播种。金融学172班的孙同学，大二上学期有一次来找我请假回家，谈话间隙，我问了一下他最近的情况，发现他状态不佳，于是，我主动和他聊了起来，用温暖的话语和耐心的倾听，慢慢打开他的心扉。通过一个小时的深入了解，我发现他最近经常失眠，也了解到他高中时期就有过抑郁倾向，只是为了应付高考，没去看病。并且他和父亲关系极其不好，目前的状态也与此有关，高中的时候父亲经常打他，导致他现在还有阴影。我建议他去医院看看，经诊断为中度抑郁，我督促他按医生要求吃药，也让他定期去心理健康教育中心找老师咨询。我告诉他，每个人都有自己的光芒，只要勇敢走出来，就能照亮前行的路。

二、浇灌

心灵的花园，需要不断浇灌。大二下学期开学，有一次他突然打电话给我，说他在寝室很不安全，有人去他寝室找他还钱。我马上到寝室找他，并把催款人叫到会议室了解情况才得知，他在各种APP上贷了很多款，我联系他妈妈，约好明天一起在会议室谈处理方法。第二天约好催款人和他妈妈，我与催款人商量了很久，基于他家实际情况说好只还本金，利息不还。后面在我和家长的一再追问下，才得知他不光欠APP很多钱，还挪用家里的存款一起炒外汇，共计有近30万元欠款。在保证学生安全的情况下，我先与家长商量解决办法，再安抚好学生情绪。我让他先把心思放在学习上，不能再去炒外汇，生活费由他姐姐管理，定期支付。我也定期带他去医院看病，定期和他谈心，并在他经济困难时借钱给他吃饭看病。经过一年多的药物治疗和心理咨询，他的抑郁症状好转，基本处于正常状态。我深

知，此刻的他需要的不仅是安慰，更需要重新找回自我的力量。于是，我鼓励他参加各种活动，发掘自己的潜能，让他在忙碌与充实中逐渐走出阴霾。我陪伴他一起面对过去、展望未来，让他明白，每一次挫折都是成长的垫脚石。

三、修剪

心灵的树枝，需要适时修剪。由于一年多的抑郁症状和高额网络贷款，他的性格越来越孤僻，我深知，这样的性格对他未来的发展不利。于是，在一次次深入的谈话中，我引导他走出内心，勇于接纳不完美的自己。我告诉他，真正的智慧在于知道自己的局限，并勇于改正。经过一年多时间的用心陪伴和鼓励，他终于摆脱抑郁，走向阳光。

四、开花

心灵的花朵，终将绽放光彩。在平常的生活学习中，我用心指导并时刻关注他，当他学业遇到困难时，我主动联系任课老师和同班同学，在学业上辅导他、帮助他。大四面临就业时，我帮他修改简历，推荐工作。在我的陪伴与引导下，他逐渐走出了困境，开始展现出积极向上的精神风貌。他学会了面对挑战，敢于追求梦想。我看到了他眼神中的坚定与自信，那是心灵之花绽放的光芒。毕业后，他成功被杭州一家单位录用。

五、硕果

心灵的硕果，是育人的最大收获。如今的孙同学，已经成为一名优秀的工作者，他在自己的领域里取得了不俗的成绩。每当我想起他，心中都充满了欣慰和自豪。我知道，我所做的一切都是值得的。多年后，当我再次回想起那些陪伴他度过的日子，心中充满了欣慰与骄傲。

六、感悟

十九年来，我遇到过很多有心理问题的学生，如今他们有的成了行业的佼佼者，有的投身公益事业，有的则在学术领域取得了骄人的成绩。这些硕果，是我的心理育人之旅的最好见证。回望这段旅程，我深感辅导员工作的责任与使命，每一个学生都是独一无二的个体，他们有着自己的故事和梦想。作为辅导员，我要做的不仅仅是传授知识，更是引导他们健康成长，助力他们实现梦想。这段心理育人的经历，让我更加坚信教育的力量，也让我更加珍惜与学生们的每一次相遇。

回首过去的岁月，我深知辅导员工作的艰辛与不易。但每当看到学生们茁壮成长、取得成就时，那种满足感和成就感便油然而生。我坚信，只要我们用心去关爱每一个学生，用真诚去感化他们，就一定能够收获满满的幸福和喜悦。这是我的心理育人故事，也是我不

忘初心、牢记使命的最好诠释。

七、相传

在未来的日子里，我将继续用我的热情和智慧，为更多的学生点亮前行的路，陪伴他们走过青春的迷茫与困惑，共同迎接崭新的明天。这些年的辅导员生涯中，我遇到了无数像孙同学这样的学生。他们每个人都有自己的故事和困境，而我始终坚信，只要给予他们足够的关爱和支持，他们就能战胜困难，绽放出属于自己的光芒。

在这个相互照耀的过程中，我也从学生身上汲取了无尽的力量和勇气。他们的成长和进步是我最大的骄傲和动力来源。我深知育人之路任重而道远，但每当我看到他们眼中闪烁的光芒和对未来的憧憬时，我便坚信这条路是值得走下去的。

心灯相传，是我与学生之间最真挚的情感纽带。在未来的日子里，我将继续秉持这份信念和热情，照亮更多学子的前行之路。同时，我也期待着从他们身上汲取更多的智慧和力量，共同书写更多动人的育人篇章。

携手同行：师生共绘成长的彩虹

软件学院 戴 琳

在教育这片充满无限可能的天地里，我作为大学辅导员，始终怀揣着一份对青年学子深沉的爱与责任，与他们并肩走在成长的道路上，共同绘制着那一道道绚烂的彩虹。这不仅仅是一段段故事的堆砌，更是心灵与心灵之间深刻交流与共鸣的见证。

作为一名大学辅导员，我肩负着培养青年学生成长成才的重任。我深知，每一个学生都是一块独特的璞玉，需要我用心去雕琢、用爱去呵护。在这个岗位上，我经历过无数挑战和感动，也见证了学生们的成长和变化。下面，我想分享一个关于我与学生小李的故事。

成长的道路从不是一帆风顺的

小李的故事，是我育人旅程中一个璀璨夺目的篇章。初识小李，他那份内向与沉默如同一道难以逾越的墙，让我既心疼又焦急。我深知，每一个孩子都是独一无二的，他们需要的不仅仅是知识的灌溉，更是心灵的慰藉与引导。于是，我踏上了寻找打开小李心扉钥匙的旅程。

小李是我所带班级的一名学生，他性格内向，不善言辞，学习成绩也一直处于班级中下游。在小李同学刚入学时，我就注意到了他的特殊。小李同学平时沉默寡言，拒绝和外界进行沟通。为了帮助他走出困境，我主动与他沟通，试图了解他的内心世界。然而，小李总是避而不谈，让我倍感棘手。

为了打破僵局，我决定从小李的兴趣爱好入手。通过细致的观察与耐心的交流，我发现了小李对摄影的热爱。这仿佛是一束光，照亮了我们之间的沟壑。我鼓励他加入摄影社团，让他在镜头下寻找自我、表达情感。随着快门声的响起，小李的世界逐渐变得丰富多彩，他的笑容也多了起来，开始主动与同学交流，分享他的摄影作品和背后的故事。

然而，成长的道路从不是一帆风顺的。面对学业上的挑战，小李再次陷入了迷茫。我深知，提高成绩只是治标，重塑自信才是治本。为了帮助他提高成绩，我为他制订了个性化的学习计划，并安排班级里学习好的同学对他进行一对一帮扶。在我的关心和帮助下，小李的学习态度逐渐转变，成绩也有了明显的提升，小李的学习和心态都发生了巨大的变化。

打不倒你的只会让你更坚强

随着学习成绩的提升，小李的自信心也逐渐增强。他开始相信自己有能力取得好成绩，逐渐摆脱了之前的自卑和消极情绪。这种自信心的增强也反映在他的社交和日常生活中，他变得更加开朗和活跃。

正当我为小李的进步感到欣慰时，一场突如其来的变故让我再次感受到了辅导员工作的艰辛。小李的父亲突然病逝，他的家庭陷入了巨大的悲痛之中。得知这个消息后，为了让小李能够尽快走出阴霾，我鼓励他参加学校的心理辅导活动，时刻关注他的情绪变化，并且让他身边的好朋友对他多多关注，帮助他一起渡过难关。我深知，要真正帮助小李走出困境，还需要更多的时间和耐心。于是，我继续关注他的成长过程，时刻关心他的需求和困惑。每当他遇到问题时，我都会耐心地倾听和解答，给予他支持和鼓励。在我和同学们的关心和支持下，小李逐渐走出了阴霾，重新找回了生活的勇气和信心。

经过这一系列的波折与磨砺，小李变得更加坚强与成熟。他学会了如何面对生活的挑战、如何在逆境中寻找希望。他的成长，是对我的辅导员工作最大的肯定与鼓励。

风雨过后是彩虹

在这个过程中，我深刻体会到了辅导员工作的重要性和挑战性。辅导员不仅要关心学生的学业成绩，还要关注学生的身心健康和成长过程。我们要用心去倾听每一个学生的声音，用爱去温暖每一个学生的心灵。只有这样，我们才能真正成为学生成长道路上的引路人。

如今，小李已经顺利毕业并找到了一份满意的工作。每当想起他在大学期间的成长历程，我都感到无比欣慰和自豪。作为一名辅导员，我很庆幸小李同学在人生最低谷、最迷茫的时候选择了对我敞开心扉，无条件地信任我。这个故事让我更加坚定了从事辅导员工作的信念和决心。我相信，只要我们用心去关爱每一个学生，用爱去温暖每一个心灵，就一定能够培养出更多优秀的人才，为国家和民族的繁荣富强贡献自己的力量。

在辅导员这个岗位上，我将继续用我的热情和智慧，为学生的成长成才贡献自己的力量。我将不断总结经验教训，提高自己的专业素养和育人能力，为学生的全面发展提供更加优质的服务。同时，我也将不断反思自己的工作方法和策略，努力创新育人模式，为学生提供更加个性化、全面化、精准化的指导和帮助。

在未来的工作中，我将更加注重学生的心理健康教育和人文关怀，关注学生的个性化需求和发展潜力。我将积极引导学生树立正确的世界观、人生观和价值观，培养他们的创新精神和实践能力，助力他们成为有理想、敢担当、能吃苦、肯奋斗的新时代好青年。

回首这段携手同行的旅程，我深刻体会到辅导员工作的艰辛与伟大。我们不仅是知识的传递者，更是学生心灵的守护者。我们用心去感受他们的喜怒哀乐，用爱去驱散他们心中的阴霾。在这个过程中，我们与学生共同成长，共同绘制着属于彼此的成长彩虹。

展望未来，我将继续秉持着这份热爱与责任，与更多的学生携手同行。我将用我的智慧与热情，为他们点亮前行的灯塔，引领他们走向更加辉煌的明天。我相信，只要我们用心去爱、用情去教，就一定能够培养出更多优秀的人才，为社会的进步与发展贡献自己的力量。

学会在挫折中不断成长

眼视光学院　郭　锐

在洒满阳光的南大校园里，每一寸土地都承载着学子们的梦想与希望。这里，是梦开始的地方，也是每一位学子心中那艘扬帆起航的船只的港湾。他们带着家庭的期许，怀揣着个人的梦想，汇聚在这个充满温暖与关怀的大家庭中。而在这片充满希望的土地上，辅导员们就像是一位位守护者，用目光温暖着每一位学生，关注着他们的成长与蜕变。

作为学生成长道路上的重要引路人，辅导员肩负的责任远不止于管理学生日常事务那么简单，其更像是学生心中的灯塔，指引着他们在学术的海洋中航行，同时也在他们的人生道路上播撒着智慧与关爱的种子。辅导员们不仅致力于提升学生的学术素养和社会技能，更将培养学生健全的人格和心理素质视为己任。因为在学生的成长过程中，面对挫折时的坚韧不拔和从失败中汲取教训的能力同样重要。只有这样，学生们才能在挫折中不断成长，形成积极向上的生活态度，勇敢地迎接未来人生的各种挑战。

挫折，这个生活中不可避免的一部分，它如同一位严师，时刻考验着每个人的意志与决心。在面对挫折时，不同的人会有不同的反应。有些学生可能会选择逃避，而有些学生则可能会迎难而上。但无论哪种方式，辅导员们都会耐心地陪伴在他们身边，帮助他们建立起一种有效的挫折应对机制，让他们在面对困难时能够迅速调整自己的状态，找到解决问题的最佳方法。

在日常的工作中，辅导员们时刻关注学生的心理健康。许多时候，挫折和失败往往会给学生的心理带来一定的冲击。因此，辅导员们需要密切关注这些学生的心理健康状况，及时发现和解决他们的心理问题。通过谈心谈话和心理疏导，辅导员们能够较好地帮助学生走出心理阴影，重新找回自信和勇气。而在这个过程中，也出现了许多感人至深的故事，其中就包括一位特殊关爱学生的故事。

李同学是我的一位成绩优秀的学生。他的成绩在班上一直处于上游，是同学们眼中的佼佼者。在生活中，他阳光开朗、性格外向、待人礼貌周到，和同学、老师们相处得十分融洽。然而，正是由于他对好成绩的过度渴望，在一次考试中，他违反校规，夹带小抄进入考场。这一行为使他受到了学校的处分，也正是因为这一打击，他的心理健康受到了影响。

他变得意志消沉，还伴有躯体化症状，无法很好地学习和生活。

得知这一消息后，我高度重视并立即采取行动，制订了一系列帮扶疏导方案，持续关心关注李同学的情况，并与他的家长保持密切沟通，家校联合共同为李同学进行心理疏导。在这个过程中，我始终保持着耐心和关爱，倾听李同学的心声，为他排解内心的困惑和焦虑，用关爱与陪伴为李同学点亮了一盏希望之灯。

经过一段时间的努力，李同学的情绪逐渐稳定。但考虑到心理康复期较长，为了确保他的安全并暂时回避应激场景，经过与李同学和其家长协商后，学院为李同学办理了休学手续。在休学期间，我也未曾中断对李同学的关心，通过与李同学和家长的定期沟通，随时关注他的动态并鼓励他积极面对困难、勇敢地走出阴霾。在我的关爱与支持下，李同学逐渐走出了心理阴影并重新找回了自信和勇气。

经过半年的调整与治疗，李同学终于迎来了复学的日子。回到校园的他倍加珍惜学习的机会并努力上进，他积极参与学校的各种活动并逐渐摆脱了过去的阴影，他又重新变成了一个充满阳光的学生。在之后的期末考试中，李同学取得了班级排名前 30% 的好成绩，重新找回了属于自己的光芒。

作为辅导员的我们肩负着培养学生成长成才的重任，我们需要时刻关注学生的心理健康并引导他们树立正确的价值观。同时，我们还要致力于培养他们独立思考和解决问题的能力。在这个过程中，加强与家长的沟通与合作显得尤为重要，因为家校共同合作能够为学生的成长创造一个更加良好的环境。而李同学的故事更让我深刻地体会到育人不仅是传授知识那么简单，它更需要关注学生的全面发展、陪伴他们走过每一个成长的瞬间、在他们需要时伸出援手并给予他们力量与勇气。

在未来的日子里，我们将继续用心倾听每一位学生的心声，关注他们的成长与变化。我们会陪伴他们走过每一个挫折与困难，鼓励他们勇敢地面对挑战并不断地超越自我。因为我们知道，每一位学生都有无限的潜力和可能，只要给予他们足够的关爱与支持，他们就能够创造出属于自己的奇迹，成长为社会的栋梁之材，为这个世界带来更多的美好与希望。

教育是一项神圣的事业，需要我们用心去做、用爱去浇灌，为每一位学生的成长与蜕变贡献自己的力量。

学生的小事，就是“婷姐”的大事

先进制造学院　李　婷

2019 年 7 月,我成为一名高校辅导员。辅导员工作“育人”也“育己”。5 年来,我致力于探索学生工作脉络、挖掘学生多样需求、把握学生成长规律,让教育充满爱的温度。我做了辅导员以后最大的感悟是:对待每一个学生、每一项工作,我都努力做到了“件件有着落,事事有回应”。我一直坚信,“把学生放在心上,才能被学生放在心上”。接下来我想讲讲我的育人历程,用心、用情、用力走进学生内心,陪伴学生左右,引领学生成长,从而实现自我价值。

一、用心走入,做学生的支持者

刚接手学生那会儿,为了更好地和学生联系,我用了 15 天左右的时间,反复地看、反复地记学生的信息和照片;用 1 个月左右的时间,和所带 6 个新生班的所有同学全部进行了一对一面谈。后来,我又创设了“婷姐晚间 Time”“婷姐午餐有约”等栏目,通过轻松愉快的方式,更好地和学生打成一片。还有集体生日会、爱心早餐、零点生日祝福、定制贺卡和专属备注等方式,我好像把用在另一半身上的心思全部都给了我的学生,因此学生也很信任我,有任何事情都会和我分享。

有一天,小肖在微信上给我反馈,说小杨跟他说吃完这最后一顿后想要自杀。我立马询问学生现在所在位置,学生说在三食堂三楼某摊点,我第一时间赶往现场。

到了现场后,我初步与学生进行谈话,学生不愿意袒露自己面对的困难,但是情绪极为低落沮丧,只是说自己在尝试解决问题,具体遇到什么问题和用什么方式解决问题都不愿意说。因为该生是从际銮书院退回的学生,对我起初是有不信任的,在我陪学生吃完饭后,我告诉他我愿意支持他,陪他共同解决问题。学生慢慢开始对我敞开心扉,他说从实验班退出,同时在现在所在班级又不适应,产生了自己是两边学院“弃子”的想法。

二、用情呵护,做学生的陪伴者

从 2019 年的 49 名学生到现在的 170 多名学生的“守护者”,我深感肩上的担子更重,不是觉得他们淘气，而是怕自己精力不够。但我依然底气十足地告诉他们：你们放心，只要你们需要，多晚我都在。

我一边陪同小杨，一边打电话联系家长，跟家长反馈学生的极端言行。家长表示学生平时没有异常，起初家长并不愿意到校，在我和分管领导的不断劝说下才同意到校。

我第一时间带该生前往心理健康教育中心进行咨询，谈话后学生情绪逐渐稳定，次日早上让该生空腹去校医院做一次免费体检。随后，我陪同该生以及学生家长前往医院就诊，诊断结果为建议家人 24 小时妥善陪护患者，严防患者发生意外。医生建议学生暂时回家休息，待疾病稳定后再回校继续就读。

三、用力发现，做学生的引领者

针对该生的整体情况，我做了大量“功课”。在陪同小杨的过程中，我发现他逐渐情绪平稳后，也联系了该生在际銮书院的辅导员，了解到该生在际銮书院表现无异常，不是心理建档学生，而是家庭经济困难学生。同时，我还和他在际銮书院的室友联系过，以及对他去际銮书院前在本班的人际关系也进行了了解，尽可能更全面地“发现”他的具体情况，并为其量身定制了解决方案。

我连续 3 天陪着小杨，他对我逐渐信任，在这个过程中我和他以及他的家长聊了很多。他说他科研训练压力比较大，因为他是项目的主力成员，不希望辜负科研训练老师和项目其他成员的期待。因此，我建议学生可以遵从医嘱，尝试回家休息一段时间，离开这个让自己感觉到高压的环境去放松休整一下。

在小杨休养期间，我持续不断地和他以及家长进行联系，关心他在家的休养情况，了解他目前的治疗状况……

在处理小杨同学事件的时候，我发现做好学生工作的每一件小事，就是我工作中的大事。其实，还有一个背后的故事，那就是跟我反馈小杨有自杀倾向的小肖也是有心理问题的学生，但是通过我的关心和帮助，这名学生逐渐阳光自信并且非常信任我。我在小杨事件发生前就将他俩编在“朋辈帮扶”小组里，正因为我做好了每一件学生工作中的小事，让小肖有了改变，这才有了小肖愿意暖心地帮助小杨，避免了一起极端事件的发生。所以，我始终坚信“教育不是灌输，而是点燃火焰”的理念，始终将培养社会急需的全面人才作为己任，全身心投入学生管理工作中，与学生关系密切，亦师亦友，深得学生的信任和拥戴。

在成为学生人生导师和知心朋友的道路上，每一位辅导员都不曾停歇，而我只是这支队伍当中非常平凡的一员。辅导员肩负着立德树人的使命，在这个过程中，我们要有面对荆棘密布的准备，要有静待花开的守望，要有甘为人梯的境界，努力把“有意义”的事情做得“有意思”，把“有情感”的事业干得“有情怀”，把学生的“每件小事”当成自己的“大事”，用心、用情、用力，“辅”学生成长，“导”学生方向，“员”学生梦想，努力成为让学生因遇见我们而感到幸运的人。

一包寄来的喜糖

建筑与设计学院　明海伟

时间很快，转眼间来学校工作已九年时光。九年间，香樟黄绿，人世变换，诸多事缘，浮沉来去，皆成过往。存在决定意识，许多人世，离开特定的环境，就再也没有当时的情感。而每次看见学生们青春的笑脸，无论身心多累都能拿起情怀、同苦同乐。2023 年 11 月，我收到一条微信，“老师，我要结婚了……”每次看到或听到此类的言语，看着学生从懵懂到遇见最好的自己，我都会充满成就感和幸福感。

一、坚强的女孩

2015 年 9 月，刚入职的我接手了 2014 级工业设计系和表演系的学生。彼时，已经大二的他们对大学已渐有自己的认知，加上艺术类学生特有的性格特点，这些对于刚从事辅导员工作的我是一个不小的挑战。

艺术类学生家庭条件总体偏好，但小李是家庭条件较为困难的女生，父母文化水平很低，基本没有接受过教育，靠种地为生，没有其他收入，只有一个在外打工的哥哥。据了解，2014 年 9 月开学时，小李在哥哥的陪同下提前来学校报到，由于家庭经济比较困难，办理了“绿色通道”，申请了助学贷款等。10 月份，她的家庭经济困难建档等级为特殊困难。在校学习期间，她自己找了很多兼职，贴补自己的生活费。平常与她交流时，她的话比较少，性格内向，说话有点含糊，让人听不清楚；在网络上交流时，比如 QQ，她又比较开朗，各种网络用语层出不穷。

新学期开学，她来办公室报到时，由于前任辅导员和我交接时重点聊了她的情况，我也特意和她进行了谈心谈话，小李也主动讲起了家里的情况，虽然申请了助学贷款，但剩余的 5000 元学费也有支付难度，最后还是家里向亲戚借了一些才凑齐了学费，小李心里很为家里的境况难过。我顺势开导和鼓励她，为她介绍了勤工助学岗位，并安排班长兼室友的小王多帮助和关心她。

二、雨中的小花

2015 年 10 月底，班长小王和我反映小李上学期谈了男朋友后面分手了，最近几天在老乡会上认识了隔壁学校的一个男生，并确立了恋爱关系，二人目前关系融洽。了解到这些情况，我隐隐觉得有些不安，便找了个机会和小李进行了两个小时的谈话。谈话中，小李向我诉说家里重男轻女，自己从小得不到父母的重视，哪怕是考上大学，父母也没有多么高兴，自始至终只有 80 多岁的爷爷一直关心和支持自己，就连监护人填写的都是她的姑姑。到大学后，也特别想得到别人的认可和关心，“第一段恋爱是因为对方不是那么重视自己，而现在的男朋友因为学校没有我们学校好，所以很看重我”。

谈完话接近中午，我就请小李在学校食堂吃饭。吃饭过程中，我对她恋爱的事情表示认可和支持，但也穿插了一些人生观、价值观和恋爱观的内容在里面，希望她能自信、自强，使自己的内心更加强大，强大到不需要别人的认可就可以安心地按照自己的步调去生活和学习。从食堂出来，外面下起了小雨，看着小李在雨中慢慢前行的背影，我仿佛看到了一朵摇曳在风雨中的小花，需要人精心培育。

2016 年元旦前，班长小王来办公室谈班级工作，我就托小王给小李带了一个苹果。第二天小李就来了办公室，一是感谢我给她的苹果，二是想请假元旦离校和同学去九江玩，从谈话中得知此次去九江的有他男朋友、师兄师姐等五六人。在和她姑姑联系时，她姑姑对她去九江玩也表示同意，我也就叮嘱了一些安全事项，看着她开开心心、蹦蹦跳跳地离开了。

三、不同的滋味

2016 年春季学期开学后，我听班长小王说小李和男朋友近期发生的争执较多，好像在闹分手。我就找了小李聊天，感觉到她对男朋友比较依恋，她谈到两个人出现了一点问题，但是还在彼此适应。我对她进行了安抚和心理疏导，提醒她有需要的时候可以随时找我。

5 月 8 日晚，我忽然接到小李男朋友小梁的电话，小梁说小李去了他们学校找他，目前情绪很不稳定。挂断电话后，我迅速赶到了现场，远远地看到小李在漫无目的地走着，小梁跟在她的后面。当小李看到我的那一刻，她迅速向操场跑去，当时天空下着雨，小李在操场拼命地跑，我和小梁在后面拼命地追。经过长达两个多小时的反复劝说，小李最终答应由男友陪着和我一起返回学校。当晚在同学的看护下，小李安然入睡。第二天一早，小梁给我打电话说小李在用头撞墙，我及时赶到现场，将他们带到了办公室。

后来了解到，3 月开学后小梁曾多次向小李提出分手，但小李一直不同意，分分合合就产生了后面的情况。鉴于此，在征求了小李的意见后，我陪同小李到学校心理健康教育中心进行心理疏导，在心理老师的建议下又到医院进行了诊断，医生建议休学一年进行休养。后面，我征求了小李姑姑、爷爷和哥哥的意见，让小李办理了休学手续。当小李由爷爷、哥哥带着离开我办公室的时候，我的心里有说不出来的滋味。

四、寄来的喜糖

在小李休学的这段时间，我们也一直保持着联系，小李和哥哥到广东去打工，同时也在积极地服用药物。我一直鼓励着她，为她得到店长的夸奖而开心，为她发了工资给爷爷买鞋子而夸她懂事，慢慢地我感觉小李已走出了心里的阴影。

2017 年 3 月，小李来办理复学手续，我和她聊了好久，感觉她的精神状态好了很多，我给她介绍了新的辅导员，也叮嘱她有什么需要可以继续来找我。同时，我再次给她介绍了兼职，她非常开心地说，一定不会辜负老师的期望。后来，她忙于兼职和学业，没有再谈恋爱，每个小长假我会给她带点吃的，或是请她“吃顿好的”。2018 年 12 月份，她忽然来到我的办公室对我说，“老师我找到工作了，明年 3 月份去实习，转正后月薪有 7000 多元呢”。2019 年 6 月，毕业之际，小李来办公室向我道别，哭了足足半个小时，特地说道，“老师，我一直记得那晚我在操场上跑，您在后面追我的情景。这几年，感谢有您”。

小李的故事，给我带来了很多思考。谁都有感叹命运不公、生活不平的时候，天下事，成于从容，败于惶急，在不如意的时候，拉长人生的长度，放到浩渺宇宙里去比对、去丈量，去看看星辰大海、万山千岳。耐得寂寞、守得孤独，寻找心灵充实的地方、灵魂安静的区域，自会百花竞艳、冬去春来。

2023 年 11 月，我收到了小李寄来的喜糖，那些精心挑选的喜糖，非常鲜艳！

一同前行，艺路生花

艺术学院　顾琳琳

2023年的金秋九月，我成为音乐系新生的辅导员。在这片充满梦想与挑战的艺术海洋中，我也有幸与一群充满活力和个性的同学们相遇、相处。他们有的热情洋溢，有的内敛稳重，也有或许经历过众多困难才来到这里的……作为一名辅导员，我不仅仅是他们的老师，也是朋友，更是他们的引路人和支持者，我愿意认真倾听他们的故事，竭尽全力为他们解决困难。因为我相信，只要给他们足够的关心与鼓励，他们就一定能在大学这个舞台绽放自己独特的光彩。

在校园里，一个对音乐有着无限热爱的男生总能引起我对他的关注，音乐就像是他生命里的一束光。他的音乐，仿佛是他灵魂的呐喊，是他与世界对话的方式。然而，在这悠扬的声音背后，也隐藏着一段沉重的过往。在他初中住宿的那段日子，因为内心的孤独和不被理解，他逐渐陷入了心理疾病的漩涡，轻微的狂躁症让他在与人相处时显得有些格格不入，与室友的关系也变得紧张。而最糟糕的是，有时他甚至产生了想要伤害他人的冲动行为，这也让他陷入了痛苦与自责之中。

步入大学前，男生在教育机构遇到了一位让他心动的女生，两人很快确定了关系。然而，他的女朋友也同样患有心理问题，甚至比想象中的严重得多。她经常会采用自残的方式来排解心中的痛苦，这也让男生非常心疼。他总能感同身受，因为在身处黑暗的日子里，他也经历过绝望与无助，他非常理解女生，并想要成为女生的救赎与希望。男生知道，帮助女生走出黑暗需要时间的打磨，当在她身边时，男生总是温柔地陪伴，耐心倾听她的心声，用自己的方式，一起听音乐，一起分享彼此的故事，一起面对内心的恐惧与不安，用自己的理解与关怀去温暖她的心。

其实，男孩是一个非常善良且善解人意的人。当我第一次与他沟通时，我小心翼翼地，怕他太过敏感而对我不信任，也怕触碰到他的敏感或脆弱之处而让他情绪失控。结果，相比我的拘束，他显得落落大方，我提出的问题他都会回答我，甚至愿意与我分享更多他的故事。他告诉我，他经常通过打游戏来排解心中的苦闷。在走访寝室时，我了解到他打游戏会影响到室友的日常，于是我找到了他并提出建议，是否能换个不会吵到室友的键盘，他立即答应了，并且还向我表达了歉意。

随着时间的推移，我对他的印象也开始改变。我经常找他聊天，了解他的生活情况，我们开始变得熟悉起来，建立了信任，他也向我敞开心扉，讲述了他的心理问题大多来源于他的父母。男孩心里对他的父亲非常崇拜，当我与他聊到父亲时他的眼里都有着光，对父亲的称赞更是滔滔不绝，可是他的父亲比较强势，对于孩子教育也是如此。男孩十分热衷于声乐演唱，而他的父亲似乎对学习艺术有着很大的偏见，他认为学习艺术就是学习不好，所以他经常指责男生不务正业。渐渐地，该生与他父亲两人的关系变得紧张，甚至演变成敌对的状态，他的心理也逐渐出现了问题。

后来，我意识到想要帮助男孩不仅要让他自己改变，更多的是要让家长了解孩子的内心，让家长也改变教育方式。于是，我通过电话联系到了男孩的父母。通过对话，我发现男孩的母亲是个通情达理的人，之前父子之间的矛盾也都是由母亲充当和事佬解决。我了解到男孩总是向家里报喜不报忧，表示自己懂得如何与人相处，也希望父母能够信任自己在生活和思想上都很独立成熟。我想到男孩曾表示自己的父亲很善于与人沟通，他非常佩服并想成为像他父亲一样的人，这时我才意识到父亲在他心中有着很重要的地位。

因此，我与男孩父亲进行沟通。我表示男孩是一个有着极高艺术天赋的人，也告知了他在孩子心中的重要性。父亲开始对艺术有了改观，也认识到了自己的教育方法过于偏执，他开始不断地反思自己，也表示愿意与男生好好沟通，也理解了男生学习音乐的坚持。

其实，家长对孩子们应该要采取放手管教的方式，尊重并理解孩子的想法，支持孩子的兴趣。作为老师，我们也要和家长积极沟通，帮助孩子们走出困境。另外，当孩子们遇到困难时，我们要鼓励他们积极寻求帮助，成为他们坚强的后盾。

通过这个故事，我更加明白育人工作的重要性及价值感。今后，我们要以开放和理解的态度去关注孩子们的成长，让每一个孩子都能够寻找到自己的光芒，勇敢地追求自己的梦想。正如这片校园中绽放的花朵，每一朵都有属于自己的色彩与芬芳。

用爱感化，播撒真善美的种子

建筑与设计学院　杨京含

在人生的浩瀚星空中，每个人都是独一无二的明月，以其独有的光辉与阴晴圆缺，绘就了各自斑斓的生命轨迹。而在这片星辰之下，学生们的世界更是充满了无限可能与待解的谜团，他们的心灵如同初升的月轮，既皎洁又脆弱，亟待温柔的手去引导、去呵护。作为辅导员老师，我们不仅是知识的传递者，更是心灵的引路人，肩上承载着用爱点亮学生内心世界的重任。在这条充满挑战与希望的道路上，“爱”如同那不灭的灯塔，引领我们穿越迷雾，抵达心灵的彼岸。

林同学的故事，便是这万千星辰中一颗独特而璀璨的星。该同学是留守儿童，与爷爷奶奶居住，父母长期失联，家庭经济收入主要由叔叔负担。家庭的因素，导致其与他人之间的人际交往能力弱，自卑感强，有着双相情感障碍等问题。这样的成长环境如同在她心中筑成了一道无形的墙，悄然间在她心中种下了自卑与孤独的种子，让她的世界多了几分荫翳，少了几分阳光。双相情感障碍的阴霾，更是让她的心灵之旅布满了荆棘。

初入大学校门，林同学的身影显得格外孤单而寂寞。作为她的辅导员，我敏锐地察觉到了这份不同寻常的宁静背后的波澜。于是，在开学的喧嚣中，我特意抽出了时间与她进行了一场心灵的对话。在那次谈话中，我小心翼翼地探索着她的内心世界，试图用温暖的话语驱散她心中的寒意。我发现，尽管生活的重压让她显得有些内向，但她的眼神中依然闪烁着对美好事物的渴望与向往。这份纯真与坚韧，让我更加坚定了要帮助她走出阴霾的决心。

为了让她感受到集体的温暖，我不仅在班级中发起了“关爱行动”，鼓励同学们多与她交流，还亲自参与了她的日常生活，关注她的每一个细微变化。几个月的时间，足以让一颗冰封的心逐渐融化。林同学开始尝试着打开心扉，与周围的人建立联系。在宿舍里，她不再是那个沉默寡言的女孩，而是成为大家信赖的朋友，用自己的方式贡献着一份力量。这份转变，让我深感欣慰，也让我更加坚信：爱，是改变一切的力量。

然而，大学生活并非只有温馨与美好，它同样伴随着压力与挑战。当林同学面对学业的重压、内心再次陷入崩溃时，我及时伸出了援手。我告诉她："教育的本质，在于心灵的触碰与唤醒。"我通过耐心的倾听与鼓励，帮助她找到了适合自己的学习方法，引导她突破内心的防线，勇敢地追求自己的梦想。在这个过程中，我们共同分享着彼此的故事与梦想，她的脸上再次绽放出了对未来的期待与向往。

随着时间的推移，林同学的变化愈发显著。她学会了如何正确释放自己的情绪，如何在逆境中寻找希望的光芒。她的成绩稳步提升，在班级中名列前茅；她的朋友圈逐渐扩大，与同学们建立了深厚的友谊；她的家庭关系也得到了改善，与叔叔和爷爷奶奶之间的亲情日益深厚。更重要的是，她学会了将这份来自他人的关爱回馈给社会，积极参与各种志愿服务活动，用自己的行动传递着正能量。

回望这段旅程，我深感作为辅导员的责任与使命。六年的辅导员生涯，让我见证了无数像林同学这样的学生，在爱与关怀的滋养下，从青涩走向成熟，从迷茫走向坚定。我深知，教育不仅仅是传授知识那么简单，它更是一场心灵的修行。在这个过程中，我们需要用心去倾听、去理解、去关爱每一个学生，用我们的爱心为他们撑起一片天空，让他们在逆境中也能绽放出属于自己的光彩。

未来，我将继续秉持着"为党育人、为国育才"的初心使命，落实立德树人的根本任务。我相信，只要我们用心去爱、去引导、去陪伴每一位学生，他们就一定能够如向日葵般向阳而生，在逆境中绽放出最灿烂的花朵。而这正是我们作为教师最大的幸福与荣耀。

用心成长,用力关怀

信息工程学院　曾卓为

在那片被知识之光温柔拥抱的大学校园里,每一寸土地都镌刻着梦想与追求的印记。学生们如同初升的太阳,带着对未来的无限憧憬,踏入了这座智慧的殿堂。然而,正如日出前的黎明总是伴随着淡淡的寒意,这光明璀璨之地,也隐匿着不为人知的挑战与艰辛。尤其是那些背负着家庭重担、心灵略显疲惫的学子,他们的每一步前行,都显得尤为沉重而坚韧。

谈心,心灵的触碰

那是一个九月,秋风轻拂,带着一丝凉意,也带来了新学期的气息。我,作为这所大学的一名辅导员,怀揣着满腔的热情与责任,踏入了19栋学生宿舍。我的目的很明确——走近每一位学生,尤其是那些事先已在我心中留下特殊印记的家庭困难学生。在众多的面孔中,小明的身影尤为引人注目。他瘦削而挺拔,眼中闪烁的不仅是青春的光芒,还有一份难以言喻的坚韧与执着。那双似乎难以对焦的眼睛,仿佛在诉说着不为人知的故事,让我心中不由自主地生出一股想要深入了解的冲动。

开学的忙碌逐渐平息,我特意安排了一次与小明的谈心。在我的办公室里,两张简单的桌椅,两杯热气腾腾的茶水,构成了一个温馨而又不失庄重的对话空间。小明坐得端正,言谈举止间透露出超乎年龄的成熟与自信。他的话语流畅,逻辑清晰,让人很难相信这是一个正面临诸多挑战的学生。然而,正是这样的他,让我更加坚定了要深入了解他内心的决心。

第一次的交谈,我们主要聚焦于他的学习与生活状况。小明礼貌地回应着我的每一个问题,但我能感受到,在他的笑容背后隐藏着一份不易察觉的沉重。直到全校心理普查的结果揭晓,那份隐藏的情绪才如潮水般涌来,让我措手不及。二级心理问题的评定结果,如同一道晴天霹雳,震撼了我的心灵。我心疼这个看似坚强的孩子,更意识到,他需要的不仅仅是学习上的帮助,更是心灵的慰藉与引导。

深入,心灵的探索

于是,我再次约见了小明,这次的谈话更加深入,也更加坦诚。在柔和的灯光下,他缓缓打开了心扉,向我讲述了那段被失眠与敏感缠绕的高中时光。那些日子里,他独自承受着巨大的心理压力,努力在学业与自我之间寻找平衡。尽管后来有所好转,但大学的学习压力如同潮水般涌来,让他再次陷入了困境。更令人担忧的是,他发现自己已经深陷网络成瘾的泥潭,无法自拔。

那一刻,我深深地感受到了作为辅导员的责任与使命。我决定,无论前路多么坎坷,都要陪伴他一起走过。我利用自己的专业知识,为小明制订了详细的学习计划,并安排了优秀的同学进行一对一帮扶。同时,我也开始尝试走进他的内心世界,倾听他的烦恼与困惑,给予他无条件的支持与鼓励。

然而,我深知,要解决小明的心理问题,仅仅依靠学校的力量是不够的。我必须与他的家人建立联系,共同为他的成长撑起一片天空。然而,当我联系到小明的母亲时,却遭遇了意想不到的阻力。她对于心理健康问题的认知存在偏差,认为儿子只是暂时遇到了困难,并没有真正的问题。我耐心地向她解释心理健康的重要性,并承诺会加强家校沟通,共同关注小明的成长。虽然她的态度依然坚决,但我并没有放弃,而是选择继续与她保持联系,用实际行动证明我的诚意与决心。

蜕变,成长的足迹

在大一的第二个学期里,小明依然面临着巨大的挑战。网络成瘾的困扰、学习上的困难以及家庭经济的压力让他备感疲惫。然而,正是这些挑战,激发了他内心的斗志与勇气。在学院领导、老师以及同学们的共同努力下,他逐渐走出了困境。通过不懈的努力与坚持,他成功通过了多门考试,并在心理健康方面取得了显著的进步。大二上学期的心理测评结果显示他已经没有心理问题,这一消息传来时我备感欣慰,仿佛看到了他心灵深处那抹最灿烂的阳光。

在关注小明心理健康的同时,我也没有忘记他家庭经济的困难。我积极为他寻找勤工俭学的机会,希望能够帮助他减轻家庭负担。幸运的是,学校法学院的老师向我伸出了援手,他需要一个认真负责的家教来辅导自己的侄子数学。我毫不犹豫地推荐了小明并将他的简历发给了老师。最终小明凭借自己的努力和才华赢得了这个宝贵的机会。他非常开心能够用自己的知识去帮助他人并承诺会在保证学业的前提下尽职尽责地完成家教工作。

展望,未来的希望

如今的小明已经不再是那个初入大学时迷茫无助的少年。他用自己的努力和汗水换来了学业上的进步和心灵上的成长。他的故事就像一束光照亮了周围人的心灵,让我们看到了希望与力量。作为他的辅导员,我深感自豪与欣慰。我知道未来的路还很长,但他已经拥有了足够的勇气和智慧去面对一切挑战。我相信在未来的日子里,小明定能以更加坚定的步伐,走向更加辉煌的明天。

在这片充满爱与希望的大学校园里,每一个故事都是那么动人心弦。小明的故事,只是众多学子成长历程中的一个缩影,它告诉我们:无论面对多大的困难与挑战,只要我们心怀希望、勇于面对、不懈努力,就一定能够迎来属于自己的春天。而我作为一名辅导员,将始终坚守在这片土地上,用我的知识与爱心,去点亮更多学子的心灵之灯,为他们指引前行的方向。因为在我心中,每一个孩子都是独一无二的珍宝,都值得我们去珍惜与呵护。

用心坚守，静待花开

生命科学学院　甘丽娇

在陶行知先生的笔下，教育被描绘为一场心与心的对话，一种灵魂深处的触动。他曾说："真教育是心心相印的活动。"这不仅是一句格言，更是一种教育的哲学。作为一名辅导员，我深感这份工作的复杂与丰富。七年的岁月里，我经历了激情与失望，但每一次与学生的交流，每一次心灵的碰撞，都让我深刻体会到那份从心底涌出的责任与感动。

我的故事，要从一个名叫小周的女孩说起。她来自一个偏远的农村，从小父母离异，由父亲抚养，与母亲无联系。但父亲年纪较大、文化水平低，在家务农，收入很低，经济条件差。家庭的破碎与经济的拮据，让她的童年充满了挑战。然而，她成熟懂事，学习努力上进，进入大学后积极参加社团活动，加入了学院自强社。尽管小周整体表现积极，但内心的焦虑与自卑导致她大一第一学期成绩并不理想。又因对自己要求过高，变得非常焦虑，经常失眠，且越来越不想与人交流，人际关系较差，食欲不振，甚至担心同学笑话她，不想上课，在学业上步履维艰。

面对这样的学生，我深知辅导员的责任重大。我们是孩子们的主心骨，是班级的旗帜，更是用教育的艺术感染学生、感动学生的那个人。我们的任务，不仅是传授知识，更是引导他们朝着阳光的方向前进。

许多在困境中成长的学生，较一般同龄人更成熟懂事，但看似独立坚强的背后，同时也承受了更多的压力，导致性格敏感、自卑。因受经济条件和家庭环境的影响，学生的焦虑、紧张情绪较重，容易产生自卑、好强、不稳定的心理，对自我要求高，这些都不利于学生的健康成长和个人长远发展。

该生面临着经济的困难、学业的挑战和心理的挣扎，这些都是她成长路上的障碍，当务之急是在学校资助相关政策范围内帮助她解决眼前的经济困难。但经济帮扶只是治标，后续的心理帮扶才是治本，治标更需治本，扶贫扶智更需扶志。该生性格内向、敏感、自卑，同时自尊心高，如何在经济帮扶、心理辅导的基础上对学生开展励志教育，帮助其改善心态，才是实现育人的关键所在。

为了更好地帮助其克服困难、突破局限,最大限度地发挥潜力提升自我,我多次与小周进行深入谈心谈话,加强沟通,增进了解,逐步取得她的信任。在全面了解该生的成长经历后,充分研究制定帮扶措施,全方位帮助小周顺利实现成长成才。

暖心陪伴,关切学生现实难题。在了解到小周为经济状况发愁后,我首先为小周讲解学校的各项资助政策与各项奖助学金政策,帮助她熟悉奖助学金评选的条件,鼓励其提前做好准备,让其了解到学校为贫困学子提供了优良的资助条件,只要树立信心、积极进取、自立自强,就能有所回报并且赢得大家的尊重。与此同时,我还为其提供多种锻炼的平台和机会。经过我的帮助和该生自身的努力,最终该生先后获评国家助学金 4 次和国家励志奖学金 2 次,先骕奖学金和康桥奖学金各 1 次,以及积极参加勤工助学岗位,极大缓解了该生的经济压力。

精准施策,赋能学生专业成长。该生自尊心极强,自我要求高,学习态度认真却成效不大,不理想的成绩导致其心理压力极大,出现失眠、自我封闭的状况。基于该生目前的状况,我积极联系专业老师、班级同学对其进行一对一帮扶,为其答疑解惑、改进学习方法、提高学习效率。经过一学期的努力,该生学习成绩有了很大的进步,甚至从大二开始获评学业奖学金,也因成绩优异获评其他社会奖助学金。学业上的改善,让小周获得了较大的自信心,思想更加活跃,行动更加积极。在暑假期间,我通过联系专业老师为她介绍专业实习机会,让其充分利用假期时间参与专业实习,努力将专业与实践结合,提高自身专业素养。

协同育人,促进学生全面发展。除了谈心谈话之外,我还充分借助学校心理健康教育中心的专业力量,说服小周定期接受心理咨询老师的专业咨询,慢慢缓解心理上的问题。根据小周热衷志愿服务的特点,我协同团委老师给予她耐心的指导和帮助,带领她参加“三下乡”志愿活动,该生每年志愿服务时长逾 100 小时,感恩反哺社会。依托于学院全员育人导师计划,她很快开始了在新农科创新人才培养模式下的学习时光,加入了全员育人导师所在的科研团队。在团队老师们的带领下,她和师兄师姐们一起走向田间地头,深入生产一线,把学到的理论知识真正在实践中应用,深化所学,积极参加“互联网+”大赛和生命科学竞赛并获得国家级奖项 1 项、省级奖项 1 项。

在我的不断鼓励下,她多次参加“致新杯”“诚信校园行”等知识竞赛活动并获得相关奖项;在各种项目和活动的组织参与过程中,她的综合素质得到提升,德智体美劳五育并举、全面发展,自信心大大增强。充实的校园生活使她收获了多位朋友,人际关系得到很大的改善,也不像之前那么焦虑,其中一系列志愿服务活动的参与,更进一步增强了其责任担当和感恩奉献的精神品质。

通过经济帮扶、学习帮扶和心理帮扶等几个方面多管齐下的帮扶措施,小周从一开始深陷焦虑、敏感脆弱的心理状况逐渐变得乐观开朗。经过这些学习和锻炼的机会,小周的学习成绩有了很大的提升,担任学院自强社副社长,学习成绩从大一开始的倒数到大三专业第一,多次获得三好学生、优秀学生干部等荣誉称号,同时还顺利保研。在学院的保研分享会上,她自信地走向舞台,向同学们分享个人经历,展示自我风采。她已经从刚上大学那个自卑怯懦、不敢勇敢表达自己的小姑娘,变成各方面积极发展,善良、勇敢、自信的优秀学生。在这个过程中,小周不仅在学业上取得了优异的成绩,更在个人成长上实现了质的飞跃。她从一个大一的自卑女孩,成长为了一个自信、勇敢、优秀的学生。她的改变,不仅是她个人的努力,更是我们教育工作的成功。

长期以来,对贫困学生的帮扶除了经济救助外,更多侧重对学业困难以及有明显心理障碍学生的帮扶。而许多贫困学生通过个人积极努力,在学业上取得较优异的成绩,在传统教育"重应试轻心理健康"的模式影响下,容易忽略对这部分学习优秀的贫困学生的进一步关注和帮助。因此,在实际工作中,辅导员和学生资助工作者应重视对贫困学生的关注,通过谈心谈话、走进学生学习和生活的场所、参与学生活动等方式,增进对学生个性特点、兴趣和优缺点的了解,及时洞察问题,采取有针对性的措施。

教育,是一场用心的坚守,也是一场守望花开的等候。在这条道路上,我们会遇到各种挑战,但只要我们用心去倾听、用心去感受,就能开启每一扇心灵的门,看到不一样的精彩世界。每个学生的心灵,都等待着我们的介入,每一次碰撞,都会擦出不一样的火花。这就是教育的魅力,这就是我们作为辅导员的幸福与快乐。

用心浇灌，用爱护航

第一临床医学院　何　艳

在这座充满生机与活力的大学校园里，我是一名辅导员，在这些年的育人工作中，我见证了学生们从青涩走向成熟的每一步。每一个学生都是一颗种子，等待着我们用心浇灌、用爱护航，才能茁壮成长，绽放出最耀眼的光芒。今天，我想分享的是一位大三学生的故事，一个帮助有心理问题的学生走出困境的故事。

这位学生，我们叫她小雨。她是一个文静、内向的女孩，成绩一直很优秀。但是，在大三的时候，一切都悄然发生了变化，她变得沉默寡言、神情恍惚，学习成绩也开始下滑。我注意到了她的情况，并主动找她交谈，发现家庭原因使她的心理压力很大。

起初，她只是轻描淡写地说着一些无关痛痒的话，但我能感觉到她内心的挣扎。我告诉她："你不必急于说出一切，但如果你愿意，我会在这里静静地倾听。"这句话仿佛触动了她内心最柔软的部分，她的眼神渐渐变得湿润。她向我倾诉了自己的烦恼。原来，她的父母经常因为工作繁忙而无法陪伴在她身边，她又是家中的独生女，心理上承受了很大的压力。尤其是最近，她的父母因为生意上的问题更是焦虑不安，这使得小雨的情绪变得更加低落。我深知，家庭是学生成长的重要支撑，而小雨由于家庭环境缺少了必要的支撑，因此更容易陷入心理困境。在了解到小雨的情况后，我立刻采取了一系列措施去帮助她。

首先，我邀请了专业的心理咨询师对她进行心理疏导，帮助她排解内心的压力和焦虑。此外，我深入了解了她的家庭情况，得知了其父母的工作性质和工作压力，也意识到她是家庭的中心支柱，需要承担更多的责任。在心理咨询的过程中，我与她一同探讨应对家庭压力的方式，鼓励她主动与家人沟通，分享自己的感受，寻求更多的支持和理解。

其次，我与她建立了密切的联系，经常关心她的学习和生活情况，给予她精神上的支持和鼓励。我鼓励她制订合理的学习计划，帮助她合理安排时间、分配任务，减轻学习压力。我还鼓励她参加校园活动，拓展社交圈子，增加生活乐趣，让她能够从繁重的学业中得到放松和舒缓。每当看到她在活动中露出微笑时，我的心都会感到一丝温暖。

在周末，我带着小雨漫步在校园的小径上，阳光透过树梢洒在我们的脸上。我告诉她：

“无论遇到什么困难，都要记得，你并不孤单。我们会一直在你身边，为你提供支持。”

同时，我也主动联系了她的家长，与他们沟通小雨的情况，并请他们尽量抽出时间多陪伴小雨，给予她更多的关爱和支持。我向他们解释了小雨的心理状态和学习情况，希望他们能够理解并支持小雨，共同帮助她渡过难关。虽然父母的工作依然很忙，但他们也表示了对小雨的关心和支持，承诺会尽量调整时间多陪伴她，给予她更多的关爱和关注。

时间如流水般悄无声息地流逝，在我和其他老师的共同努力下，小雨渐渐地开始走出了心理困境。她的心情逐渐愉悦起来，学习状态也逐渐好转。我看到了她眼中重新闪烁的光芒，看到了她笑容中重新绽放的自信。她重新找回了学习的动力，努力提高自己的成绩。我深深为她的变化而感到欣慰和骄傲，因为这是我们共同努力的成果，也是教育工作的意义所在。我相信，在我们的关爱和支持下，小雨一定会走得更远，实现自己的梦想，成为一个更加优秀的人才。

小雨的故事让我深刻体会到了教育工作的意义和价值。作为一名教育工作者，我们不仅要传授知识，更要关心学生的成长和发展。每个学生都是独一无二的个体，都有自己的成长轨迹和困难。作为教育主体，我们应该用心倾听、用爱关怀，帮助他们克服困难、走向成功。

小雨的故事告诉我们，家庭的支持和教育者的关怀对学生的成长至关重要。在面对困难和挑战时，我们要坚持用心浇灌、用爱护航，给予学生最大的帮助和支持，让他们茁壮成长，成为社会的栋梁之材。这也正是我作为一名教育工作者的责任和使命，我将继续努力，用心育人，用爱成就未来。

有“信”相遇，请振翅前行

信息工程学院　吴鑫龙

这是一段关于“信”的故事，从信工出发，用信任联结，拾信心前进。

她是一个有着近四年中重度抑郁症史的孩子，中学时期靠着药物治疗坚持下来考上南昌大学。新的学校、新的环境、新的朋友，不再有高考带来的压力和坚定的目标，随之而来的是更加自由但迷茫的大学生活和更加困难的学习课程。孩子曾在几次受到学业上的打击后，无助地和我倾诉过多次自己对物理类专业学习感到很无力，后悔为什么自己物理不好还要选这个专业。作为她的直系学长兼辅导员，我也很清楚未来专业课的课程难度会是更大的挑战。所以说，从信工出发，该要如何引领她完成这段航程呢？

2023 年 11 月 5 日，她去了身心科复查，似是情况有些严重，医院向我反馈了相关的情况。我重新翻看这个孩子的信息，回想过去两个月和她的几次接触：内向、不爱说话、和室友关系还不错，也积极参加了一些学院组织的活动。她应该是我进入辅导员角色的这四个月以来接触的第一位与心理健康相关的学生，我不断问自己，要怎么去和这样的孩子建立沟通，怎么去理解她，又该怎么去帮助她？

晚上，她来到我办公室，说话声音一如既往地不大，不一样的是言语间似乎多了一丝紧张。我们的对话，在这静谧的夜晚悄然展开，仿佛是两颗心在寻找共鸣的旋律。我小心翼翼地引入话题，试图揭开那层薄纱，探寻她内心的世界。“是否有什么难题？能否与我分享？”她的眼眸中闪过一丝犹豫，如同湖面泛起的涟漪，最终，她还是选择了倾诉，将过往的抑郁与当前的困扰，化作泪水，缓缓流淌。

我递上纸巾，还有一颗珍藏的大白兔奶糖，那是我在办公室常备的小小慰藉，希望能在她最需要的时刻，给予一丝甜蜜与温暖。那一刻，我感受到了前所未有的迷茫，却也庆幸，这段旅程终于有了起点。我深知，育人的道路漫长且艰难，但每一步都需以真诚为基，方能赢得学生的信任与依赖。

“以诚感人，人亦诚而应。”这句话在我心中回响，成为我行动的指南。我承诺，无论何时何地，只要她需要，我都会是她的倾听者与支持者。于是，我的办公室成了她的避风港，每一次的到访都伴随着一颗奶糖的甜蜜与关怀。我希望，这份小小的礼物能在她心中种下希望的种子，让她相信，生活总有甜蜜可寻。

然而，生活的风雨并未因我们的努力而停歇。某日，她在课堂上遭遇了情绪的狂风骤雨，焦虑如潮水般涌来，几乎将她淹没。但幸运的是，她记得我的话语，第一时间向我伸出了求助之手。“老师，我现在很焦虑，我还在课上，我该怎么办?”那一刻，我感受到了前所未有的责任与使命，迅速赶往教室，将她紧紧护在羽翼之下。我们一同走过那段艰难的路程，从教室到办公室，再到心理咨询室，每一步都充满了信任与依赖。

“胜人者有力，自胜者强。”12 月底，她的妈妈来主动联系了我，告诉我她最近似乎情绪不好，主要原因是期末复习不是很顺利，计算机基础课程学不懂。于是我邀请她来到办公室，询问她期末复习的进度。孩子告诉我虽然还是觉得高等数学比较难，但是总体还能够自学懂，题目也会做，但是计算机一点也学不明白。原来，是计算机基础课程成了她心中的一道坎，那些看似简单的操作，对她而言却如同天堑。

我耐心地倾听她的诉说，感受着她内心的挣扎与无助。我深知，学习上的挫败感往往会加剧她的心理负担。于是，我决定从源头入手，帮助她找回学习的自信。我陪她一道一道地做题，纠正她的错误，看着她从迷茫到逐渐掌握技巧，那份成就感与喜悦也悄然在我心中生根发芽。

“药物虽然会让你嗜睡，但是你还是一定要坚持吃药，最近停了一阵子的药之后，你自己也意识到睡眠质量很差，而且症状也有所反弹，所以只有积极去治疗，你才能更加专心和集中地去做好自己现在要做的事情。”我耐心地劝导她坚持治疗积极面对。

一个月后的期末考试，她的成绩进步非常大，既安定了她的心，也同样安定了我的心。一时的成绩不代表什么，但至少这片刻的怡然，能在下个学期带给她多一分前进的动力，去迎接新的挑战。

“明天的鸟儿飞得更高，因为它们昨天从山上掉下来。”这句话成了我们共同的信念。在这个充满变数的世界里，我们学会了坚韧与勇敢，学会了在挫折中寻找成长的力量。而我的育人故事，也将在这一字又一字的书写中，继续绽放出更加绚烂的光彩。

越过冬天，春天总会来临

信息工程学院　谭　潭

“老师，我是不是没救了?”这是大三下学期，我作为新接手的辅导员第一次与小张的对话。2 月底的南昌寒风刺骨，呼啸的风声令人绝望，就像小张的声音一样。他的眼神躲闪，不敢直视我。他的成绩单上，挂科的科目像一片片落叶，铺满了整个桌面，30 多门课程不及格，仿佛在宣告着他大学生涯的失败。

我深深地看了他一眼，心中涌起一股责任感。我知道，作为一名辅导员，作为学生成长成才的人生导师和健康生活的知心朋友，我不能让他就这样放弃。我轻声对他说：“小张，每个人的成长之路都会有坎坷。只要你想改变，一切都还来得及。跨过去这个冬天，春天就来了，永远不要失去发芽的心情!”

在接下来的日子里，我与小张一起制订了详细的学习计划，鼓励他面对困难，一步一个脚印地前进。我与他的父亲沟通，建议多给予他生活上的关心、温暖和鼓励。我还联系了各科的专业教师和成绩优异的同学们，请求他们为小张提供额外的辅导、帮扶和支持。老师和同学们的热心帮助，让小张感受到了温暖，也为他的学习之路增添了助力。

然而，改变并非一蹴而就。在某门科目的期中考试中，小张的成绩依然不理想，他的情绪再次跌入谷底。他拖着沉重的双腿来办公室找我，说到动情之处眼中还闪烁着泪光：“老师，我已经很努力了，为什么还是这样?我是不是就不是块学习的料?”

我看着他，心中充满了同情，但更多的是坚定。我告诉他：“小张，成长的路上，挫折是常有的事。你能考上我们学校就说明你已经非常优秀了。想想是不是我们之前的基础不太好?还是这次复习没抓住重点?工科的课程本来就相对难一些，慢慢来，别着急!”随后，我们便花了 2 个小时一起分析原因，找准问题所在。

为了帮助小张重拾信心，我组织了一次学业座谈会，邀请了几位曾经经历过类似困境但最终成功逆袭的学长学姐来分享他们的经验。小张听着他们的故事，眼中逐渐燃起了希望的火花。他开始意识到，自己并不孤单，每个人都有可能在逆境中找到出路。

在接下来的日子里，小张更加刻苦地学习。班级和年级上一些成绩优秀的同学看到他的改变，在惊讶之余，也主动利用课余时间帮他补习，还将自己当时的学习笔记和复习资料一并分享给他。他也开始与同学们一起讨论问题，主动向老师请教，不再害怕暴露自己的不足。他的努力逐渐得到了回报，成绩开始稳步提升，一切都慢慢向好的方向转变。

大四那年，小张像是变了一个人，让所有曾经知晓他情况的老师和同学们都惊讶不已。他不仅考过了 31 门课程，还顺利通过了英语四级考试。在毕业论文的撰写过程中，他更是展现出了前所未有的专注和毅力。最终，他不仅顺利完成了学业，还在学院的帮助和推荐下找到了一份心仪的工作。

毕业典礼那天，小张走到我面前，眼中闪烁着泪光，他说："老师，感谢您没有放弃我，是您让我相信，没有一个冬天不可逾越，没有一个春天不会来临。在那段艰难的蛰伏期后，我终于等来了人生的柳暗花明。"

我微笑着拍了拍他的肩膀，心中充满了欣慰。这不仅仅是小张的胜利，也是教育的力量。作为辅导员，我深知自己的使命，那就是在学生最需要帮助的时候伸出援手，引导他们找到正确的方向，让他们相信，只要不轻易放弃，春天终会来临。

这个故事，不仅仅是小张的故事，它是每一个在困境中挣扎的学生的故事。它告诉我们，无论遇到多大的困难，只要我们有勇气面对、有决心改变，就一定能够找到出路。教育的意义，就在于激发学生的潜能，让他们在逆境中成长，在挑战中超越自我。

小张的故事，既是对我们所有教育工作者的鼓舞，也是对所有学生的鼓励。它告诉我们，每个人的生命都值得被尊重，每个人的努力都值得被肯定。只要我们愿意，每个人都可以成为自己生命中的春天，让那些看似不可能的冬天，最终成为过去。

助力复学学生重新起航

软件学院　文　静

在被知识与梦想轻抚的大学校园里，每一颗年轻的心都像是初升的太阳，满载着无限的可能与希望的光芒。然而，在这光明与梦想的交织中，也难免会有阴霾悄然笼罩，挑战着每一个年轻灵魂的坚韧与勇气。辅导员，便是那在这片天地间默默守护的光，用无尽的耐心与关怀，为迷航的心灵指引方向、照亮归途。

一、试读之旅，谨慎前行

2019 年秋天，一位特殊的学生小邵提出了入学申请，在与她的前任辅导员的交流中我了解到，这名学生在 2017 年入学初因父母闹离婚，加之北方孩子初入南方对于环境的不适应，检测出患有抑郁症。更令人揪心的是，她已写好了遗书，无助与绝望交织成一首未竟的挽歌，遗书的字迹间，每一笔都似在诉说着灵魂的挣扎与呼唤。

初次见她，她躲在妈妈身后，脖颈处凸起的深红色刀痕触目惊心，那是她休学期间在家自杀未遂留下的印迹，微微发胖的身形与入学时的照片相比判若两人，那是长期与病魔斗争时药物副作用留下的痕迹，却也见证了她的坚韧与不屈。

那一刻，我的心中五味杂陈，期待与忧虑交织成一张复杂的网。尽管医院的全面检查为她点亮了复学的绿灯，但我深知，这仅仅是一个开始。于是，我毅然决然地投入复学计划的筹备之中，每一细节都力求完美。在学院的鼎力支持下，我们创新性地提出了试读一个月的新方案。这一个月，对小邵而言，是考验，也是机遇；对我们而言，则是责任与爱的坚守。她将以旁听生的身份，重新踏入那片熟悉的校园，与同学们并肩学习，感受知识的力量与友情的温暖。而我，将作为她最坚实的后盾，陪伴她走过这段充满未知与挑战的旅程。

二、家庭的力量，双重保障

在小邵的复学之路上，家庭的支持不可或缺。小邵的母亲，以无私的母爱为舵，毅然决然地放下家中的琐碎，踏上了一段陪读之旅，誓要陪伴小邵直至毕业。而小邵的父亲，则以坚实的承诺为盾，立下字据，誓在紧急关头挺身而出，与母亲并肩作战，共同承担起守护小邵的责任。这份双重保障，犹如一道坚不可摧的防线，为小邵的复学之路筑起了稳固的基石，让她在风雨中也能勇往直前。

为了确保小邵能在一个安全、温馨的港湾中安心学习，我前往她租住的小屋，进行了一场细致入微的安全隐患排查。从房间的精心布局到防盗窗的严密设置，每一个细节都逃不过我的“火眼金睛”，只为确保这片小天地能够万无一失。因为只有在一个安全、稳定且充满爱的环境中，小邵才能全身心地投入学习的海洋中，去追寻那属于自己的梦想与未来。

三、人文关怀，心灵的港湾

除了物质上的保障，我更注重对小邵的人文关怀。我深知心灵的创伤需要时间去愈合，需要更多的关爱与陪伴。于是我私下找到班级乐观开朗的女班长，告知她有关小邵的大概情况，并且叮嘱她在学习和生活上多多关心小邵，让她尽快融入班集体。因此，班长每节课都积极帮她占位，不留痕迹地坐在她旁边，与她拉近关系并及时化解危险。有一次上课期间，我收到了班长的短信：“老师，邵同学上着课，突然拿出一把小的美工刀在手腕处比画着，我发现不大对劲，马上和她说话让她分心，她才把小刀收回了书包。”

我也多次寻找机会有意无意地与她谈心，了解到她名字的由来，了解到她的父母关系及背后复杂的家庭情况，了解到她在老家有一个辍学在外打工的男友，两人关系还比较稳定，了解到她会在网络撰写悬疑小说赚点小钱，同时半夜也因要写小说而多次失眠……我和同学们的关怀与鼓励如同春风化雨般慢慢滋润着她的心田，让她感受到了久违的温暖与力量，逐渐感受到了班集体的温暖与接纳。终于，她从最初班级合影都坚持站在离同学们至少一米以外间距并故意扯下头发挡住脸到愿意积极主动参与到班级的各项活动中去与同学们一起欢笑、一起奋斗。这份归属感与认同感让她重新找回了生活的乐趣与学习的动力，虽然这个过程漫长且艰难。

四、学习之旅，挑战与成长

然而，学习的挑战依旧严峻地摆在小邵面前，尤其是高等数学与英语的双重挑战，犹如两座巍峨的山峰，横亘在她前行的路上。每当她翻开那厚重的课本，陌生的词汇则如同异域的语言，让她不禁心生焦虑与迷茫。我目睹着这一切，心中如同被重石所压，深知对于小邵而言，那两年的时光如同断章，让她的求学之路更加坎坷。但我坚信，只要找到正确的路径，便能跨越重重障碍。

于是，我化作了一位引路人，深入她的学习世界，细细探寻那些困扰她的难题。根据她的具体情况，为她量身定制了一套学习计划。这个计划不仅包括了每天的学习任务和目标，还为她提供了针对性的学习资源和辅导材料。我再安排几位成绩优异的同学作为她的学习伙伴，进行一对一的辅导和答疑的同时与任课老师进行联动，关注她上课时的状态。

每当小邵遇到挫折想要放弃时，我总是用鼓励的话语和坚定的眼神给予她力量和支持。

然而，我深知，这场战役不仅仅是关于知识的较量，更是对心灵的磨砺。因此，我时常与小邵促膝长谈，倾听她内心的声音，感受她的喜怒哀乐。我鼓励她勇敢地表达自我，释放内心的压力与困惑。在我的陪伴下，小邵学会了如何在风雨中舞蹈、如何在逆境中绽放，她变得更加坚韧不拔、更加自信从容。

经过一段时间的努力和坚持，小邵的学习成绩开始有了明显的提升，她的精神状态也变得更加饱满和积极，与同学们的关系也越来越融洽。在这个过程中，小邵不仅收获了知识的增长和能力的提升，更重要的是她学会了如何面对困难和挑战、如何坚持和努力、如何关爱自己和他人。

当小邵手捧沉甸甸的毕业证书时，她的泪水如泉涌般滑落。这泪水是对过往艰辛岁月的深深缅怀也是对未来无限可能的热烈憧憬。她知道这只是一个新的起点，在未来的旅途中她将带着这份珍贵的记忆与力量继续前行，不断攀登新的高峰。而我和她的家人，以及那些曾经陪伴在她身边的每一个人都将永远是她最坚实的后盾，为她加油鼓劲，共同见证她的成长与蜕变。

坐在向阳的山坡

第三临床医学院　范笑容

只要有生命的地方，成长总会遇到雨雪风霜；只要有阳光温暖的地方，生命总会自己学会向上生长；而只要有用心育人的教育精神，总会为学生打开一扇窗，照进一束光，见证一次生命的自我绽放。

压力：当成长慢过了时间和生命本身

在竹子的成长过程中，最难的不是冲向天际的时候，而是破土而出的瞬间。时光荏苒，岁月如梭。转眼间，我已经在辅导员岗位上工作了近五年时间。辅导员的工作琐碎繁杂，有时也会有压力与辛苦、迷茫与困惑，就像我带班的学生们一样，在适应学习工作、适应社会发展和适应自己内心的过程中，我和学生们一起成长与进步，但成长的阵痛总是有的。

2021 年 12 月，小张来到办公室，找到我办理缓考事宜。在与小张的谈话过程中我得知，随着进入大三，学习压力增大，小张感到压力巨大，但没有学习动力，虽然仍能较好地完成学业，但是觉得学习没什么意思，对未来较为迷茫，进而觉得对生活缺乏兴趣，不愿与同学交流，情绪时而低落、时而烦躁。11 月初开始，她不自觉地默默流泪，经常失眠，甚至情绪不能自控，自残多次，至医院就诊，被诊断为抑郁和焦虑状态。

小张就像网上说的“脆皮大学生”，似乎在心理上“一碰就碎”。但根据我平时对学生状况的掌握，小张本来性格开朗，喜欢吉他、画画、旅游和摄影等，是个兴趣爱好广泛的女生。经过深入的谈心，我了解到小张的压力来自学习和未来就业。现在的大学生其实比我们想象得更成熟，丰富的网络信息让他们比十年前、二十年前的大学生更早地了解学校外的社会，但同时也带来了超脱于现实、断节于成长的焦虑感。他们的压力知觉过于敏锐，而心理弹性过于脆弱。或者说，就像一棵树的种子，还没有做好准备，就探出头看了看外面的世界，严酷的竞争环境和优秀的同龄人带来了焦虑，而这种焦虑缺乏释放和应对的机会。

朋辈：在相互簇拥中相互温暖

在感觉到寒冷的时候，花草树木们总是相互簇拥、相互温暖。在得知小张有抑郁症倾向的第一时间，我耐心交流，认真倾听，让小张将负面情绪发泄出来，与她产生共情，建立信任。我通过班干部、寝室网络搜集信息,让小张身边一直有人陪伴,避免其独处。随后又启动学院危机干预应急预案,建立特殊关爱学生档案,动态管理,确保学生人身安全。

如果说辅导员是学生的知心人和引路人,那么同学则是学生天然更亲近、更具有距离优势的朋友了。我的交心和开解,能够让小张打开心扉、倾泻负面情绪。而朋辈同学的陪伴和帮助,既保障了她的安全,又让她能够感觉到关心和温暖,树立战胜困难的信心。

环境:坐在向阳的山坡学会生长

情境主义心理学认为,当人们试图改变熟悉的做事方式时,外在的群体社会压力和限制是必须克服的最强抑制力。

在交心开解和朋辈帮助的同时,我开始寻求专业帮助。小张出现自伤行为后,我多次跟心理健康教育中心的老师沟通,心理咨询老师评估学生当前危险等级是高危,建议休学至医院系统治疗。此外,在处理此类学生问题时要遵循学生自身意愿,否则可能适得其反。

心病还需心药医,解铃还须系铃人,这是最浅显的道理。在我和同学们的关心帮助下,小张已经慢慢有了改变。现在,我们需要的只是给她一个调节自我认知、情绪和行为的环境,让她在向阳的地方自己学会向上生长。

最终,在评估学生心理状况后,小张拒绝了休学或陪读,我帮助她办理了请假及缓考手续。在此之前,我告知了小张父母一些亲子沟通方法技巧,缓解家长自身的焦虑,避免家长的焦虑对小张的情绪造成更多的负面影响。

希望:阵痛过后的成长更加坚实和细密

教育领域有一首很有名的散文诗叫《牵着蜗牛去散步》。陪一只蜗牛散步,虽然初时会抱怨它们爬得缓、学得慢,但静下心来,陪它一起慢慢走,一起欣赏沿途的风光,你会发现许多不曾感受的美好。在对待所谓"问题学生"的过程中,我们不妨放慢脚步,把自己主观的意愿、急于干预的想法放在一边,陪着学生静静体味成长的困惑、生活的滋味,倾听学生内心声音的回响,感受他们的成长。

在那个寒假,我和小张及其家长保持密切联系,持续了解她的心理动态,向她推荐正能量书籍、疗愈类电影,督促她劳逸结合。小张也积极配合药物治疗和心理咨询,情绪渐渐稳定,再也没有自伤现象发生。春季开学后,小张的状态相对平稳,我继续关注,身边同学也保持关心和关注,通过努力,小张以中等偏上成绩顺利通过补考。此后,我持续关注小张,且与家长保持密切联系,大四因学生需搬至东湖校区学习,经小张及家长申请,我为小张办理了外宿陪读手续,定期与家长及小张联系,并到小张住处看望。2024 年 2 月 26 日,我收到小张的喜讯,考研初试成绩 393 分,祝愿小张能顺利通过复试,就读研究生。

给学生一片蓝天，他们会让繁星点点；给学生一片阳光，他们会让春色满园。育人者给人以阳光，也收获成长。这样的学生是我们辅导员工作生涯中都会遇到的重点关注对象，也许他们的路不如优秀学生那般平坦，但我始终坚信，每个学生都有属于自己的舞台。我们的工作需要用心去体悟学生的人生经历，用爱去抚慰学生的伤痛，通过倾听、引导、鼓励，发掘学生的闪光点，坐在向阳的山坡，捧一颗爱心，守一株花开。我坚信，守住初心就是对学生最好的回馈。

做一捧春泥,陪伴成长

物理与材料学院　曾　媛

时光飞逝,转眼间我来到南昌大学已有半年多。2023年7月,根据学校统筹安排,入职后我被分至南昌大学物理与材料学院,正式开启了我的辅导员生涯。回顾过去的一个学期,从最初的茫然到现在的从容,我体会到了学生工作的重要和艰辛。而作为一名辅导员,我更加深刻地意识到身上所背负的重担和责任。其中,有这样几位学生、几件小事,让我的印象尤为深刻。

将心比心,以情动人

“喂,您好,请问是曾老师吗?”2023年9月5日,入职不久的我接到了一个特殊的电话,它来自校医院。当时我带的是物理与材料学院2023级新生班级,包括物理专业的所有班级和材料专业的三个班级。开学之后接到的第一个职能部门电话居然来自校医院,我非常吃惊,也不免担忧。仔细一问,原来是小敏因为耳鸣去校医院检查,在得知需要再去市区医院进行进一步检查的消息后,她的情绪崩溃了,接诊的女医生耐心劝导,但效果甚微,当机立断就把电话拨给了我。彼时的我是个职场新人,听到医生这么说,也有些着急,立刻将这件事简单汇报给学院书记后,便往校医院赶去。见到小敏的那一刻,泪眼婆娑的她刚叫了句“老师”,便扑进我的怀里痛哭,我立刻拍着她的背,安抚她的情绪,告诉她医生建议她去市区医院只是为了让检查结果更准确,不代表结果一定会很严重,无论如何我会一直陪着她,让她不用担心。在我的安抚下,小敏慢慢止住了泪水,医生也松了口气,笑着说:“娘家人来了就是好多了。”随即建议我立刻带她去市区医院就诊,我拉上小敏,向医生道谢之后,便带她打车去了医院。在路上,我询问了她家里的情况,以及是否将此事告知了家长,得到了肯定的回答后,我又问她对大学生活是否适应,军训有没有发生什么有趣的事情,并和她分享了南昌的美食和美景。在我的开导下,小敏的注意力渐渐转移,情绪慢慢平复下来,脸上也有了笑容。后续检查结束后,我告诉她不用太紧张,说不定是因为离家太远水土不服导致的,随后我又仔细询问了她睡眠、饮食等状况,她一一回答。回去的路上,她和我分享了很多高中的经历,看着她脸上的笑容,我暂时松了口气。

小敏来自北方，家中有两个哥哥，父母非常强势，控制欲强，童年时期曾有过两次寄住在亲戚家的经历，导致其性格高度敏感。但经历校医院事件后，她对我产生了极大的信赖，后续检查结果出来，她立刻告知了我，之后在我的鼓励下，本无意参与任何班级管理事务的她勇敢地参加了班委竞选，并成功当选。上学期她和我的交流很多，除了老师之外，她更是把我当成了值得信赖的朋友，学位英语考试高分通过第一时间和我分享，学习上遇到困难也是第一时间和我诉苦。通过和她的交流，我感受到被学生信任的快乐，也深刻体会到了育人的成就感和满足感。

耐心劝导，以理服人

和小敏不一样，小伟和我的第一次“交锋”，表现得像个刺头。这位来自江西抚州的男生，第一次来办公室找我就充满了戾气和不耐烦。

事情的起因非常简单，10 月 24 日，校运会召开在即，小伟想请假回家，便来办公室找我开假条。在我告知他运动会是学校“五育”并举的重要举措，他是新生，更加可以利用这个机会熟悉班上同学，为比赛的同学加油打气，原则上是不可以随便请假之后，他立刻冷笑一声，转身就走。我发觉不对，当场将他叫住，劝他不必带情绪，他依然态度恶劣，极不配合，于是我让他坐在办公室的沙发上先冷静冷静，想好了再和我说。几分钟后，我见小伟情绪稍有缓和，便问他为什么要请假。他语气强硬地说就是要回家，并且发泄似的说了句：“反正你就是不想批我的假呗！”我感受到他话中的微妙，立刻问他这么说是什么原因，是不是对我有什么误会。小伟沉默了几秒，终于告诉了我一件很早之前发生的事情。原来在开学初期，小伟有一次在路边找我请假，理由是嗓子不舒服，怕影响辩论赛，要去看医生，我询问他为何不下了课再去看病，而且嗓子疼勉强自己参赛也对身体不好，他支支吾吾，正要解释，但我当时着急去培训，便坐车出发了，同时叮嘱他线上和我详细说。谁知他并未再找我，而在当时的我看来，嗓子疼自然不会影响上课，反而会影响比赛，也许他最终也认为这个理由有点奇怪，所以自行协调了时间，放弃了请假。想不到他误以为我是不分青红皂白不肯批他的假，怀着怨气到了如今。我不禁有些无奈，和他解释了当天的情形，了解到来龙去脉之后，他也有些不好意思，态度缓和了不少。我趁机询问他究竟为什么要回家，得知他从小被爷爷带大，开学至今一直没回去，所以想回去看望爷爷之后，我夸奖了他的孝心，和他解释这次活动的重要性，同时告知他请假的流程，劝他和父母商量一下，并承诺会将他的情况告诉学院，申请酌情处理。

经过这件事之后，小伟每次见到我都会笑着打招呼，有什么事情也及时和我反映。上学期临近期末，他生了一场病，也是第一时间和我打电话询问我如何处理。

育人育心，共同成长

正是这些事情让我更加明白了辅导员这份工作的意义。新生刚入学，面对陌生的环境、陌生的老师和同学，并不能在一夕之间长大，反而往往还是孩子心态，有时令人哭笑不得。更有一些学生，因为原生家庭的影响，敏感内向，在人际交往上存在着态度消极的情况，同时因为互联网一些言论的影响，会对大学辅导员产生先入为主的误解，甚至有抵触情绪。面对日益复杂的学生情况，我们要分类处理，对症下药。只要我们换位思考，晓之以理，动之以情，那么长此以往，必能达到春风化雨的效果。

学生工作于我，是一场双向奔赴的成长

信息工程学院　许汇暄

2023年7月，初出茅庐的我成为南昌大学信息工程学院的一名专职辅导员。与那些满怀憧憬的大一新生一样，对于南昌大学这片热土，我也是一个充满好奇与期待的新面孔。起初，我对各项工作都不熟悉，不清楚如何更高效地开展学生工作，也不知如何应对突如其来的紧急情况。面对这个全新的工作环境和角色，我感到迷茫和挑战重重，却也在迷茫中努力摸索着前进，直到一名学生来办公室找到了我。

学生进来办公室的时候看起来很憔悴，他坐下后我发现他紧张得一直在抠手。为了缓和气氛，让他放松一些，我试着询问他开学是否适应，但发现效果并不明显。于是，我换了种方式，拿出零食给学生，希望能拉近我们之间的距离。这招果然奏效，学生逐渐放下了防备。通过简单的聊天，我了解到他是一个内向且不善于表达自己想法的男生。为了走近他，更好地了解他的想法，我决定先向他分享自己的故事，希望能以此打开他的心扉。通过了解，我得知他在高中时期经常遭受同学的欺负，这段经历给他留下了心理阴影，导致他长期失眠，半夜经常被噩梦惊醒，无法入睡。经过我们短暂的聊天后，他表示情绪得到了一定的缓解，并表示回去后会好好休息，尝试改善睡眠状况。

一周后，我又找到了该生，向其询问近一周的情况，他表示还是会有失眠的情况，但已经好多了。几天后，自动化专业的一个三级网格员找到了我，和我说该生有一天晚上和室友喝酒，自己喝了一斤白酒。得知此事后，我立刻将该名同学叫到办公室了解情况。他表示只是和室友一起聊天，并没有因为心情不好和失眠而依赖酒精。我立刻严肃起来，告诉他短时间大量饮酒是很危险的，以后这种情况绝对不可以再发生。第二天，我联系了他的家长，将事情告知并让家长也一起多关注孩子的情况、多关心孩子的状态，有问题及时沟通。通过这件事，我认为该生的情况可能不只是失眠，我立刻向其家长询问他的情况。在跟家长沟通后，我得知该生高中的时候性格就比较内向，高三出于某些原因不去学校上课。在找到了问题的关键之处后，我便换了一种方式和他聊天。我和他讲了自己上高中的故事，利用同理心来获得他的信任。虽然他还是说得较少，但是开始主动和我吐露心声了。

经过几次谈话后，他逐渐露出了笑容，还主动说有工作可以叫他过来帮忙。通过那次聊天后，每天我都会问一下他前一天的睡眠怎么样，他表示好多了。直到有一天，他说他因为失眠导致精神状态不好骑车摔了，在我表示带他去医院检查一下的时候他表示已经没事了，不想去医院看。我立刻与学生家长联系，告知其家长情况，并很严肃地提出了他的失眠问题是一定要去医院看的，家长也表示放假了会带他去看医生。寒假期间，家长带孩子去看了中医，我也询问了他假期的状态，发现他的情况也有所好转。开学后，我也第一时间叫他来办公室聊天，鼓励他新学期新气象，要努力学习，多运动。他表示一定会努力学习，尽量调整好自己的心态。但是不久后，该生骑自行车摔倒导致大臂骨折，这无疑是对他的又一个打击。我第一时间提高了警惕，立刻与其家长取得联系，并带该生前往医院就医。在他恢复的一个月中，我时常到宿舍看望他，同他聊天，关心他的身体情况，并询问在学习上是否有困难。为了更好地帮他走出困境，我找到了学生干部每天到宿舍同他聊天，开导他，转移他的注意力，共同助力他渡过这段艰难时光。

同时，我也鼓励他根据自己的兴趣爱好多参加社团活动，他表示还挺喜欢参加器乐社的训练。我听后非常支持，鼓励他一定要坚持自己的爱好，并长期坚持下去。此外，他还表示想担任辅导员助理，这其实也是对我信任的一种表现。于是，我鼓励他可以先通过帮忙做一些事情来锻炼自己，他也积极响应，表示以后有什么事情都可以找他帮忙。经过几次工作后，我发现他是一位工作非常细致认真的学生，并对他的工作表现给予了充分的肯定。通过平时工作的充实，让他很少有时间去胡思乱想，慢慢地，他也放下了一些执念，更加专注于工作。现在，他已经成为校大学生艺术团某部门的副部长，还留任了学院的学生组织。

除此之外，在每次与他的谈话中，我都特别强调要尽早规划好自己的大学生活，切勿浑浑噩噩地虚度这宝贵的大学时光。我鼓励他每天坚持学习英语，为将来的学习、考研乃至工作打下坚实的基础。他也确实做到了这一点，每天坚持背单词、练习听力，期末时取得了不错的成绩。特别是在高等数学方面，他拥有自己独特的学习方式，并且乐于为成绩较差的同学解答难题。现在，他利用暑假的时间自学单片机知识，为大二的学习打下了坚实的基础。渐渐地，他找到了自己真正感兴趣的方向，并持之以恒地追求着，这也使得他原本浮躁不安的心和焦虑的情绪得到了有效的缓解。

直到有一天，他告诉我："以前的老师对我也很好，但他们总是把我当作不懂事的小孩来哄。而现在，您对我好，是因为您把我当作和其他学生一样的大学生来看待，我感受到了最起码的尊重。我一定会努力学习。"在那一刻，我深刻体会到了自己工作的意义所在，并在那一刻具象化了。

第四编 真情照亮人生路

——资助圆梦未来

“双困”学生的破蛹成蝶

公共政策与管理学院　叶　琳

在辽阔的中原腹地,有一片质朴的乡土,那里藏着一个关于成长与蜕变的故事。小张,一名2021级的大三学生,来自河南的一个小乡村。他的故事,是一段从阴霾走向阳光的旅程。

小张的家庭,像是许多普通农家的缩影,简朴而充满挑战。父亲母亲辛勤劳作于田间,生活的重担压弯了他们的脊梁,母亲身患二级肢体残疾,爷爷则与病魔斗争,家中四口人依靠着微薄的农业收入维持生计。这样的家庭背景,让小张从小就明白生活的不易,也让他背负了比同龄人更多的压力。在教育资源相对匮乏的环境中,他凭借着坚韧不拔的意志,付出了比别人更多的汗水,终于踏入了梦寐以求的“象牙塔”——南昌大学公共政策与管理学院。

然而,大学生活的起点并非想象中的那样光明。新环境的挑战、学习难度的提升,加上经济的拮据,种种因素交织在一起,让小张陷入了深深的困境。学习上的挫折,让他在期末考试中成绩不尽如人意,这不仅打击了他的自信心,还让他感到愧对家人,心理的重压几乎将他压垮。他变得沉默寡言、独来独往,内心的自卑和焦虑如同无形的枷锁,让他难以呼吸。

但正是在这片暗淡的天空下,一束光照进了小张的世界。我,这位细心的引路人,成为改变小张命运的关键。通过深入的谈心,我在了解了小张的情况后,耐心地给他讲解了国家针对贫困大学生的各项资助政策,为他申请了国家助学金,确保了他的基本生活无忧。校内的勤工助学岗位,让小张通过自己的双手赢得了尊严,生活状况得到了极大改善。

更为重要的是,学校心理健康教育中心的专业老师们用温暖的话语和科学的方法,帮助小张进行心理疏导,引导他逐步放下心中的重担,学会在服务他人中找寻自我价值。通过参加勤工助学和志愿服务活动,他的心灵得到了前所未有的洗涤和升华。家庭、学校和师生之间的紧密联动,构建了一个全方位的关爱网络,让小张感受到了前所未有的温暖与支持,他的自卑逐渐消散,自信悄然生长。

在学习上，小张也不再是孤军奋战。授课老师、辅导员和同学们，每一个人都成为他的助力，为他量身定制了多元化的学习方案，从专业辅导到职业规划，每一环都紧密相连，为他铺设了一条通往成功的道路。朋辈间的帮扶，让他在互助中学会了团队合作，增强了集体归属感。他的成绩开始稳步提升，不仅在专业知识上有所建树，更在综合素质上实现了飞跃。

小张的转变，不仅仅体现在学业和心理上，更体现在他对社会的贡献上。比如周末，他会走进社区陪伴孤寡老人，用实际行动诠释着感恩与回馈。他还积极参与到乡村振兴的工作中，跟随南昌大学中国乡村振兴研究院的队伍，跨越三省六县，完成数百份问卷调研，为巩固拓展脱贫攻坚成果贡献力量。在2022年海南省的第三方评估中，他被评为“优秀评估员”，这不仅是对他工作能力的认可，更是对他成长历程的最佳见证。

小张的故事，是资助育人理念的生动实践。从一个自卑、困惑的青年，到一个自信、自强、懂得感恩并乐于助人的优秀学生，小张的转变，展示了资助与育人相结合的力量。他的人生轨迹，如同破蛹成蝶，展示了资助育人的深刻内涵：不仅仅是经济上的帮助，更是心灵的扶持、能力的培养，以及社会责任感的塑造。

这个故事，是对所有身处逆境却依旧努力向前的学子的鼓舞，是高校资助育人体系不断完善与深化的明证。它提醒我们，每一个个体都值得被看见，每一分努力都值得被尊重。在未来的日子里，小张将继续带着这份成长的勇气与智慧，走向更加广阔的天地，成为更多人心中的光，照亮他们前行的路。

爱与关怀铺就成长之路

先进制造学院　彭扬发

夏末秋初的微风,带着丝丝凉意,轻轻掠过校园的每个角落,如同母亲轻柔的抚摸,给予学子们无尽的关爱。每一位同学的人生都是一部纪实的史诗,而林同学的成长故事有幸福、有悲伤,跌宕起伏,令人动容。进入大学以来,老师和同学们共同见证了他的成长,也共同期盼着他有一个光彩夺目的未来。

一、初遇之景,心灵触动

记得那个午后,阳光透过稀疏的云层,斑驳地洒在新生报到处。人群中,林同学那瘦弱的身影格外引人注目。他身着一件略显陈旧的白色衬衫,裤脚微微卷起,脚下是一双洗得发白的运动鞋。他的眼神中,既有对未来的期待,又有对未知的忐忑。

在一次偶然的交流中,我了解到了他的情况。我与他初次交谈,便被他的坚韧和真诚打动。他来自一个普通的农村家庭,家境并不富裕,但凭借着自己的努力,以优异的成绩考入这所大学。然而,命运似乎并不眷顾他,在他即将开始新的人生阶段时,家庭遭遇了变故,让他的生活陷入了困境。

面对生活的重压,林同学并未选择退缩。他坚信,只要心中有光,便能照亮前行的路。这种坚韧不拔的精神,让我深感敬佩。同时,我也感觉到他小小身躯所肩负的巨大压力,他总是有点沉默寡言,像是火山喷发前的平静。我决定,要用自己的行动,为他铺就一条重拾自我的道路。

二、心手相连,共渡难关

作为辅导员,我深知自己的责任所在。为了让林同学感受到学校的温暖和关怀,我采取了一系列措施。

首先,我深入了解他的家庭情况和心理状态,与他进行了多次深入的交流。我告诉他,学校是他的第二个家,我们会尽最大的努力帮助他渡过难关。同时,我也鼓励他积极面对生活,相信自己一定能够战胜困难。我清楚地记得,初次与其交谈家中情况时,他哭得很伤心,像是夏日积聚已久的乌云,在遇到一阵凉风后倾泻而下,又像是冬日沉睡的火种,在遭遇一阵春风的轻拂后，瞬间迸发出炽热的火焰。

其次，我积极为他争取各种资助。在学校的支持下，林同学成功获得了临时困难补助和国家助学金。这些资金的到来，不仅减轻了他的经济压力，更让他感受到了学校的关爱和支持。他充满自尊的同时也非常敏感，我在给予他物质帮助时也是小心翼翼，只希望这样能够尽可能减轻他的困难和压力。

最后，我还积极组织同学们为他提供帮助。我们成立了帮扶小组，定期为他送去生活必需品和学习资料。在同学们的关心和帮助下，林同学逐渐走出了困境，重拾了对生活的信心。同学们的关心关爱像是初春的阳光，一点一点地融化着他内心的坚冰，他也逐渐走出了自己的内心，开始融入宿舍、融入班级。

三、花开有声，见证成长

在爱与关怀的滋润下，林同学如同一朵含苞待放的花朵，逐渐绽放出属于自己的光芒，他内心坚强、善解人意，本是个活泼开朗的男孩，突如其来的变故让他沉入黑暗，若有一束光便能够指引他逐渐找到自我、重拾信心。

他积极参与班级和学校的各项活动，用自己的努力和才华赢得了同学们的尊重和喜爱。在学业上，他刻苦钻研、勤奋努力，成绩稳步提升；在社交方面，他乐于助人、热情开朗，与同学们相处融洽。他的成长和进步不仅让我们感到欣慰，也让我们更加坚信：只要有爱、有关怀、有支持，就没有什么能够阻挡我们前进的步伐。

我时常在校园里看到林同学忙碌的身影。他或是在图书馆里埋头苦读，或是在自习室刻苦复习，或是在志愿活动中默默奉献，现在的他似乎已经有了自己努力的方向，他的每一个努力都让我感到无比欣慰和自豪。

四、体悟成长，育人途中

在帮扶林同学的过程中，我深刻体会到了辅导员工作的责任和价值。我意识到，作为辅导员，我们不仅要关注学生的学业成绩，更要关心他们的心理健康和成长发展。我们要用爱与关怀去温暖每一个学生的心灵，帮助他们解决生活中的困难和问题。同时，我们也要不断提升自己的专业素养和能力水平，以更加专业、更加贴心的服务为学生成长成才提供有力支持。

在与林同学的相处中，我学会了倾听和理解。我懂得了每个人都有自己的故事和难处，我们需要用心去倾听他们的故事，理解他们的难处，并给予他们足够的支持和关爱。这种相互理解和支持不仅能够让学生感受到温暖和关怀，也能够促进我们之间的友谊和信任。

同时,我也学会了耐心和坚持。在帮扶林同学的过程中,我遇到了很多困难和挑战,但我从未放弃过。我坚信,只要我们有足够的耐心和坚持,就能够有效帮助学生走出困境,实现他们的梦想。这种耐心和坚持不仅让我在工作中更加从容和自信,也让我在生活中更加坚强和乐观。

展望未来,我将继续坚守辅导员的初心和使命,为学生的成长和发展贡献自己的力量。我将继续加强与学生、家长和学校的沟通与合作,共同为学生的成长成才创造更加良好的环境和条件。同时,我也将不断探索和创新工作方法,以更加高效、更有质量的服务满足学生的多样化需求。

我相信,在爱与关怀的滋润下,林同学一定能够在未来的道路上茁壮成长,实现自己的梦想。同时我也相信,只要我们用心去做,就一定能够培养出更多优秀的人才,为社会的发展作出更大的贡献。

让我们携手共进,用爱与关怀铺就学生的成长成才之路,共同见证每一个学生的成长和进步!

道阻且长，筑梦育人

第一临床医学院 许王婷

在教育的长河中，每一位老师都有许多令人难忘的故事，于我而言，有这样一件事情，如同一颗璀璨的星辰，在我一年的辅导员生活中让我感受到辅导员这份职业的成就感。

2023 年的夏天，我正式开始我的辅导员工作，但所带班级为医学院的毕业班级，刚开始上岗时也有所踌躇和无措，这对于我其实是一个巨大的挑战。因为所带学生年龄和我相仿，我也逐渐成为大部分学生口中的“婷姐”。作为一名高校辅导员，通过各类培训学习，我一直坚信每一个学生都是独一无二的，都有自己的梦想和潜力。我的工作不仅仅是管理学生的日常事务，更重要的是关注他们的成长和发展，帮助他们实现自己的梦想。

有一位学生，她叫小丽，来自辽宁省朝阳市的一个最低生活保障家庭，从小父母外出打工，成为留守儿童的她跟随爷爷奶奶一起生活，但父亲因身体不适提前回乡，家庭收入减少。她性格比较内向，不善与人交流，不爱参加集体活动，课余时间都在做兼职以补贴日常生活费用，但是她在学习上非常努力。由于家庭经济条件的限制，进入大学后她在学习和生活中遇到了很多困难，并在 2023 年 6 月做了手术，需要长期服药。这无疑给她的家庭增加了更多的经济负担。我了解到她的情况后，主动关心，经常把她叫到办公室与她交流，用诚挚、沉稳、质朴的语言给小丽同学加油鼓劲，让她感受到温暖。经过多次交流后，小丽同学逐渐敞开心扉，向我诉说她的家庭状况和成长经历。我安慰她要以身边家境贫寒但发愤图强的同学为榜样，引导她正确看待自己所经历的挫折，勇敢地去克服这些挫折，只有通过自己的努力才能成就自己、回馈家庭。

为了帮助小丽解决经济上的困难，我向小丽仔细介绍国家和学校的各项资助政策，并积极帮助她办理临时困难补助和贫困助学金，帮她解决部分生活费用的问题。同时，我对小丽利用课余时间做兼职、主动分担家庭经济负担的做法表示肯定，但也提醒小丽作为大学生，应该把学业放在首位。我联系校内勤工助学岗位，让她加入了勤工助学育人项目，使她可以通过自己的劳动赚取一些生活费，减少校外兼职花费的时间。我鼓励小丽同学在学有余力的情况下参加勤工助学岗位，学以致用，获得报酬，提高她的自信心和成就感。在学习成绩方面，我联系她班级的班长和学习委员，在考研复习和实习上给予她帮扶。此外，我与小丽的家长取得联系，向他们详细讲解了国家和学校“奖、助、勤、贷、补、免”等多种形式结合的立体资助体系，从多个维度对该生进行资助。

在毕业班开展推免工作的时候，小丽了解到学校的推免政策，并表示想尝试。我就向其介绍了学校推免工作的信息和流程，并将自己参加推免的相关材料打包发送给她，指导她提前填写相关表格，并告知面试过程中的注意事项。但由于医学生的一些特性，她的学生骨干经验较少，最终未能如愿。

事后，我也进一步开导她，并为她提供一些思路与经验，让她一边准备考研复习一边准备找工作，在寒假期间也多次发送相关的招聘信息给她。我也曾向学院其他经验丰富的辅导员前辈们进行学习和询问，帮助小丽修改简历和告知面试过程中的注意事项，使她走出自卑心理，大胆参加求职面试。最终在考研成绩公布的前夕，小丽告诉我她求职成功了，如果考研成绩不理想会直接就业，如果成绩理想先准备好复试，等待最终结果。小丽在复试面试中没能成功上岸，但成功签约了某培训机构。

在她笑着和我说找到工作可以松一口气的那一刻，我深深地感受到了作为一名高校辅导员的责任和使命。辅导员要从学生的学习、生活、家庭和心理等方面全方位地了解学生，只有准确地掌握学生的实际情况，才能切实可靠地为学生提供帮助。对于一些特殊学生，需要用心交流，以爱呵护，用真情感化，引导学生敞开心扉，争取为学生健康成长成才提供力所能及的帮助。

我的工作不仅仅是帮助学生解决问题，更重要的是激发他们的潜能，帮助他们实现自己的梦想。曾有这样一句话：“做有温度的教育，就是带着爱心走向学生，带着童心融入学生，带着感恩心感化学生，带着一颗火热心激发学生，带着一颗仁慈心尊重学生，将闪耀人性之光的真善美的种子播撒在学生的心田。”辅导员工作让我有机会走进学生们的生活，了解他们的困惑和梦想。我相信，只要我们用心去关爱每一个学生，用爱与责任去陪伴他们成长，就一定能助力他们实现自己的梦想，成为社会的栋梁之材。

辅导员工作于我，是一场双向奔赴的成长

公共卫生学院 徐亚梦

一、我与TA的偶然初识

2020年9月，我在自习室看到了学校推免工作的通知，想尝试，但是又怕自己条件不够、能力不行，便找到了我的辅导员郭老师了解情况，他鼓励我有想法就要积极尝试。几年的学生干部经历已经让我成长不少，条件能够满足，能力也不是问题，但是还需要有热情和责任。

2021年5月，我进入学院实习，9月正式入职成为辅导员。虽然早已经知道自己要带2021级新生，但是在临近开学时，我开始焦虑、担心各种各样的事情：四五岁的年龄差，他们能听我的话吗？我的角色定位应该是严厉老师还是知心姐姐？我应该怎样让他们对我敞开心扉？当时对于这些问题，我心里是没有谱的，所以一方面积极请教老辅导员，另一方面，我告诉自己：做自己心目中好辅导员应该做的事情就好。

二、我与TA的“日久生情”

正式带班以后，我在实际工作中渐渐找到了方向，并在一件件学生工作中获得了成长。在刚入学时的谈心谈话和家庭经济困难认定过程中，我发现她为边缘易致贫困户和离异家庭学生。父母早年离异，父亲长期在外务工，母亲在乡下独自抚养姐弟二人，同时赡养偏瘫多年的老人，家庭经济负担较重。

她学习努力刻苦，在进入大学以后积极参加班委和学生干部竞选，成为学院学生会干部，并加入了学院球队，积极上进。但是我在与她的日常交流和接触中发现，该生其实因离异家庭与经济问题较为敏感脆弱，再加上刚刚步入大学，还处在新环境适应期，自强而内向的她又不愿意将这些倾诉给别人，致使其心理负担一直较重，自我压力较大。

三、我与TA的奔赴成长

针对她的这些情况，我一方面在学校资助政策范围内尽可能为她积极申请帮扶，另一方面在经济资助的基础上进行心理帮扶，为她重塑信心。

入学伊始,我摸排到她的家庭经济情况后,便重点关注了她。随后,她的家庭经济情况被认定为特殊困难,评选了一档国家助学金,并在不久后领取到了秋季学期的国家助学金。虽然金额不高,不能完全负担她所有的生活费,但是也在一定程度上缓解了家庭经济负担和个人经济压力。

首先,考虑到该生敏感、充满戒备心,要先与其初步沟通建立信任关系。我通过拉家常、日常聊天等方式循循善诱,引导学生愿意说。在她倾诉时,我感同身受地准确把握学生的情绪变化,从学生角度理解经济压力、内心敏感、心理焦虑等,通过共情准确把握该生所面临的问题与心理变化,充分让她感受到理解与支持。

其次,基于信任关系,我与该生共同分析了当前她所面临的情况,一一化解她的焦虑点:一是要相信疫情是暂时的,困难也是一时的,不要因此过于焦虑担忧;二是正确看待家庭经济情况不好这一现状,可以尽自己所能减轻家庭经济负担,比如申请国家助学金、参加勤工助学和评选奖学金等,但是不能给自己过多的压力,花一样的年龄要好好享受大学生活;三是如果发生特殊情况,要及时向辅导员、学院和学校反映,学校有临时困难补助等专项补助,能够及时为她提供资助;四是贫穷不重要,重要的是穷且益坚,不要因此产生自卑等心理。

最后,为进一步帮助她突破局限,实现全面发展,我在与她多次深入谈心谈话后,了解到她喜欢打乒乓球、擅长画黑板报。于是我鼓励她劳逸结合,在课余时间积极参加喜欢的体育运动,多次对她制作的黑板报进行肯定表扬,并适当提出相应的修改意见。同时,考虑到她的家庭经济情况,我为她介绍了学院勤工助学岗位,每月有一笔稳定的收入来减轻经济负担。

经过三年多的学习和锻炼,该生成绩优异,名列前茅,每学年稳居专业第一;担任学院学生会干部,积极参加各类社团和球队,每学年获得国家励志奖学金和一等奖学金,在“挑战杯”等学科竞赛和乒乓球联赛中均获奖项,文体双开花。在各种项目和活动的参与过程中,她的各方面能力都得到了提升,自信心大大增强,在与同学交往中都变得更加自信大方。

从事辅导员工作,虽有“午夜惊铃”和调解不完的矛盾等棘手问题,但是看到学生从大一的懵懂无知,到现在有目标地努力、在自己擅长的领域得到锻炼,我感受更多的是欣慰和成就感。这近三年的辅导员工作经历,也使得我在奔赴中得到了成长。

靠近光，感受光；成为光，发散光

数学与计算机学院　张　明

在岁月的长河畔，生命如一首深邃的诗篇，缓缓铺展。小宋，这位青春的行者，独自徘徊在命运的幽径。他渴望着光，如同沙漠中干渴的旅人渴望清泉。那光，是希望，是温暖，是灵魂的慰藉。靠近光，感受光的轻抚；成为光，发散光的璀璨，这便是他内心深处最热烈的渴望。

一、命运多舛，心陷阴霾

小宋同学是数学与计算机学院计算机系的一名学生，他来自黑龙江省哈尔滨市。命运似乎从一开始就未曾对小宋同学展露笑颜。小学时期，父母离异。初中时，无情的病魔缠上了父亲，股骨头坏死让父亲失去劳动能力，家庭的主要经济支柱轰然倒塌，生活的艰难如影随形。高中岁月，母亲又被腰椎间盘突出压迫神经所折磨，为了筹措治疗经费，家中债台高筑，贫困的阴霾笼罩着这个本就脆弱的家庭。

小宋同学自幼性格孤僻，沉默寡言，朋友寥寥无几。学业的压力与家庭的重负如两座大山压在他稚嫩的肩头，他却无处倾诉。当他怀揣着忐忑与憧憬，踏入外省大学的校门时，命运的捉弄却再次降临。开学初期，他被查出患有气胸等疾病，手术费用让这个本就风雨飘摇的家庭雪上加霜。

从此，小宋同学愈发封闭自我，他害怕与人交往，唯恐给家庭增添一丝一毫的负担，像一个喧嚣世界里的透明人。

小宋在这无尽的痛苦中，渐渐失去了对生活的热情和勇气。他如同一只无法破蛹的蝴蝶，眼里充满了迷茫与绝望。

二、爱与温暖，破蛹成蝶

就在这时，有一丝希望的曙光降临到了小宋同学身上。在了解每位同学家庭情况的过程中，我发现了这位学生的特殊情况。我与他第一次交流时，小宋欲言又止，眼神躲闪，我却敏锐地捕捉到了他内心深处的敏感与脆弱。在开学的第一周，我便与小宋相约“闪动校园”，在那一次次的并肩锻炼中，我们的距离逐渐拉近。在一起“闪动”的过程中小宋也逐渐袒露心扉，说起了自己的家庭情况。除此之外，我与同学们不仅在“闪动”中给予陪伴，还多次深入宿舍与小宋促膝长谈。从学业的困惑到生活的琐事，从人际关系的困扰到未来的规划，我耐心地引导小宋主动提出自己的想法和疑惑，并针对这些问题给予了中肯的建议。与此同时，学院的心理老师也主动向小宋伸出援手，每周定期为他进行专业的心理咨询，让他能够毫无顾忌地倾诉内心的纠结与压力。

当小宋在体检中被查出气胸时，校医院第一时间找到了他，为他提供了全面的医疗诊断。医生们详细地为他讲解治疗方案和费用，并帮助他了解医疗保险政策和学校的资助减免政策，极大地减轻了其家庭的经济负担。

在这源源不断的关爱与温暖中，小宋终于明白了自己并非孤立无援，他与我之间建立起了深厚的信任。

国家和学校的资助政策更是为小宋的生活注入了强大的动力。他有幸获得了国家助学金，成功申请了临时困难补助，还获得了勤工助学的岗位，经济上的压力得到了有效的缓解。我根据他的实际情况，为他精心制订了科学合理的学习计划，同学们主动对他进行学业上的帮扶，任课老师也经常关注他的上课状态。在这全方位的支持下，小宋逐渐适应了大学的学习模式，重新找回了对未来的信心。

小宋开始积极地改变自己，勇敢地融入大学生活。他踊跃参与学院组织的各类活动，担任学生会职务，组织志愿活动。在与同学们的合作中，他建立了良好的人际关系，收获了真挚的友谊。他加入了乐队和合唱团，沉浸在音乐的海洋中，通过参与排练和演出，他不仅提高了自己的音乐技能，还感受到了集体荣誉感。在学院的“情景剧大赛”中，他大放异彩，赢得了大家的热烈掌声，终于找到了属于自己的存在感，重新建立起自信。此外，他还投身于自强社的工作，在帮助他人、回报社会的过程中体会快乐、传递温暖。小宋也积极加入了勤工俭学队伍，在我的鼓励下，他坚持不懈，尽管工作辛苦，但他在磨炼意志的同时，也培养了自立自强的精神。

他如同一只破蛹而出的蝴蝶，展开了绚丽的翅膀，坚定地飞向属于自己的光芒万丈的天空。

三、心向暖阳，未来可期

如今的小宋已不再是那个被命运肆意欺凌的少年。

他深知，自己所经历的苦难，是命运赐予的磨砺；所得到的关爱，是前行路上的动力源泉。他立志要将这份爱与温暖传递下去，让更多身处黑暗的人感受到希望的曙光。

未来的道路或许依旧充满坎坷与挑战，但小宋已经做好了充分的准备。他将怀揣着坚定的信念和不屈的精神，向着光明的未来展翅翱翔。

在生命的漫漫征途上，小宋如一株破土而出的幼苗，历经风雨，却始终向着阳光生长。他靠近了那温暖而明亮的光，感受到了爱与希望的力量；他努力成为光，让自己的内心充满勇气与信念；他自信发散光，将这份温暖与力量传递给那些在黑暗中徘徊的灵魂，帮助他们奋楫远航。

靠近光，是命运的指引；感受光，是心灵的觉醒；成为光，是自我的升华；发散光，是生命的使命。愿小宋的光芒永不熄灭，愿他的故事成为夜空中最璀璨的星辰，照亮无数人前行的方向。在这段光的旅程中，他将永不止步，用爱与勇气书写属于自己的辉煌篇章。

每个人都是一轮月亮

物理与材料学院　孟　真

每一次的圆月必然要从新月、蛾眉月、上弦月和凸月的过程走来,一路跌跌撞撞,经太阳照耀,由星星守护。教育学生,就像星星守护月亮一样,既要精心看护,也要耐心等待,让他们经历蜕变。

一、新月如钩,蓄势待发

宗白华写道:"我爱光,我爱海,我爱人间的温爱,我爱群众里万千心灵一致紧张而有力的热情。"怀着从高中班主任那里收获的善意和暖意,25 岁的我研究生毕业,义不容辞地报考高校教师,并如愿以偿地来到南昌大学,成为 214 个可爱孩子的辅导员。2022—2023 年,他们从大一升入大二,由于专业分流,我的带班学生也变成了 227 个孩子。

他是一位患有双相情感障碍的孩子,高中时压力比较大,长期坚持服药,进入大学后病情比较稳定,除了遇到事情后情绪起伏较大而且特别喜欢发"小作文"之外,没有其他与众不同之处。初识他时,由于疫情,家长无法进入学校,他返校前通过 QQ 问了我很多问题,比如"哪个校门口离着宿舍更近""学校门口有小推车吗"。本着或许能够遇到他的侥幸,我骑着电动车来到了 5 号门,看到一个穿着高中校服的男生,拖着大包小包共五件行李吃力地走着。我说:"你是来报到的吗?我载着你吧。"他一开始有点抗拒,后面了解到我们同一个学院,便慢慢放松了警惕。我载着他,闲聊起来,他也终于知道我是他的辅导员,他说好有缘,其实我昨天便计划着今天来接他。

二、眉月似弓,谋势而动

每个人都是一轮月亮,有着自己的阴晴圆缺,更何况是学生,所以教育需要充满人情、人性、人道,离开了感情,一切教育都无从谈起。陶行知先生曾说过:"你们的教鞭下有瓦特,你们的冷眼里有牛顿,你们的讥笑中有爱迪生。"因为我时刻铭记这一点,所以我努力与学生平等地沟通,站在学生的角度去揣摩学生的心理,试着用一双充满关爱的眼神去发现学生的优点。

开学前后他一直活跃在班群和班级同学之中,由于他报到来得比较早,所以收拾好自己的东西之后便主动地在楼下做起了志愿者。竞选班委时，他毛遂自荐，提出想要担任班长，基于开学前后、军训期间的种种表现，我和同学们都很看好他。我也单独找到他，鼓励他去勇于尝试，发现自己身上的闪光点，在为同学们做好服务的情况下提升自身综合素养。他看着我，似懂非懂地点点头，好似在迷茫的路途中渐渐找到了方向。

在班委最终名单还没公布的前一天晚上 8 时许，我突然接到他的电话，他一边哭一边说着听不清的话，当时我正在学校加班，便第一时间赶到了操场。经了解，他阳光长跑代跑被抓，虽然证据确凿、铁板钉钉，但他还是不承认，在操场上大哭大闹。我赶到后把他拉到一旁，温柔地说，“不用怕，没什么事，但是我希望你能够如实地告诉我”，他没说话，我就一直看着他，大概过了 5 分钟，他把事情的来龙去脉跟我说了一遍，我鼓励他向负责老师承认错误，并诚恳地道歉。当天晚上 11 点 36 分，我收到了他的 QQ 消息：“孟姐谢谢您，我心里一直有‘我的老师’和‘教我的老师’之分，您是吾师，更让我尊敬。今天的事情我做得不对，我打电话给您只是当时不知道怎么做了，我记得您说有什么事都可以打电话给您，我只是想试试，没想到您马上就能赶来，当时还在下雨，但是我觉得太阳出来了。”

后面，他如愿成为班长，担任班长期间，尽职尽责，积极为班级同学服务，是一位用心用情用力的好班长。

三、弦月若船，乘势而上

慢慢地，他开始把我当成知心大姐姐，有什么事情都会跟我说。在申请国家助学金时，他和我说：“我家里人不愿意让我申请，他们觉得没必要也没面子，但是我怎么也想不到在我妈没发工资之前，我的生活费家里会拿不出来，现在我妈工资已经拖欠 2 个月了，那一刻我真的觉得我爸妈好难。”我与他详细交流后，与其家长进行了沟通，说服了他的父母，最后在我的帮助下，他成功申请了国家助学金。

寒假开学返校时，我发通知到年级群，让行程有变化的同学私聊我。他问我可不可以早点来学校，因为现在暂住在亲戚家，不想给亲戚添麻烦。后面与他沟通过后，我向学院申请，同意他提前一天返校。他说自己拿着行李走在路上，突然接到我的电话，表示“我只是觉得很突然，这么突然的事怎么会发生在我身上，我这么平平无奇，在哪都是不显眼的小透明，这么‘中庸’的一个人，突然就被关照了”。我说你返校后来办公室找我一下，天气有点冷，他鼻涕都流出来了，他看着我，我看着他，就好像大一开学那时候我骑电动车去门口接他，只是现在，他眼里不是抗拒，而是信任和感激。

正如张万祥老师所说：“心中有爱，举手投足挥洒出来的是温暖、亲切、宽容。”我愿做太阳,抑或是星星,守护我的学生,真诚地对待每一位学生,冷静地观察、倾听、思考,同时鼓励他们勇于表达真实的自我。我相信,看见了孩子们的“阴晴圆缺”,才会带来孩子们需要的最为温柔的“征服”。于是,每一轮月亮,总有一天会迎来属于自己的、独一无二的“圆满”。

破蛹成蝶，逐光而行

食品学院 黄慧敏

2022年夏天，我刚研究生毕业，满怀期待地进入了辅导员岗位，因为像学生的大哥哥一样，所以学生们一直称我为“黄哥”。

小邱是一个家庭经济特殊困难学生，自2022年9月入学以来一直担任学生干部，平日对班级工作认真负责，有较强的集体荣誉感，积极参加班级活动，高中学习成绩优异。2023年3月初，我查到小邱期末考试有三门课程不及格，就主动联系小邱，但是小邱都以没有时间为由拒绝与我沟通。当天晚上我就开始走访小邱寝室，发现该生情绪低落，精神状态不佳，问及原因，只是说学习压力大，课程学习的进度跟不上，当谈到其寒假在家情况和家中状况时，该生并未答复。

小邱家中共有四个小孩，哥哥在外务工，他自己排行老二，弟弟和妹妹分别在家中附近县城读高中和初中。父亲患有肺癌，不能干重活，在家一直需要药物维持；母亲在周边的小乡镇工厂打零工，弟弟妹妹均由奶奶平时帮忙照顾，家中的经济来源完全依赖于母亲和哥哥。在2023年2月，由于父亲肺癌骨髓转移，抑制骨髓细胞造血，又加上感染了新冠，使得血小板、血红蛋白指数非常低。父亲抗癌七年，最终未能战胜癌症而去世，使得这个原本不富裕的家庭更加雪上加霜。作为学生成长成才的人生导师和知心朋友，我的育人故事就这样开始了。

一、建立信任，架起沟通桥梁

建立信任乃是辅导员开展学生工作之根本。在学生情绪低落之际，应主动表达关切并进行慰问；当学生因病请假在宿舍休息时，应前往探望并给予关怀；通过积极的关心与关爱，来缩短与学生之间的距离。某日晚间，我主动邀请小邱共进晚餐，他愉快地接受了邀请。通过深入的交流，我了解到小邱近期因家庭变故而深感悲伤，尚未能从阴霾中走出。此外，我察觉到他具有强烈的责任感和孝心，总希望为母亲分担困难，但因无法解决问题而终日忧郁、情绪低落，无法专注于学业，长此以往导致学业进度滞后，反而加剧了情绪的失落。

后来，我得知小邱原本有意向继续深造，但父亲去世后，母亲迫切希望他毕业后能够就业以缓解家庭经济压力，因此小邱不得不放弃考研的计划，内心感到十分沮丧。经过这段时间的深入交流，我与小邱之间建立了坚实的信任基础，搭建了师生沟通的桥梁，为后续的教育工作打下了坚实的基础。

二、关心关爱，驱散心中阴霾

鉴于小邱家庭遭遇不幸、心灵蒙上阴影、悲伤情绪持续，且表现出意志力下降的迹象，我计划在后期加大对他的关怀力度，充分利用网格员的职能，安排班级干部及室友给予他更多的关心和陪伴。同时，我与小邱的母亲取得联系，通报他在校的表现和状况，并建议家长给予孩子更多的鼓励和支持，避免将家庭压力过度转嫁至孩子身上。

此外，我通过多种场合和途径，及时对他进行线上线下沟通，以缓解其心理压力，并引导其积极参与校园文化活动和班级集体活动，帮助其转移注意力，尽快从丧失亲人的悲痛中恢复，重拾对生活的信心。为了更好地实现协同教育的效果，在征得他同意的前提下，我及时联络心理健康教育中心的专业人员，为他提供心理咨询和疏导，并指导他如何在大数据平台上预约心理咨询，以期达到理想的咨询效果。

三、多方资助，解决实际问题

2023 年暑假，征得他及其家长同意后，我跋涉两百多公里，对他进行了家访，并购置生活用品和营养品慰问该生，详细了解他家庭的生活情况。我向家长和学生详细讲解国家、学校的资助政策，从多个维度对该生进行资助。除国家助学金外，我还帮助他申请临时困难补助和勤工助学岗，让他通过自己勤劳的双手获得岗位津贴，缓解他的生活压力。另外，在学院校友的大力支持下，我校设立"校友同心奖学金""刘幸鹏奖助学金"，我帮助他积极申请，解决燃眉之急；在开学前我指导他办理生源地助学贷款等，通过多种形式从经济上对他进行帮扶，缓解家庭因学费及生活费等造成的压力，切实解决小邱的实际问题。

四、学业帮扶，重拾学业信心

该生问题的根源是家庭突发变故，导致心理问题和经济压力，进而影响学习状态。首先，我根据学生的学习进度，指导学生制订周密的学习计划，并建立学习帮扶小组，安排学习基础扎实、与学生关系较好的同学进行一对一帮扶。其次，我发挥协同育人的作用，与学生的任课老师联系，共同关注，对学习中的重点难点进行梳理，帮助学生重拾学业信心。最后，依托我院学科发展的优势资源，通过"三联三进"宣讲对接会，学生可以寻找自己感兴趣的研究方向和科研项目，从而强化了学生的时间管理能力，激发了学生的专业认同和创新冲动。"三联三进"这一平台，使得学生在导师的帮助下积极参加科研创新竞赛，通过比赛提高专业兴趣和学习信心，最终获得省级以上奖项，育人成效显著。

五、润物无声，培育感恩意识

我以学校各类资助活动为载体，结合谈心谈话等多种形式对该生及全体家庭经济困难学生开展感恩教育，让学生了解国家资助政策的深远意义。我还借助学校举办的“榜样的力量”“爱心捐赠”“爱心义卖”等实践活动，充分发挥榜样示范引领作用，深化励志感恩教育，引导受助学生正确认识国家和社会的帮助，用自己的实际行动感恩和回报国家和社会，培养学生的爱校荣校意识，增强学生的社会责任感和使命感。我鼓励小邱积极参加志愿活动，参加学校“助学 · 筑梦 · 铸人”主题宣传活动，在日常谈话中引导学生懂感恩、会自强，展现当代大学生奋发向上、勇毅前行的精神风貌，充分发挥资助的育人功能，增强受助学生的感恩意识，在润物无声中助人，从而实现助人又助己。

小邱目前乐观开朗、成绩优异、自立自强。他自愿加入学院青年志愿者协会和自律检查委员会并积极参加志愿服务活动；寒暑假期间，积极参与“返家乡”的交通文明引导和献血活动，累计志愿服务时长50余小时，并成功获得了志愿服务证明。在2023年暑假，我指导小邱组建团队赴家乡新余开展社会实践，在此过程中与其他学生同吃同住，以增加日常的交流互动，让小邱感受到老师、同学的关心关爱，重新找回乐观、积极的生活状态。此外，小邱在暑假参与回母校招生宣传活动中，被评为“优秀招生宣传形象大使”。小邱通过学业帮扶，学习成绩有了明显的提高，三门不及格的科目已顺利通过补考拿到学分绩点，专业排名进入班级前30%，并先后获得国家助学金和校友同心奖学金等。另外，小邱积极参加学校“双创”项目，利用“三联三进”平台，找到了自己感兴趣的科研方向并为之努力。

这就是我与小邱的故事，我们之间亦师亦友，无话不谈。现在的他，阳光积极，目标清晰。其实，成长的不只是他，我对这份职业也有了新的认识：育人工作始终要围绕着学生的方方面面。

情暖四方、一路相伴、让爱生花。作为新时代辅导员，在帮助学生成长的过程中，我们要始终坚持以一个领路人的角色，用爱陪伴、用心浇灌、用情相守，让更多人沐浴在爱的阳光下，在教书育人的道路上和同学们一起共谱华章、互绽芳华。

墙角的一株油菜花

基础医学院　罗继现

我喜欢养花,也喜欢把学生比作花,在我看来,每个学生都是一株独特而又绚烂的花。2023 年 9 月,我怀揣着对教育的热爱,加入了南昌大学辅导员队伍,承担着引导学生健康成长、帮助他们发现自我和实现自我价值的重要使命。就像是花田里的园丁,要细心呵护每一株含苞待放的花朵,让他们茁壮成长,绽放最绚烂的颜色。

一、没有一朵花,从一开始就是花

前期学校安排我们学习了大量养护“花朵”的知识,也提供了很多专业“工具”让我们提前熟悉每一步流程,并安排了专家讲解各种注意事项,在完成了全部的前期准备工作后,终于能见到来自五湖四海的“花朵”了。

他是班上一个性格内向、不善言辞的孩子,开学之初,我首次与他相遇,便留下了深刻的印象。在报到日,他的父亲陪同他来到我的办公室,提出了一个请求:“能否允许我今晚与儿子一同在宿舍中暂住一晚?”听闻此言,我感到相当惊讶,但很快便恢复了平静,并开始与他们父子俩进行深入的交流,以了解事情的详细情况。孩子的父亲言辞闪烁,似乎有难言之隐,希望能在学校留宿一晚,并询问我是否能为其安排住宿。孩子则一直低着头,沉默不语,显得有些自卑。尽管我尝试与他交谈,他却未作任何回应。我随即在手机上搜索了几个附近的宾馆,并向孩子的父亲推荐。他反复询问是否有更为经济的住宿选择,我这才意识到他的家庭可能面临经济困境。那一刻,我下定决心要帮助这位自尊心受损的孩子找回自信。我自己也曾因家庭经济问题而感到自卑,深知这种感受。在我的成长过程中,学校和老师给予了我极大的支持与帮助。现在,我有机会将这份关爱传递给他人,这正是教育的真谛所在。

随后,我主动为他找到了一家经济实惠的宾馆并垫付了费用,尽管它位于西湖区,距离学校稍远,但有效解决了孩子父亲的住宿问题。第二天,他回到学校后,我与他进行了深入的交流,了解到他的家庭经济状况十分拮据。我询问他是否申请了学校的爱心大礼包,他回答说由于不熟悉网上操作,未能及时申请。于是,我向领导汇报了这一情况,并为他向学校申请了爱心大礼包。

每一朵花的绽放，必然要从种子开始，种植、生根、发芽、浇水、成长、开花……一路顽强生长，经风雨洗礼后的花朵才能开得更茁壮。充足的阳光从此刻开始照耀在那株油菜花上，尽情地吸收肥沃土壤中的养分。

二、在心里种花，人生才不会荒芜

入学后，他始终腼腆内向，不与同学多交流，每次跟他聊天也是回应我寥寥数语，后来在开展家庭经济困难认定工作和助学金评议工作时，我发现他没有递交申请表。我又找到他了解情况，他说他的父亲卖了粮食，他上学的钱够用了，把这个助学金留给更需要的同学吧。我当时听到后非常感动，觉得究竟是怎样懂事的孩子才能在自己过得很艰苦的情况下还考虑着他人。同时我又担心他是否因为自卑，不好意思申请，我便跟他详细讲述了学校的资助知识。因为我也常年接受国家助学金和励志奖学金的帮助，就以自己举例，跟他说这是国家对家庭经济困难学生的帮扶，你就放心地去申请，好好读书，成长成才后努力建设祖国，便是对国家和学校最好的回报。此后，他心中便有了信念，学习充满了动力，也渐渐变得阳光了起来，时常与我交流学习和生活上的事情。

一个人心中有理想、有希望，人生才能活得精彩，在花园里种满花，花园里便生机盎然；在心田里种满花，人生便不会荒芜。

三、花会沿路盛开，未来的路也一样

后来，他做了我的辅导员助理，变得开朗了许多，时常与我沟通交流，建立了良好的师生关系，我也经常倾听他的想法，理解他的困惑。我鼓励他表达自己的观点，分享自己的兴趣爱好，后来的班级活动中他总是积极参与，主动上台展示自己，从第一次汇报 PPT 的生疏，到现在能流畅地表述，真的成长了很多。他时常跟我说，以后毕业了要通过自己所学的知识改变自己家乡的落后与贫瘠。这一刻，我知道教育有了成效，未来他会有属于自己的一片花田，一片更大更多花的花田。

夜色难免黑凉，前行必有曙光

玛丽女王学院　陈绪军

在寂静的夜幕下，一切仿佛都被黑暗吞噬。然而，这片黑暗中孕育着希望，正如夜空中的星辰，微弱却坚定地闪烁。作为一名辅导员，我与学生们一同经历成长的起伏，见证他们从迷茫走向坚定。从小漆的故事中，我看到了她如同晨星般在黑暗中顽强闪烁，最终迎来曙光。她用坚持与努力，在漆黑的夜晚中找到光明，点亮了前行的道路。

沉寂·待放

初见她时，正值夏日，但她的身影却如冬末的寒梅，藏在冰冷的寒风中，带着几分脆弱和孤独。那天，我主动找到她，想与她谈谈心。她带着几分忐忑走进了我的办公室，声音轻微却充满了无助："老师，我的家庭条件艰苦，学费一直让我很焦虑。我总觉得自己和大家格格不入，像陌生人一样。我不知道该怎么办。"

看到她的无助，我心中不禁涌起一阵揪心的痛楚。我看着她那双因压力而稍显暗淡的眼睛，尽力让自己保持温柔和坚定："小漆，我能理解你现在的困惑和迷茫，但请你记住，贫穷和困苦只有等你成功之后才是财富。经济状况并不能定义你的价值，你的努力、才华和品格才是你真正的财富。你可以申请国家助学贷款和临时困难补助，这样可以减轻一部分经济压力，让你能够更专注于学业，我们一起来面对这个挑战。"她的眼睛微微泛起泪光，那一刻，我知道我能做的就是尽我所能去帮助她，让她感受到一丝温暖和希望。经过几天的申请和准备，她成功获得了国家助学贷款和国家助学金。我看到她的眼睛里闪烁着希望的光芒，肩膀似乎也轻松了不少，让我感到无比欣慰。

沉淀·沐雨

随着时间的推移，她渐渐适应了新的环境，但内心的困扰并没有完全消失。为了帮助她克服这些心理障碍，我建议她积极参加社会公共服务，推荐她参与学院的资助育人公益项目——"爱心玛院，助力公益"。她犹豫地问我："老师，我能做这些吗？我担心自己做不好。"她的声音里带着几分不安和忐忑。

我拍拍她的肩膀，坚定地说道："这不仅仅是对你能力的挑战，更是你成长的机会。相信我，你会在这个过程中发现自己的潜力，找到自己的价值。”她点了点头，虽然脸上依然有些紧张，但我看到她的眼中闪过一丝决心。

在随后的几个月中，小漆每周都会去医院参与“导医导诊”“医患沟通”和“手语门诊”等志愿活动。她每次走进医院，脸上总是带着一抹微笑，即便是疲惫时也不掩其坚毅。一次，她带着略显疲倦但满足的神情和我分享她的经历：“老师，今天我遇到了一个特别需要帮助的病人，我的照顾让他感到很安慰。虽然很累，但他不停地和我们说谢谢，我感觉所有的辛苦都是值得的。”她的声音充满了自信和力量，那一刻，我感受到她心灵的成长与升华，这比任何语言都更加动人。

与此同时，小漆在学术上的挣扎和困惑引起了我的关注。为了解决部分同学英语基础薄弱的问题，我联系学院开设了英语角，并邀请了经验丰富的学长学姐分享他们的学习心得和成功经验。第一次活动中，她坐在角落，目光略显犹豫。我坐到她身边，鼓励她：“没事，不要害怕表达自己，迈出第一步才是改变的关键。”

渐渐地，她开始放松下来，积极参与到讨论中。在学长学姐的帮助下，她的英语水平和学术自信心有了显著提升，并且她积极主动地寻找导师和科研项目，希望能在科研上有所成就。在教学楼的走廊里、食堂的餐桌上、午后的图书馆里，我常常能看到她沉浸于书本中，或是在电脑面前，眼睛直溜溜地盯着屏幕上的论文，尽心尽力地钻研学术问题。看着阳光洒在她的脸上，我坚信，这颗曾经的初芽终会冲破土壤，成长为照耀自我温暖他人的脊梁。

绽放·花开

小漆的变化是令人惊叹的，她从最初的沉寂中破茧而出，绽放成一朵在阳光下熠熠生辉的花朵。在大家的帮助和自身的努力下，她的成绩稳步提升，连续两年获得校一等奖学金和国家励志奖学金，并以第一作者身份发表了两篇论文。在参加学生事务工作期间，她展现出了卓越的领导才能和解决问题的能力。她总是以热忱的态度面对每一个挑战，用行动证明自己的成长和进步。

记得在一个秋季学期的开学初期，她激动地跑来找我，眼中闪烁着兴奋的光芒：“老师，我已经成为育人项目的负责人了！我会尽全力做好这个工作。”她的话语里充满了自信与决心，她的成长让我感到无比自豪和欣慰。看到她从一个充满困惑的学生成长为一个在校园中熠熠生辉的榜样，我的内心充满了骄傲和喜悦。在大三年级的寒暑假期间，她主动申请并成功入围北京脑科学与类脑研究所和清华大学—北京大学生命科学联合中心培训班。在北京的学习经历，如同春风吹拂，为她带来了新的成长和启迪。在电话沟通中，她坚定地和我说:“老师,我希望能到这些顶尖机构学习,接触前沿的知识和科学技术,以此来拓宽我的学术视野。”她的主动和决心如同旭日东升,为她的学术旅程照亮了新的方向。小漆的学术之路不断延展,她的科研成果和社会活动经历让她的故事成为学院的一面旗帜,从一名曾经困惑的学生成长为一名自信的学习者。她的每一次进步都如同春天的花朵,在岁月的阳光下绽放得愈加绚烂。

在漫长的黑夜中,我们时常感受到深沉的寒冷,正如小漆曾经遭遇的困境。然而,正是这些黑暗的沉寂,让前方的曙光显得愈加珍贵。她用无畏的努力和坚定的信念照亮了自己的前路,绽放出耀眼的光芒。每次想起她从阴霾中走出,迎接学术与人生的新高峰,我的内心都被深深触动。她的故事让我坚信,尽管夜色难免黑凉,但只要心怀希望、坚持不懈,曙光终将到来。我们的使命,就是陪伴每一个学生穿越黑夜,迎接那一片属于他们的光明。

一朵小花向阳开

工程建设学院 彭思群

对每一个贫困家庭而言，大学生不仅是家庭的荣耀，更是家庭的希望。精准做好大学生资助工作，不仅能及时帮助贫困大学生们减轻家庭负担、顺利完成学业，更能引导他们形成感恩、奋进和励志的良好精神风貌，从而切实发挥好高校资助政策的助人功能和育人实效。

一、破土萌芽

小何，女，陕西籍，单亲家庭，初中阶段父亲因病去世，母亲身患疾病，不能从事重劳力工作，家庭收入来源主要为兄嫂摆摊所得，家中因父亲生前的治疗费而负债较多。

在新生报到之时，一人背着包，拖着行李箱，独自来报到的小何引起了我的注意。在进行相关报到程序的过程中，我问起她一个人来校报到的原因，她笑着说，家里人都有事，自己行李也不多，第一次出省，想要挑战一下独自出远门。在聊天中，她兴奋地和我说，之前在线上了解到学校有志愿来接站的学长学姐，就非常兴奋，希望能够早点开启自己的大学生活，学校接站这件事也让她觉得很贴心。报到结束后，志愿者们帮忙引导她前往宿舍，她离开前还开心地和我挥手告别。

在家庭经济困难建档工作解读班会结束后，她单独留下来，问我，"老师，我想向您咨询一下，我可以申请建档吗?"这也是我第一次了解她的家中情况，一方面对于她的家庭遭遇感到震惊和惋惜，另一方面又钦佩她在这样的环境中能够保持如此乐观的精神和生活态度。我再次和她介绍了国家对于家庭经济困难建档的文件要求和评定细则，并安慰她，这并不是一件丢脸的事情，这是国家对家中暂时遇到困难的同学的关心帮助，而且在评选过程中也绝对保密，不会有除了评选小组成员以外的人员知晓学生家中情况。

在我的鼓励下，她申请了建档，并成功申请到国家助学金。在日常的学习和生活中，我也及时关注她的动态，鼓励其多参与学校、学院举办的各类活动。她在我的建议下积极参加各类文体活动，并主动报名参加学院的青年志愿者协会，她说："我从开学起，就受到了很多人的帮助，我也想尽我所能，尝试帮助更多的人。"性格开朗、乐于助人的她很快就和同学们打成一片,在工作中获得了一致好评。除此之外,她还利用课余时间选择了校内兼职活动,减轻了家庭负担。

二、风雨成长

大学学习更多需要依靠自己,在离开高中的学习环境后,面对学习难度大、学习模式和方法改变的现状,她亟须在课后花费更多的时间来适应。她在大一入学期间对专业学习的难度和强度认识不够,特别是大一学年无挂科的成绩加剧了她“临时抱佛脚”的侥幸心理,直接导致大二下学期出现期末考试挂科的情况。

在与她的交谈中,她和我说出了自己的困惑和误解,本以为进入大学,在学业上能够轻松对待,特别是在大一成绩还可以的情况下,让自己以为只要平时上课认真听讲,期末考试前好好复习就没问题了。但这次的挂科打破了她这样的幻想,她也很迷惑兼职过多是否是错误的行为。在当时,我并未发表过多的评价,只是作为倾听者,鼓励她利用暑假时间回顾大学两年的生活,先行自主思考,并劝慰她,参与兼职活动是想要为家人减轻负担,这个想法并没有错,应考虑是不是时间分配不够合理。

发现她的自信受挫后,我决定换一个思路。我为其申报勤工助学岗位,让其担任我的辅导员助理。一方面,通过岗位津贴补助生活费用,减轻其经济负担,帮助她树立自强自立的理念;另一方面,通过辅导员助理工作,能够要求她准时到岗值班,在具体工作中对她的工作方法进行指导,改善她的工作习惯,进一步提升综合能力,也在潜移默化中不断帮她恢复自信心和确定方向目标。在她担任辅导员助理期间,我对她有了更多的了解,进而也采取了更多有针对性的举措进行思想、学习和生活帮扶。

三、向阳绽放

当我看到学校发出的2023年国家安全知识竞赛文件时,我鼓励她担任队长,寻找低年级的学弟学妹组建一支强有力的团队参加竞赛。在参赛过程中,她帮助团队不断打磨、备赛演练,该团队最终获得全校第一名的好成绩,这极大地增强了她的自信心。

大三期末考试前,当她在办公室值班时,我提醒她要做好时间规划,认真梳理复习内容,但是也要注意调节压力。在大三学年的期末考试中,她所有科目均高分通过,表现喜人。她又逐步恢复了自信,爽朗的笑声也更高频率地出现在办公室。

重拾自信的她,勇敢投递实习简历,最终被广东某知名国企录用实习。实习结束后,她开心地和我分享收获的实习工资金额、最佳实习员工荣誉和领导的称赞。在大四秋季学期,她凭借优异的成绩,获得了校二等奖学金和国家励志奖学金,并“逆袭”获得研究生预推免资格,顺利保研本校继续深造。

而在获得这些成绩后，她也没有骄傲自满，反而更明确了自己的方向与目标，也更乐意与学弟学妹分享自己的心路历程和经验方法。在毕业时，她告诉我，感觉自己现在有一种使命感与责任感，要尽自己所能帮助更多的人，而为了实现这个使命，自己要更努力地学习，让自己更优秀。在人生“山穷水尽”的时候，还能向着“柳暗花明”努力，我想，这大概就是资助育人的最佳体现吧。

一封夏日来信

人文学院　梁嘉丽

亲爱的叶子：

你好！

收到这封信是否觉得意外，岁月转眼间就从指缝悄悄溜走，还有不到一个月的时间你就毕业啦！南昌的夏天已经来临，暑意渐浓，蝉声呜呜。昨晚饭后和你一起去操场散步，有幸现场感受音乐节的魅力。舞台上的学生尽情表演，在自己小小的领域里肆意挥洒青春的汗水，尽显青年一代之魅力！激情四射的青春身影将我的思绪勾起，回忆满满，千言万语也说不清、道不尽。从你初入大学校园生活到现在，我看着你跌跌撞撞地追光，见证你蜕变青涩。作为你的辅导员，我很高兴能够从你的身上看到年轻人激情飞扬、不怕苦、不怕累、坚韧不拔的精神。

还记得在开展家庭经济困难建档及助学金工作时，我收到了你的申请。十月的晚上，天气还很燥热，我将你叫来办公室了解情况。初见你时，你拘谨地坐在沙发上，瘦瘦小小的，小心地接过我递给你的水，声音低低的，不好意思地向我说明家庭情况。在我的鼓励下，你开始畅所欲言，讲述你的过往及刚进大学的新奇。我得知你出生在一个大山环绕的叫作“助水村”的地方。这个村子并没有大富大贵的人家，在城镇务工潮开始前，几乎家家都依靠务农来满足基本的生活需求，都是些劳苦人家。你的四口之家亦是在这小小的村落里生长。你说直到现在，你依旧心疼你的父亲，作为家中老大，不过弱冠便已丧母，没有家中的支持，他一边忍受失去母爱的煎熬，一边又坚定地撑起了整个家。你说仍记得那时听小姨谈笑间提的一嘴，才得知自己读书的学费都是母亲向小姨所借。我当时对你感到既惊讶又欣慰，一边是惊讶于你艰苦的求学之路，一边欣慰于你虽仍有些胆怯，但你在交流过程中努力做到大方地描述家中情况，“穷且益坚，不坠青云之志”。

你说到儿时听阿婆说过，村里曾发生过一次严重的旱灾，庄稼无收，百姓困苦，这一苦难连神仙都不禁泪沾襟。于是天上派来一位救灾的神仙，他用力挥动他手中的棍棒，将一处石头震碎。霎时间，清澈的水汩汩涌出。因此，村子被称作“助水村”，以纪念帮助过村子的那位不留一丝痕迹的老神仙。你说这个从小听到大的故事在你心里种下了一颗知恩图报的小小种子，你成长的路上也幸运地遇到了帮助你的“老神仙”，即便生活困苦，但你精神富足。

在沟通过程中，我询问你是否了解国家对于经济困难学生的资助政策。你说本以为日子就这样拮据地生活下去，直到上学接触到国家贫困生补助，才让你黯淡的日子里增添了一点光彩。你还说你第一次享受到国家资助政策带来的帮助是在你初中的时候，班主任了解情况后为你申请了困难生补助，那是你读书时的最重要的生活来源之一，也许这就是人生的一位“老神仙”吧。

高中毕业后，在你担心学费时，大学录取通知书里携带的国家助学贷款等相关政策的折页又及时地给予了帮助，你成功申请到了国家助学贷款，这使你的家庭不再为学费忧愁。进入大学，在老师的宣讲下你了解到助学金和校内勤工助学的相关信息，便第一时间提交了申请。得知你的情况后，学院为你申请了四年的国家助学金，并提供了学生助理岗位让你在锻炼自我的同时也多一份生活费的来源。你后来对我说你很感谢国家这位“老神仙”，是国家资助政策让你们平凡的追梦求学之路不再那么崎岖，是国家为努力的追光者点起了一盏灯。

你是一个让人惊喜的学生。了解你的情况后，我时刻关注你的学习、生活动态。我很庆幸你始终在奋斗向前，你在专业学习上取得了优异的成绩，多次获得校级奖学金，并两次获得国家励志奖学金，同时也在大四获得保研资格。你说你想和我与初中班主任一样成为一名优秀的党员去帮助他人，你积极地向党组织靠拢，在大学期间光荣加入中国共产党。你心中感恩之心的种子终究是生根发芽、茁壮成长。你积极参加学院的志愿服务活动，通过无偿献血、爱心义卖和看望老人等力所能及的行为，将感恩的火炬传递出去，用自己的力量为建设美好世界尽一份力。我在想，这时候的你亦成为一个“小神仙”。

昔时听闻“大山的女儿”黄文秀的故事：她亦出身贫寒，所幸得到国家的帮助，加上自身刻苦努力，在完成研究生学业后反哺自己出生的故土。依照你的说法，她的身上亦存在“老神仙”的影子。身形虽灭，但精神万古长存。我很高兴你将她作为榜样！你一直说如今的你是在各路“老神仙”的帮助下成长的，国家一直是你能紧紧依靠的“老神仙”，你感恩故土，感恩国家。但我想，你也要感谢你来时的努力，才造就了如今的你。

昨日在操场散步时，你又聊到曾经的求学路，聊到学校、学院给予你的帮助，聊到你在国家资助政策下的成长，你对这一切无比感激。未来茫茫不可定，但你知道，在国家资助政策帮助下,你的求学路一定不会因为经济条件中断。夏日的风终究还是吹到了这里,如今你即将离开母校踏上新的征程,我写下这封信,将毕业祝福传递。望你继续努力,靠近光、成为光、散发光,成为你自己人生路上的“老神仙”!

祝你毕业快乐!

你的辅导员

以爱为舟，做暖心的摆渡人

建筑与设计学院　简琴珍

英国作家克莱尔·麦克福尔曾在她的作品《摆渡人》中写道："如果我真的存在，那也是因为你需要我。"大学生作为新时代的中国青年，他们的价值取向决定了未来整个社会的价值取向，而大学时期是他们价值观形成和确立的重要时期。辅导员是大学生成长成才的人生导师和健康生活的知心朋友，也是大学生步入大学生活接触最多的老师。因此，辅导员其实就是在扮演着"摆渡人"的角色，握着一艘无形的舟，而这艘舟的名字，就叫"爱"，乘着这艘舟，风雨无阻，把学生渡向理想的彼岸。

在这艘舟上，乘着各式各样的学生，有的来自繁华的都市，有的来自偏远的乡村；有内敛含蓄的"I人"，也有活泼外向的"E人"。在这艘舟上，我也遇到过各种各样的困难与挑战，有时是不能适应大学生活的适应困难学生，有时是出于种种原因无法跟上课程进度的学业困难学生，有时是因为家庭问题、人际交往以及就业压力的心理困难学生。但在我的努力下，协调多方力量进行帮扶，我见证了他们的成长和转变。

2022年8月，我来到建筑与设计学院，先迎接我的是大四三个班，而我是这几个班的第四任辅导员。在我接手的第二天，班里有个女生小王主动发消息给我，问我什么时候有时间，她想汇报下自己的情况。我心里暗自诧异，大四学生这么积极主动吗？我带着惊讶和好奇约她来办公室。"我是有抑郁症，但是经过两年的治疗，医生说好了……"在这次聊天中，我知道小王是一个学业困难（挂科16门）、家庭经济困难（残疾人子女且为独生女）、人际关系困难（团队作业总是被单独出来，还是单独与其他学院毕业生住一起）的学生。谈完话，我心里五味杂陈，不知如何下手。

后面我通过对其同学、班委、前任辅导员以及专业老师的摸排了解，掌握了小王此前在校的具体情况：小王由于家庭经济困难，没有能力购买笔记本电脑，总是在宿舍用台式机完成作业，与同学们交流不多，学习成绩也因此下滑，考试对她而言也成了一种逃避，从而导致心理问题愈发严重。

后来，我经过与小王开展多次谈话以及家校互联，开展有针对性的帮扶。首先，经过评议,我帮其申请了临时困难补助,同时获得一档国家助学金,并鼓励其开展勤工助学活动缓解生活压力;其次,针对学习问题,我动员班级比较优秀的同学开展朋辈帮扶,也与专业老师沟通交流,对其开展点对点教学辅导,目前该生只剩三门未过(两门补考、一门重修),今年还参加了研究生考试;最后,针对人际关系,我组织班级开展团建活动,在其室友毕业后调换宿舍与同专业学生一起,这让她的性格相较之前更为外向。

在这个过程中,我发现她展示出的优点后会立即给予表扬与鼓励,所以她的自信心也不断增强。此外,四张献血证和几张捐款证明,说明她已经成为一个自信、独立、有爱心的志愿者,用自己的力量去帮助更多的人。

这个学生本不被大家看好,甚至觉得她无法正常毕业,但现在的她一步步在向好发展。她的妈妈在电话那头哭着说道:"家里距离上学的地方远,多亏了您对孩子无微不至的照顾,她才能有这么大的进步,真是太感谢了。"我不知道她明年能不能毕业,但是,无论何时她需要帮助,我会毫不犹豫地站出来!

除此之外,我还遇到了其他几位学生。有来南昌不适应、有落差感的小王,从军训跟训时的陪伴到每月的谈心谈话,我帮助她树立了出国读研的目标;还有因为保研、考研焦虑的小涂,我的教育引导落在校园里走过的一圈又一圈的路上,她现在成功推免至华南理工大学;更有因为家庭经济困难产生自卑感的小李,经过我的帮扶已经是独立、上进的自强社副社长、资助助理,参与各类志愿服务超200个小时。

这些工作中的小故事让我更加坚信,作为辅导员,我们的使命不仅仅是传授知识,更是传递爱和温暖。我们要用关爱和支持,去照亮学生前行的道路,去温暖他们内心的角落;我们要用耐心和细心,去倾听他们的故事,去理解他们的困惑,去解答他们的疑问;我们要用智慧和经验,去引导他们作出正确的选择,去实现他们的梦想。

在"摆渡"的过程中,我也收获了许多。我收获了与学生之间的深厚友谊,收获了他们对我的信任和尊重,更收获了对教育事业的热爱和执着。这些收获让我更加坚定了自己的信念和使命,让我更加珍惜这份职业带给我的荣誉和责任。

在未来的日子里,我将继续以爱为舟,做暖心的摆渡人。我也让学生明白:无论何时何地,只要我们心中有爱、有温暖、有信念,我们就能够乘风破浪、勇往直前!

以心为桨，航向青春的彼岸

建筑与设计学院　张　欣

在身为辅导员的时光里，与学生的点点滴滴都如同一首首动人的乐章。正因为对这份职责的热爱，那些日常的点滴小事，犹如星辰般闪烁，照亮了我坚守在辅导员岗位的道路，使我能在日复一日的平凡中不忘初心、坚韧前行，不断成长、体验、感悟和收获。其中充满了辛酸与喜悦、成功与失败，那些喜怒哀乐的故事碎片也历历在目，不停回响在我的脑海。

一、以细腻关心为桨，让青春生机勃发

多问学生一声冷暖，多去寝室课堂走一趟，关心学生的成长，关注他们的需求，是我们辅导员应尽的责任。关心，是教育的基础要素，是教育达成其使命的路程上不可或缺的一部分。只有真正了解学生的需求，才能更好地引导他们走向成功的道路。

大一开学不久，有一位谭姓学生主动找到我，经过一番沟通，我了解到他非常担心家人特别是父母的身体状况，父亲在家常酗酒、有烟瘾，前段时间由于身体不适戒了一段时间烟，母亲患有脂肪瘤，如果以后恶化，不知道该怎么办才好，家里经济状况一直处于困境。在得知他的情况后，我深感同情，决定为他提供帮助。首先，我帮助他申请到学校一档助学金，并帮助他了解其他各类助学金和奖学金，以缓解家庭经济压力。其次，我推荐他参加学院勤工助学岗位，担任学院另一名辅导员的学生助理，这不仅可以让他获得一定的经济收入，还能培养他的实践能力和责任感。同时，担任学院辅导员的学生助理也能为他提供与师生交流的机会，拓宽视野。再次，我鼓励他努力学习，争取拿到优秀奖学金，这不仅是一份荣誉，更是一份经济支持，可以减轻家庭的经济负担。最后，我还定期关注他的生活状况，与他分享生活趣事，鼓励他多参加社团活动，拓宽人际交往。

我深刻地认识到，每一个学生都是一个独特的个体，他们可能在不同的生活环境下成长，面临各种困扰。作为教育工作者，我们有责任关心每一个学生，倾听他们的心声，帮助他们解决问题，让他们在美好的校园环境中茁壮成长。

二、以持久耐心为桨，助青春扬帆远航

在上一学年，我有幸成为同学们的良师益友，与大家度过了一段愉快的时光。然而，在

这期间,我注意到一位汪姓同学近期变得异常沉默寡言,让我深感担忧,我决定深入了解他的情况,与他面对面谈话,希望能为他提供帮助。原来,他在大二的时候转到了同年级城乡规划专业,既要上新的课程又要补修大一的课程,很难跟上同学们的进度,且无法适应班级环境。由于学习压力过大,经常熬夜,导致身体和精神状况恶化。在一次检查中,他被诊断为中度抑郁。在了解到他的处境后,我决定尽我所能给予他支持和帮助。

为了让他摆脱抑郁的困扰,我采取了多种措施。首先,我动员了班级中活泼开朗的同学经常陪伴他,让他感受到同学们的关爱。此外,我更是经常性地与他聊天,倾听他的心声,并在适当的时候送他一些小礼物,以表达我的关心。经过一个学期的努力,汪同学的情况明显好转。他脸上的笑容重新绽放,人也变得更加开朗,将内心与众人开放,主动与同学们交流,参加班级活动,在学业上也有了明显进步。看到他的改变,我倍感欣慰。因为我不仅帮助了他,也见证了同学们的团结和友爱。这段经历让我认识到,作为一名辅导员,我们有责任关注每一个学生的成长,为他们提供温暖和关爱,让他们在求知的道路上勇往直前。

三、以平等真心为桨,奏青春高昂之歌

我喜欢把学生当作自己的弟弟妹妹看待,而不是站在高高在上的位置指导他们,所以大家经常称我为“欣姐”,我也喜欢和他们轻松愉快地相处。学生遇到困难时,无关学生的成绩或家境,我会平等对待每一位学生,尽力为他们提供帮助,同时教他们如何自主解决问题,培养他们的独立性。让学生们感受到我们之间是平等的伙伴,保持平等关系,打破传统师生关系与管理机制的界限,将自己定位为学生的朋友,共同探索和解决问题,是我身为辅导员所遵从的原则。这样的关系不仅有助于建立相互信任的友谊,并为学生创造了一个开放、自由的学习环境,激发了他们的潜力和创造力。

与此同时,这种相处模式也为我个人的进步提供了环境,加强了我对自我身份与价值的认同感,并更好地在未来的工作中作出妥善的抉择。我也将不断提升自己的专业素养,努力成为同学们值得信赖的良师益友。让我们共同成长,共创美好未来!

用爱助力学生成长

食品学院　袁云涛

没有泪水的人，他的眼睛是干枯的；没有梦想的人，他的世界是黑白的。

——题记

一、暖心陪伴，关切现实难题

冯同学是辽宁本溪人，父母离异，一直跟着母亲生活，性格开朗活泼。但是，大一的暑假回来后我发现他整个人都消沉了许多，经了解，才知道是因假期回去后发现母亲已经确诊为乳腺癌中晚期。

大一的暑假期间，冯同学为了给母亲一个惊喜，瞒着母亲提前赶回家，当他满怀欣喜地拎着早餐走进家门的时候，等待他的不是母亲洋溢着快乐的笑脸，也不是母亲充斥着思念的眼睛，而是冷冷清清的家、落满灰尘的床铺和一款普普通通的假发。焦急的他赶忙联系母亲，可怎么也联系不上。就在他一筹莫展的时候，大姨打来的电话成了他的救命稻草，也成了压垮他的最后一根稻草："你妈在医院呢，得了点小病，你过来吧。"可她电话中压抑着的哭声和家里的假发显然预示着母亲得的不是什么小病。等他赶到医院见到母亲的第一眼，他感觉自己的世界突然变成了黑白色：病床上的母亲身上戴满了监护器材，氧气罩下的脸泛着病态的苍白。看到小冯来了，母亲的手颤抖着微微伸出，却又紧紧地抓住了他的手。他一下子哭了出来。他怎么也想不到，那个怎么也打不垮，坚强地为他撑起世界的母亲，却被病魔无情地打倒。通过和家人的谈话，他才知道母亲在他大一第二学期刚开学的时候就已经确诊为乳腺癌中晚期，为了不影响他的学业，母亲一边在医院接受治疗，一边又要赶回家和他视频，只是为了不让他看出破绽；头发掉光了，就买了顶假发，笑称换个发型；怕他看到从手术室推出来昏迷不醒的样子担心，硬是叫医生在他到家的前一天进行手术，当他还在 2200 千米之外的火车上时，她已经被推进了手术室在鬼门关上徘徊。从那天起，他的世界只剩下了三种颜色：希望暗淡的白，绝境沉沦的黑，苦痛交织的灰。母亲病倒了，生活怎么办，学习怎么办，他第一次感觉到，继续学业是一件多么难的事情。母亲由于癌细胞扩散，切除了左侧的淋巴组织，今后无法从事较强的体力劳动。且不说手术费和医药费欠下的几万元债务，就说恢复期的治疗费和生活费，就已经让他和母亲无力承担了，更别说还有他的学费。

二、立体资助，解决实际问题

资助暖人，关怀暖心。资助育人是高校思政工作“十大育人体系”的重要内容，是落实高校立德树人根本任务的重要组成部分，贯穿学生成长成才的全过程，有利于培养学生自立自强、诚实守信、知恩感恩和勇于担当的良好品质。

就在他一筹莫展之时，学院向他伸出了援手。我在了解了情况之后，向其介绍了国家、学校的各项资助政策，并积极帮其申请助学金和临时困难补助等。不仅如此，学院还帮他申请了学费减免，进一步减轻了家庭的经济负担，让他可以继续完成自己的学业。我在日常生活中加强对他的关心关爱，不定期地与其谈心，并鼓励他好好学习，还时常关心其母亲的近况。该生并没有被眼前的困难所打倒，在接下来的日子里一直努力学习，积极参与学校、学院的各类活动，大三期间还担任学院学生会副主席一职，学院每位老师的关心和关爱让他感受到了家的温暖，让他的世界重获光彩。

三、扶贫扶志，助力梦想启航

助学，筑梦，铸人。有了国家、学校、学院的帮助，冯同学更珍惜来之不易的学习机会。学习方面，他刻苦认真，在大二的春季学期拿到了二等奖学金，成绩一直都保持在专业的前列。科研方面，他通过学院的“三联三进”积极参与科学研究，先后在明勇学林和南山种豆等团队参与创新实验、学习科研知识。实践经历方面，除了积极参加学院安排的认识实习和专业实习外，他还报名参加了2017年和2018年的南昌大学暑期“三下乡”社会实践，并获得了先进个人的称号。在此期间，他还陆续获得了优秀团干部、优秀学生干部、第十五届“挑战杯”校级三等奖和2018年南昌大学“创青春”大学生创业大赛一等奖等奖项。在生活方面，他也以最高的要求来规范自己，节省自己的消费，并在闲暇时间出去兼职，做过家教、促销员和市场工作人员等，磨炼自己的同时也赚些钱以减轻家里的负担。后来冯同学以优异的成绩保送至本校读研，期间担任了学生会干部，一直为学院的发展贡献自己的力量。研究生毕业后，他顺利进入浙江的一家药企工作，并将这份爱延续下去。

毕业时，他对学校和学院最想说的只有两个字：感谢。“感谢国家的助学政策，让我可以继续学业；感谢学校和学院的关怀与帮助重新着色我的黑白世界；感谢这一切的一切，让我遇见更好的自己。”俗语云：“滴水之恩，当以涌泉相报。”现在的他虽没有立即回报，但会好好珍惜这来之不易的机会，在这个青春年少的黄金时期刻苦、努力地学习，掌握好老师们传授的知识，将来学有所成回报社会，用自己的实际行动帮助其他人，将这份爱传递下去。

几年后的一次偶然相遇，谈起大学时的这段过往，他说，要是那时候没有国家的政策支持和学院的关心关爱，就没有现在的他。现在他已定居杭州，有自己的事业和稳定的收入，同时也将母亲接到身边一起住，一直以来他都没有忘记母校对他的关心和帮助，在他人生的至暗时刻，让他的世界重获光彩。

用心培育,让生命之花绚丽绽放

软件学院　刘辉良

不知不觉间,我从一个"愣头青"变成一名知天命的辅导员"老兵"。回顾自己栽培的"花朵",他们已在全国各地"绽放",我感到无比欣慰和幸福。回首往事,我扪心自问,这些年我做了什么?无非是些极为平凡的小事琐事,日复一日,年复一年,我体验着、感悟着,有成功的、有失败的、有辛酸的,更多的是喜悦的。事实上,我只做了一件事,那就是努力用心用情,呵护培育好娇嫩的"花儿",陪伴在他们身边。

一、慈心,助"花"傲然立

时光回溯到2012年下半年,我中途接管2010级四个班。学生们初次与我接触,有点怕我,暗地里称我为"后爸"。一次班会课后,学生们迅速离场,但有一名学生却留下来胆怯地问我:"老师,能介绍勤工俭学岗位或校外兼职给我吗?"他瘦弱的身体和忧郁的眼神告诉我他急需帮助。我了解到他叫小常,父亲无意开车撞人后需交赔款35万元,母亲出走且家徒四壁,两年大学生活用光了所有能借到的钱。我打遍电话,终于为他找到一个家教的工作,但仍然杯水车薪,因为他还需要还部分借款。我召开班委会,班长动员全班学生捐了1000多元。大三上学年,有了家教工作和捐款,再加上助学金和临时困难补助,小常终于度过了一个较为平静的学期。

大三下学年开学前,小常打电话来,哭着说没钱不上学了。我不忍心他辍学,说我会想办法。可当他高兴地到校后,我也犯愁了。他的亲戚借不出钱,我也因父亲患癌治疗经济紧张。这时,我又接到电话,被告知雇主不需要小常做家教了。小常知道我犯难,就想卷铺盖回家,被我劝住。我左思右想,建议他周末摆摊,于是发动班干部作了调研后确定可以制作和销售冰激凌,小常也同意了。为掌握冰激凌制作技术,我买好火车票,给他日常开销费用让他去广州培训,后联系学校保卫处,小常获得了在校园的经营许可。

小常向我借了8000元,向原辅导员借了2000元,买了设备和食材就开张了。我动员班干部去买他的冰激凌为他打气。五六月份,天渐炎热,每天下午课后,只见他挥汗如雨、手脚麻利地将推车推到食堂门口,辛勤工作的他赚了2万多元。

当他毕业离校时，他还了我的钱，还送来一张自制的明信片，其中写道："是您多次的帮助，才让我在最无助时有机会继续学业，今后我将坚强地走下去。老师，谢谢您！"

我噙着泪花，为他顺利毕业、为他铸造的坚强内心感到无比欣慰。

二、倾心，助"花"斗芬芳

已在同济大学读博士后的小远，每次节假日都送来祝福。记得 2008 年他入学后，整日忙着钢琴表演，没有用心花在学业上，想的是如何收获学院成百上千的"粉丝"，宣称要成为一名著名的钢琴家。他父亲心急如焚，多次打电话让我劝劝他。我努力找话题与他聊，可他哪里听得进去。我尝试了多次，后来和他聊钢琴家的故事，渐渐地，他开始反思了。我持续肯定他、鼓励他，用耐心与爱心帮助他找到探究的兴趣，找到成就感、存在感。我邀请他参加读书会（本人一直担任悦心读书社指导老师），推荐"元培计划书目""哈佛书单"等，共同讨论读后感。有一天，他告诉我已意识到自己见识浅薄，于是开始发奋读书，把钢琴演奏当作业余的调节。我又推荐他参加"挑战杯"竞赛，围绕主题和问题看书，主动质疑，活跃思维，激励他创造性地解决问题。起初他认为这纯粹是文字游戏，后来参加团队调研才发现，原来文字的背面是思维和启发，他开始喜欢上科研。参加"挑战杯"获奖后，他更坚定参与科研的信心，开始较熟练地掌握科研方法，最后全身心地走向科研，更加专注于专业发展。2012 年申请保研时，他成绩绩点位居全年级第一。后来，每个节日他都会发来祝福语，把我当作引入科研的启蒙老师，视我为成长路上的点灯人、知心人和引路人。

三、醉心，助"花"艳绽放

小唐来自云南的一个偏远的山村，祖父母多病导致每年需要近万元医药费，父母务农又体弱多病，家庭拮据，入不敷出。小唐刚入学便无心学业，怎么劝说都充耳不闻。他大三上学期因专业分流分在我班上，大三下学期因恋爱分手才回归学业，但前三年的专业基础不扎实，学习兴趣不浓，为时较晚，到大四上学期，仍有 4 门课程需要重修，临近毕业和就业，他开始后悔，心存"破罐子破摔"的想法。

当时我心里也着急，但必须帮他，因为他是家里唯一的希望，他的家人视他为家里的骄傲和救星。我和他一起制订学习和就业计划，实行学业和就业双管齐下。鉴于他的学习基础差，我频频邀请专业教师加强针对性辅导，帮他归纳学习重点、梳理知识点，并布置若干习题要求他按时完成。我动员他主动参与校园面试，可他一次次地败下阵来。我劝说他重新认识自己的兴趣、性格和技能等特点，分析失败的原因和当前的就业形势与就业政策，更新就业观念，调解就业心理，帮他在屡败屡战中增强抗压能力，从而拾起求职信心。我还帮他修改简历，让他参加模拟面试。后来发现他专业技能太弱，就组织他参加短期培训，以项目实训为抓手,建立职业的成就感。他在多次挫败中一而再地参加招聘,后来经校友推荐参加公司面试,激发了他勇于战胜挫折的勇气。又经过多次面试,最终应聘上一家烟草公司。

他毕业离校时说:"原以为我能毕业就谢天谢地了,不相信还真的能正常毕业。我真是太感动了!老师,谢谢您!您一直以来的鼓励和帮助我将永不忘记!"

曾多少次,我埋怨过自己工作的平凡。渐渐地,我明白栽培的"花朵"能开出灿烂之花,能结出硕大的果实,那是最甜美的收获。"时代楷模"曲建武教授告诫:要把工作当成事业,融入学生个人成长过程,在立德树人中不断提升人生的幸福感。这是作为辅导员所获得的最大的成就感。我茅塞顿开,豁然开朗,我应不断提升格局,拓展视野,开阔心胸,更加热爱这份职业。今年,我下定决心,辞去党务工作,全力从事辅导员工作。今后,我将勇于担当,善作善为,为学生点亮理想的灯,照亮心灵的路,全力以赴做好学生成长成才路上的引路者、同行者、守护者和服务者。

扎根学生守初心，资助引领育英才

外国语学院　毛嘉禾

自从我从事与学生资助相关的工作，亲身见证了国家资助政策的落实情况，感受到了很多的温情关爱。在资助工作中，我认识了我院2022届应届毕业生小熊，她出生于贫困县，父亲务农，母亲患有精神疾病。生活的贫困和家庭关爱的缺失在她的性格上埋下重重阴影，她从小基本上没有知心朋友，不善于处理人际关系。

一、践行一线做益友

开学报到时，得知小熊暂时筹集不齐住宿费和学费，我告诉她可以通过学校开设的“绿色通道”先办理入学手续，并能领取新生大礼包。我也为她详细讲解国家奖学金、国家励志奖学金、国家助学金、学费减免、临时困难补助和勤工育人项目等资助政策，鼓励她好好学习，努力进取。大一学年她担心暴露隐私而放弃申请国家助学金，我和班干部协商，助学金评议采取民主小组评议的方式，不用将家庭经济困难学生的全部家庭情况公布出来，让班级同学进行集体评价，无形中保护她的自尊，最终她成功申请到了助学金。

同时，我也鼓励她申请学生助理的职位，在学有余力的情况下通过勤工助学缓解经济困境，进而提高自己的细节管理和多事务处理能力，熟练掌握行政事务办理流程和操作规则，为日后的求职打下良好基础。

我经常邀请她在校内食堂吃饭，饭后在校园湖边一同散步。饭后闲聊相比于办公室谈心谈话更能让学生放下戒备心理和紧张的心态，从而倾听学生内心深处的声音。通过交流发现，贫寒的家境和患有精神疾病的母亲使她养成了孤僻的个性，但是内心深处，她有着很强烈的社交欲望，潜意识里渴望与外界交流接触，期待获得周围人对自己的认可。因此，她在日常生活中表现出了矛盾的人际交往模式：希望与他人真诚相处，但又无法信任他人；希望得到他人的肯定和赞美，但又恐惧自我展现；希望与人建立亲密关系，但又时常因琐事与周围的人发生口角。

二、用心用情明方向

我深知回避等于自我封闭，而用心倾听和耐心沟通才是自我与他人建立关系和情感联结的突破口。因此，我告诉她在今后的生活中可以通过冥想训练等方法让自己更为理性成熟，增强自身的共情能力。因为她潜意识里倾向于推卸和回避自我的责任，并经常性地对他人造成误解和伤害，所以我也会引导她客观理性地看待自己和他人的矛盾和分歧。在进行多次心理疏导后，她和室友的关系也逐渐缓和起来。

大四学年我邀请她来办公室谈心谈话，她表现出强烈的求职意愿。通过谈话，我发现她想要从事和自己本专业相关的工作，因此我帮助她分析专业前景和就业方向。结合她两段寒暑假在培训机构教学相关的经历，整合她的现有资源如较好的学业基础、社会实践经历和教师资格证等，发现她较为适合从事教培方面的工作，我给她提供建议，进而增强她在职业发展上的自主决策能力。

与此同时，为了在就业帮扶的过程中切实考虑小熊的经济状况，给予必要的物质支持，解决后顾之忧，我鼓励她申请省人社厅的应届毕业生一次性求职补贴以及学校发放的2022届困难毕业生就业专项资助补贴，最终她累计获得1600元的就业补贴。除此之外，我积极为她讲解宏志助航计划培训项目，此项目能为家庭经济困难学生提供专项就业帮扶及优质就业资源，鼓励她参与该项目的学习。毕业季时，她成功获得了多个大型培训机构的offer，最终权衡再三，她选择了沿海某大城市的教育培训机构，成为一名老师。

三、日常思政铸心魂

除了在日常生活中对该生进行合理的物质帮助，使她没有经济上的后顾之忧外，我还在日常思政教育工作中重视她的感恩教育，培养她的感恩意识，用行动回馈母校和社会。我召开班委会，加强朋辈帮扶，让班干部和学生党员干部多给予她关心，同时我也经常走访宿舍，私下嘱咐其室友多包容体谅该生，缓解她自卑消极的心态。

班级同学和学校老师日常的关心帮助让她逐渐感受到了大家庭的温暖与爱，从自卑内向逐渐转为乐观开朗，在校期间她曾担任学院青年志愿者协会会长和学院行政助理等职务，累计获得校院级奖项20余次。

家庭经济困难学生群体是每个思政工作者在工作中都会遇到的特殊学生群体，他们在学业生活、人际沟通和就业求职等方面都会面临各种各样的问题，心理上承受的压力较普通学生要大。因此，作为从事资助育人工作的教师要深化对心理学知识的相关理论、技能的学习，除了在经济上帮助这类群体，更应注重给予他们心灵上的慰藉。在精神思想和个人能力等方面做好帮扶，引导其树立正确的世界观、人生观和价值观，促使精神脱贫和物质脱贫同步实现。

助学，筑梦，铸人。每一天都是新的开始，故事还在继续，像小熊这样靠国家资助政策渡过难关的孩子，在我们学校数不胜数。看到国家的资助政策以及学校的努力帮助到了孩子们，作为一名人民教师，我发自内心地感到高兴，这也正是教育的初心和目的！

战胜困境，追寻希望的光芒

数学与计算机学院　陈康阳

当生活的阴霾笼罩在心头,仿佛一切都失去了颜色和意义的时候,那是一种无力与绝望交织的感觉。在人生的旅途中,我们常常会遭遇各种困境,如同潮起潮落,时而磕磕绊绊,时而波涛汹涌。然而,正是在这些风雨之后,才能够看到远方闪耀的希望之光。这光芒或许如同黎明的第一缕曙光,淡淡的,却足以点燃心中的希望火种。它在生命的每一个角落闪烁,不论是在彷徨迷茫的夜晚,还是在无边的黑暗深渊。

初入大学,内心迷茫

小黄,男,2021 级学生,家庭十分贫困,性格内向,沉默寡言,来自一个贫困的小山村。但入学后,在进行家庭经济困难认定时,他并未提交相关困难认定材料。根据其日常表现及同学反馈情况,我感到十分困惑,并且发现他是脱贫家庭学生,于是我把他叫来了办公室。

走进办公室,他低着头,局促地站在我面前,仿佛担心自己是因为犯了什么错误被我叫来办公室的。“刚入学,目前还适应吗?有没有遇到什么困难呀?”我习惯性地和他唠家常,他紧张地回答道:“都还好,目前很适应的。”在我询问到未进行家庭经济困难学生认定的原因时,他说:“助学金应该是给成绩优异和学业努力的学生,我学习基础并不是很好,不应该获得相应的资助。”通过与小黄进行资助政策解读及谈心谈话后,他表示愿意接受相关资助,今后会好好学习,争取以后为社会作出更多贡献。

此后,我意识到他的心理问题比经济问题更加复杂,家庭的贫困以及学习基础薄弱给他带来了较大的影响,与其他同学相比感到自卑,导致其害怕与同学交流沟通,变得更加沉默寡言。这种心理在行为上常常表现为对群体生活比较退缩,沉默寡言,担心自己受到别人的轻视。同时,由于自尊心的影响,他会采取隐瞒自己的家庭情况,不申请助学贷款和临时困难补助等经济资助,不参加校内的勤工助学等行为。

逐步相知,用心用情

之后的一段时间,我经常通过下寝室、共同散步等方式拉近和小黄的距离,慢慢了解到他母亲因为山洪去世后，父亲一个人拉扯家庭姐弟四人，为此父亲变卖家里的田地和山羊外出打工。然而由于父亲没有文凭和技能，外加后来一段时间的困境就此丢失工作，导致家庭经济雪上加霜。原本姐姐毕业后家里可以没这么大压力，但是奶奶突然重病，花光所有积蓄还欠了外债。再加上父亲年龄较大，他自己也要逐步扛起家庭的重担。

在了解到小黄学习和生活上所面临的各种困难和压力后，我耐心地为他解读学校的资助政策，确保他对资助政策的各项内容有清晰的认识，包括申请条件、申请程序和资助标准等。同时，让他明白申请资助并不仅仅是为了解决眼前的困境，更是为了让他有更多的精力和心思投入学习。

我还发现他的问题主要是心理上的障碍，缺乏与同学的交流沟通。于是我鼓励他积极与同学进行沟通、竞选班级班委和参加学院勤工助学岗位，从而克服心理障碍、锻炼沟通能力，为今后的社会工作奠定基础。我还引导他树立远大的目标和坚定的信念，明白努力拼搏才能够改变自己的命运。学业是改变命运的重要途径，但更重要的是要有正确的人生观和价值观，要善于发现和把握机遇，不断提升自己的综合素养，找到适合自己的成长之路，实现自己的人生价值。

成长挑战，追寻希望

小黄从入学以来一直担任班级心理与安全委员一职，积极与班级同学沟通交流，对有心理方面情况的学生进行及时分析并告知我相关情况，也多次发挥了班级班委和网格员的重要作用，得到班级同学的一致好评。

而后的一段时间里，他经常到我办公室来聊天。有一天，他来我办公室显得有些局促不安，仿佛不知道如何开口。于是我问他："小黄，有什么烦恼或者问题吗？"小黄沉默了片刻，然后轻声说道："老师，我……最近有些迷茫，不知道未来该如何规划。"我答道："小黄，大学生活充满了挑战和机遇，你不必急于作出所有的决定。重要的是慢慢找到自己的兴趣和目标。"

在接下来的三年里，小黄经常来到办公室。我们不仅讨论学业和生活的问题，还探讨了职业规划和个人成长。我觉得自己像是一位导航员，帮助小黄在大学的海洋中找到前行的方向。

结语

小黄的故事，是许多家庭经济困难学生的缩影。在学校的支持和个人的努力下，他从一个内向沉默的少年，最终成长为一个有志向和责任感的青年。他的故事告诉我们，教育的力量可以改变命运，而学校的支持则是每一个努力背后的支撑力量。希望小黄的成长经历能够激励更多人，让每一个有梦想的孩子都能够勇敢追逐、勇敢实现。

助学、筑梦、铸人

化学化工学院 梁永青

辅导员之职,犹如春风化雨,润物无声。以心为田,播种智慧与希望,于学子心间滋养成长的绿荫。在这条蜿蜒的求学路上,辅导员是那盏不灭的灯塔,引领迷航者找到心灵的港湾。辅导员对贫困学子的资助帮扶就像是夜空中最亮的星,温暖照亮了那些追梦者的路。

一、家校合作,走进内心

从事辅导员工作18年,我心中谨记“为党育人、为国育才”的责任,资助育人使贫困学子插上理想的翅膀,达到成长成才的人生目标。

他是我所带化工专业班级的一名家庭经济困难学生,入学伊始,他的寝室同学就给我说:“老师,小辉晚上在哭,肯定有什么事。”我走进他的寝室,小辉目光闪躲,就好像做错了事一样,我告诉他:“有什么事可以告诉老师,我会尽力提供帮助。”第二天,我便单独约了他谈心谈话,为了让他信任我、敞开心扉,我先说了自己从小到大学习生活的点滴,随后鼓励他讲出自己经历的故事。在我的鼓励下,他终于断断续续说了自己的家庭情况:他来自偏远地区,家庭经济困难,是建档立卡贫困户,父母小时均患过小儿麻痹症,丧失了劳动力,家庭生活困苦。通过谈话,我深深感受到他的忐忑,作为一个家庭经济困难学生,来到陌生的城市面对陌生的环境,内心很焦虑。虽家庭生活艰难,但他自尊心很强,不愿向他人倾诉,并且该生与人沟通能力欠缺,难以结交新的朋友。

我鼓励他作为贫困学子要树立远大理想,并且讲述了一些发生在身边的关于贫困生摆脱困境的例子。我们国家和学校有涵盖奖助学金、国家助学贷款、勤工助学、学费减免补偿和国家助学贷款代偿等为一体的本科生家庭经济困难学生资助体系,可以通过勤工俭学和实习实践等方式补贴生活费用。

随后我联系了学生家长,了解了学生在家的情况,父母说孩子因家庭困苦,性格上内向,而且家里收入有限,供孩子读书已是能力的极限,希望学校能多关照。我感到他之所以不愿将自己内心的焦虑等心理压力倾诉于他人,与原生家庭的环境有很大关系。在和家长交流时，我希望家校相互协作，使学生树立信心，投入全新的学习环境。

二、从“扶贫”到“扶志”“扶智”

他的问题不是简单的经济资助就能解决，我认为要经济资助“扶贫”、心理援助“扶志”、全面发展“扶智”。家庭经济条件差，这使得他在支付学费、生活费方面存在困难。他性格内向，不善言辞，这使得他在寻求帮助、表达自身需求方面存在一定的困难。他心理上一是有强烈的自卑意识和失落感，二是对人际关系非常敏感，常伴随孤独感。究其原因，一是经济上的困难使学生容易在学习、生活上自我否定，认为自己是弱势群体而感到自卑；二是家庭经济困难使他们不愿意参加集体活动和加入学生组织，他们往往自我封闭、交往面狭窄。我作为他的辅导员，要将“扶贫、扶志、扶智”三原则应用到帮扶工作中，促使他励志图强。

根据国家精准扶贫的精神，我针对他的家庭经济状况，从“奖、助、贷、勤、补、减”等六个方面进行资助。首先，我建议并鼓励他申请贫困助学金，经过个人申报、班级民主评议、学院审核初评和学校复核终评，他被认定为家庭经济特殊困难学生，申请了一档国家助学金。其次，我为他争取了一个校内勤工俭学的工作岗位，这在一定程度上缓解了他的经济压力。再次，我鼓励他加入学校组织的丰富多彩的活动，并且引导其刻苦学习，争取奖学金来缓解经济压力。最后，我按照相关政策对他进行了学费减免，为他后期实习提供必要的帮助。

我对他倾注爱心，力争建立融洽的师生关系。我多次通过走访寝室、谈心谈话来拉近师生感情，用真诚的态度去打动他。针对他性格内向、人际交往能力不足的问题，发动朋辈资源，安排同学们主动与其聊天，让其感受到班集体的温暖。朋辈之间年龄接近，学识水平相近，有着相似的价值观、生活方式和人生经历，朋辈之间的自助、互助往往会起到显著的效果。通过同学的帮助，该生逐渐开朗起来。

针对他学习成绩一般的问题，我遴选品学兼优的高年级党员学生帮助辅导他，开展“一对一”精准帮扶。我还鼓励他加入专业老师的科研团队，参加国家级的大赛，培养其追求卓越的意识，在潜移默化中树立自信心。同时，开展励志教育，让他增强自我解困意识，树立远大目标。此外，我鼓励他在学习之余积极参与勤工俭学和社会实践，提高综合能力，为步入社会打下坚实基础。

三、以育为帆，破浪前行

通过一系列的帮扶，他成功地申请了助学贷款，获得了两次优秀奖学金，并且利用课余时间勤工俭学，在经济上得到了很大的改善。同时，该生性格也发生了明显转变，积极参加各种活动，先后担任学院青年志愿者协会部委和班级生活委员，获得优秀共青团员等荣誉称号，并于2023年获得国家级学科竞赛化工设计大赛二等奖，工作签约行业龙头企业。

他到单位报到后，激动地给我发消息表达了自己的感激之情，感谢国家对贫困大学生的支持和关爱，感谢辅导员老师的倾心帮扶。他说："作为一个来自偏远农村的孩子，能有机会走出农村来到城市里上学，接受了来自各方的关心关爱和资助帮扶，我会不断锻炼自己，用努力搏出属于自己的路，也会在他人需要帮助时伸出温暖的手，尽自己的微薄之力！"

资助只是手段和途径，育人才是目标。"以资为舟，载梦远航；以育为帆，破浪前行。"助学、筑梦、铸人，让每一位学子都拥有逐梦前行的力量，为他们的辉煌人生铺设一条通往成功的道路。

和学生在一起

经济管理学院　吕　晨

2006年8月，我踏入了南昌大学前湖校区，成为一名专职辅导员。刚刚入职时我只有一个想法——“和学生在一起”，与学生并肩同行、共同成长。这是我入职时的志向，也是我17年辅导员生涯的初心。作为辅导员，我深知自己的责任重大，我不仅是学生的引路人，更是他们成长道路上的陪伴者和守护者。我时刻牢记自己的初心，始终坚持以学生为中心，用心倾听他们的声音，关注他们的成长，为他们提供全方位的指导和帮助。

一、和学生在一起，走进学生的内心世界

“上面千条线，下面一根针。”如何把千丝万缕的学生工作做细做实，我的答案就是“和学生在一起”。只有这样，才能走“进”学生，而不仅是走“近”学生。在工作中，我坚持学生是工作的核心，用真心做好辅导员工作、用耐心加强与学生们的交流、用细心关注关怀学生成长发展、用信心鼓励学生不断奋进；在工作中勤记录、勤交谈、勤下寝、勤查课、勤辅导，督促学生进步。

二、和学生在一起，用资助为梦想插上翅膀

2010年起，我开始担任助学贷款主办老师，3年后开始具体负责学院的资助工作。要做好学生资助工作，就是要让每个家庭经济困难学生真正得到帮助。这不仅是一项工作，还是一种特殊的育人，能为无数渴望的眼神打开一扇窗。

在学院领导的指挥部署下，我坚持将“精准资助”“资助育人”与“人文关怀”相结合，通过建立多元的资助体系，积极实践助困、育人、扶贫、扶能的有机结合。我总结多年资助工作的经验，形成系统方法。十年资助之路，我没有倦怠，始终保持最大的热情，认真贯彻国家的就业政策，扎实推进学校、学院的资助精神落实，出色地完成了学院的奖、助、贷工作。仅2023年，我就完成了453名家庭经济困难学生的认定工作，指导了90余名学生办理助学贷款，办理学费减免及临时困难补助20余人次。对于每一次资助工作和每一个需要资助的学生，我都做到一视同仁、无微不至。

三、和学生在一起,必须不断追求卓越

新时代需要新的人才,习近平总书记提出“要培养德智体美劳全面发展的社会主义建设者和接班人”,这对辅导员的工作提出了新的要求。“05后”学生已进入校园,他们思想活跃、个性鲜明。面对这些新的要求和挑战,作为一名工作了十余年的老学工,我积极面对、敢于应对。

高校是新时代意识形态建设的前沿阵地,一切工作都必须围绕“为谁培养人、培养什么人、怎样培养人”展开。作为一名思政工作者,需要坚持学习最新理论成果,将心理学、社会学的知识融入思政课堂中,让知识不仅入脑,还要入心入行。同时尝试“网络思政”,时刻开展思政教育和成长咨询,零时差解决学生成长的烦恼,线上线下双管齐下扣好学生的第一粒扣子。

四、和学生在一起,分享成长的快乐

“聚是一团火,散是满天星。”我带领学生共同营造“团结、自主、勤勉、友爱”的班级氛围。以学校和学院的相关规章制度为基础,结合学生实际,制定了班级日常管理细则,确保了日常管理有法可依、有章可循;坚持和完善各项日常管理工作,做好课堂考勤以及晚查房工作,积极下寝室、查看学生课堂情况、召开主题班会,坚持每个月联系一次特殊建档的学生家长,认真与班级导师沟通。在不懈的努力下,我所带的班级非常和谐,即使毕业多年后仍然联系密切。其中,会计学061班获得江西省先进班集体荣誉称号,金融学141班获评十大学风建设班级,经济学223班获评南昌大学先进班集体。

17年辅导员经历、数千名学生是我最大的骄傲,其中不乏十分优秀的学生,例如吕同学曾获得了数十项国家级和省级荣誉,并荣获南昌大学“校长奖学金”。此外,还有很多学生考上了公务员,去国内外知名高校继续深造,进入“世界500强”企业工作,或者成为创业达人等。职业虽然不同,但他们在毕业后都会时不时与我联系,分享自己工作上的进步和体会。

“入职之初,辅导员是我的工作;而现在,辅导员是我的生活。”对我而言,17年的辅导员生涯只是一个起点,立德树人是终身的事业,我将坚持“和学生在一起”,为我热爱的工作奋斗不息!

后 记

为深入学习贯彻习近平总书记关于教育的重要论述，落实好立德树人根本任务，展现南昌大学辅导员队伍的精神风貌和育人风采，特将我校辅导员的育人故事整理汇编成册。

编写本书的想法从2023年10月就已产生，其间通过收集育人故事，组织审核、遴选，之后反复打磨修改，并参考《高校思想政治工作质量提升工程实施纲要》中的育人体系进行归类整理，最终在2024年8月定稿。书中，每一位辅导员用自己的亲身经历和真挚情感，讲述了与学生之间的点点滴滴，展现了辅导员的育人情怀与责任担当。这些故事更加印证了教育的本质就是一个灵魂唤醒另一个灵魂，是一场爱的双向奔赴。

此书的编写更离不开学校对辅导员队伍建设的大力支持。南昌大学早在2003年就组建了专职辅导员队伍，在全国范围内起步较早、规模较大，20多年间积极响应号召，落实国家决策部署，不断完善辅导员队伍建设发展体系，涌现出一批又一批的优秀辅导员，他们政治素质过硬、业务能力精湛、育人水平高超，逐步成长为全校、全省乃至全国的榜样示范。

此书的成稿、出版得到了学校各方育人力量以及江西人民出版社的大力支持，在此向所有为本书出版提供帮助和宝贵意见的出版单位、专家、领导和辅导员们表示最诚挚的感谢和最崇高的敬意。

本书汇集了众多辅导员的育人故事与宝贵经验，展现了他们的辛勤付出与无私奉献。但仍需承认，受时间与资源所限，书中可能存在一些表述不够精准、逻辑不够严密之处，给读者带来的阅读体验可能未能如我们所愿那般流畅与深刻。我们期待未来有机会进一步完善本书，同时也欢迎读者与同行提出宝贵意见，共同推动高校辅导员队伍建设。